Das Buch

»Den Memoiren einer unvollkommenen Pfarrfrau habe ich zwei Bände meines Werkes gewidmet. Von der unvollkommenen Pfarrerstochter ›Pickdewick‹ war nur selten die Rede.« Um diesen Mißstand zu beheben, schreibt Amei-Angelika Müller, »habe ich mich aufgemacht und bin in meine Kindheit zurückgekehrt, in das Dorf Kuschlin an der deutsch-polnischen Grenze und in die Stadt Bromberg. Was in der Erinnerung wieder aufgetaucht ist, das habe ich fein säuberlich niedergeschrieben und mit hübschen Bildern versehen. So erfährt der erstaunte Leser Bedeutsames über den Großmogul von Hinterindien und Frau Bressel mit ihren Mohrenküssen, über das stille Örtchen unter der Tanne und über den Heiligen Geist auf der Torte, Mutters ersten Walzer im Schloß und noch vieles mehr.«

Die Autorin

Amei-Angelika Müller wurde am 6. Februar 1930 in Neutomischel bei Posen geboren; im Januar 1945 Flucht in den Westen; 1950 Abitur und anschließendes Jurastudium. Werke u.a.: ›Pfarrers Kinder, Müllers Vieh‹ (1978), ›Ich und du, Müllers Kuh‹ (1980), ›Sieben auf einen Streich‹ (1982).

dtv großdruck

Amei-Angelika Müller:
Und nach der Andacht Mohrenküsse
Kindheit an der Grenze

Deutscher
Taschenbuch
Verlag

Von Amei-Angelika Müller
sind im Deutschen Taschenbuch Verlag erschienen:
Pfarrers Kinder, Müllers Vieh (1759; auch als
dtv großdruck 25011)
In seinem Garten freudevoll ... (10883)
Ich und du, Müllers Kuh (10968; auch als
dtv großdruck 25083)
Sieben auf einen Streich (11204; auch als
dtv großdruck 25072)
Veilchen im Winter (11309)

Ungekürzte Ausgabe
November 1994
Deutscher Taschenbuch Verlag GmbH & Co. KG,
München
© 1991 Eugen Salzer-Verlag, Heilbronn
ISBN 3-7936-0300-8
Umschlagtypographie: Celestino Piatti
Umschlagbild: Gisela Aulfes
Gesamtherstellung: C. H. Beck'sche Buchdruckerei,
Nördlingen
Printed in Germany · ISBN 3-423-25096-8

Weinen hat seine Zeit,
Lachen hat seine Zeit ...
Prediger 3.4

Für Linde-Maria

Inhalt

Mohrenküsse, Gänse und das Dorf
    Kuschlin....................... 11
Heimliche Küsse und Ärger mit dem
    Konsistorium 20
Tote Hasen in Kuschlin und verlorene
    Herzen in Heidelberg............... 29
Der Schatz in der Schachtel
    und Hochzeitsbild mit Ahne 40
Schloßbesichtigung mit stillem Örtchen
    und verzaubertem Wassermann 54
Das Lächeln über dem Sofa und die Zigarette
    am Morgen 70
Pfarrgarten mit Springbrunnen, Waschhaus
    und Zauberberg.................. 80
Fromme Onkels und lustige Tanten 97
Großmama und der Großmogul von
    Hinterindien..................... 115
Wer macht die Uhr wieder heil?
    oder: Wie man Uhren repariert und
    Zähne putzt 126
Künstler und Diakonisse 137
Die heimtückische Rosenranke und Bad bei
    Kerzenschimmer 152
Die wandelnde Glocke und das arme welsche
    Teufli.......................... 169

König für einen Tag und gemischter
    Jungfrauenverein 185
Theater mit und ohne Bart 198
Mutters erster Walzer und Graupensuppe in
    Meißner Porzellan 210
Ein Jagdunfall und die Sache mit der Seele . . 227
Sommerferien in Kolberg und naßgeweinte
    Schürzen 240
Hexen in der Flundergasse und Köpfe im
    Tor 256
Der breite und der schmale Weg und
    nächtliche Motorradfahrt im Kirchgarten . 277
Gespenster auf dem Schwedenberg,
    Trümmerkampf und Spurensuche 293
Badezimmer im Unverstand und ein Loblied
    auf die polnische Küche 317
Christkindlesanklopfen und
    »Weihnachtsäfflein« 332
Der gespendete Schwan und die
    Buttercreme-Taube 351
Das hohe Lied der Liebe
    oder: Konfirmation mit Karlchen 368
Ein Glücksfall, Schauermärchen und Flucht
    aus der Kindheit 392

Epilog 405

Als Kind gehörte mir ein Kanarienvogel. Ich pflegte ihn mit Sorgfalt. Eines Morgens aber lag er tot im Käfig. Mein Schmerz war groß. Ich wickelte den Vogel in Seidenpapier, legte ihn in eine Schachtel und bedeckte ihn mit Blumen.

Um meinen Schmerz zu lindern, beschloß die Familie ein feierliches Begräbnis zu halten. Ich trug die Schachtel voran, Eltern und Geschwister folgten. Wir begruben den Vogel unter einem Jasmingebüsch:

> »Hier in dieser kleinen Schachtel
> liegt begraben eine Wachtel.
> Ach, sie war ein schönes Tier,
> Heinerich, der schenkt sie mir.
> Ach, die kleine Pickdewick!
> Ach, sie kehrt nie mehr zurück!«

Es war ein herzbewegendes Begräbnis, ich weinte sehr. Von da an hieß ich »Pickdewick«.

Wir drei: Michael, Beate und ich

Mohrenküsse*, Gänse und das Dorf Kuschlin

Die Frau fuhr mit dem Rad an Bressels Gemischtwarenhandlung vorbei die Dorfstraße hinunter. Um den Kopf hatte sie ein weißes Tuch gebunden, an der Lenkstange hing ein Korb. Es knallte. Das Rad fiel um, die Frau auch. So lagen sie beide unter dem Kastanienbaum.

»Jetzt ist sie geplatzt!« sagte Beate.

Wir saßen auf der Kirchhofsmauer, starr vor Entsetzen.

Ich kannte die Frau. Sie hieß Frau Mischkoweit und stand beim Fleischer Malisch hinter dem Ladentisch. Daß sie geplatzt war, überraschte mich nicht. Sie war so dick wie drei Frauen, so dick wie ein Berg. Wenn ich mit Else Fleisch einkaufen ging, lachte sie zu mir herunter und steckte mir ein Stück Wurst in den Mund. Deshalb hatte ich sie in mein Herz geschlossen, und es bekümmerte mich sehr, als Else sagte: »Sie mecht noch mal platzen, so fett, wie sie is!«

Nun war es tatsächlich passiert. Sie lag auf dem Boden und war geplatzt. Tomaten und Eier rollten

---

* Mohrenküsse, auch Mohrenköpfe genannt, sind eine klebrige Süßigkeit, beliebt bei jung und alt, aus Schokolade und Zuckerschaum.

um sie herum. Ich wandte mich an meine große Schwester: »Ist man tot, wenn man platzt?«

»Na klar ist man tot! Was denkst denn du?«

Beate sprang von der Mauer und lief dem schützenden Pfarrgarten zu. Ich plumpste eilig hinterher, raffte mich auf und rannte davon, ohne mich umzudrehen. Nur schnell weg von hier und dem Schrecklichen!

Zu Hause ernteten wir nichts als Hohn und Spott mit unserer Geschichte.

»Wie? Was?« schrie Bruder Michael. »Der Bauch soll ihr geplatzt sein? Daß ich nicht lache! Höchstens der Reifen!«

Trotzdem ging er, betont langsam und uninteressiert, mit seinem Freund Pauli zur Unfallstelle.

»Nichts zu sehen«, vermeldete er kurze Zeit später, »nur kaputte Tomaten und Eier.«

»Schrecklich! Fürchterlich! Die sind ihr aus dem Bauch geflogen!«

»Aus dem Korb sind sie gefallen, dumme Pute!«

»Ach, Kinder«, Mutter seufzte, »was erzählt ihr auch immer für Schauergeschichten! Ihr sollt nicht auf der Kirchhofsmauer sitzen. Wie oft muß ich das noch sagen. Bleibt im Garten.«

Sie sah es nicht gern, wenn wir allein auf die Straße gingen. Im Garten sollten wir spielen oder im Haus.

An jenem Tag allerdings, an dem ich mit angesehen hatte, wie die dicke Frau Mischkoweit platzte, konnte ich nicht im Garten bleiben. Ich mußte mir das furchtbare Erlebnis von der Seele reden, und zwar bei einem Menschen, der mich nicht auslachte. Also ging ich hinüber zur Gemischtwarenhandlung Gustav Bressel. Zwischen dem Faß mit Heringen und dem mit Schmierseife stand Frau Bressel in ihrer schwarzen, glänzenden Schürze, freundlich und dick. Sonst war niemand im Laden. Welch ein Glück!

»Nu, was is, Kindchen? Wie jeht's uns denn so?«

»Ach Frau Bressel, schlecht! Du mußt mich trösten!«

»Wird jemacht!«

Sie drehte sich um, holte einen Mohrenkuß aus dem Regal und schob ihn über den Ladentisch. Ich hatte mir diese Tröstung nur für Notfälle aufgehoben, aber heute war ich, weiß Gott, bedürftig. Ich erklomm den Hocker vor dem Ladentisch und begann, den Mohrenkuß zu verspeisen.

»Ham se dir wieda jeärjert?«

»Ja, der Michael, der hat mich ausgelacht.«

»Nu, warum hat er dir ausjelacht?«

»Weil ich gesehn hab', wie die Frau Mischkoweit geplatzt ist.«

»So, isse jeplatzt? Wo denn?«

»Da, auf der Straße. Unterm Kastanienbaum.«

»Nu ja, Kindchen, wenn du das jesehn hast, nu wird das schon sein.«

Das war Frau Bressel. Wenn man ihr was sagte,

dann glaubte sie's, und auslachen tat sie einen nie. Sie war meine Zuflucht in allen Nöten, meine Freundin und mein Trost. Nicht nur wegen der Mohrenküsse, nein überhaupt! Sie hatte auch einen Mann, den Bressel, aber den bekam man nie zu Gesicht. Der saß im Hinterstübchen und »zwitscherte sich einen«, das jedenfalls behauptete unsere Else, und ich, wenn ich zu Frau Bressel ging, um mich trösten zu lassen, hoffte inständig darauf, ihn einmal zwitschern zu hören. Aber wann immer ich auch im Laden auftauchte, er ließ nichts von sich hören, genauso wenig wie unser Kanarienvogel, wenn Mutter abends ein Tuch über seinen Käfig gebreitet hatte.

Wie alt war ich damals? Vielleicht vier. Meine große Schwester Beate war sechs und mein noch größerer Bruder sieben. Einen kleinen Bruder gab es auch, den nannten wir »Brüderchen« und liebten ihn zärtlich. Er war freundlich und tat keinem Tier etwas zuleide. Eines Tages aber wackelte er durch den Garten und schob eine Stange vor sich her. Er steuerte auf die Spargelbeete zu, denn dort setzte er sich gern in die warme Sandkuhle zwischen den Hügeln. Dasselbe taten auch Scheuners Hühner. Sie scharrten sich einen Gang unter dem Zaun hindurch und nahmen dann leise glucksend im Sande Platz. Da kam das Brüderchen mit der Stange daher. Die Hühner sprangen hoch, gackerten und gebärdeten sich so hysterisch, daß ihm angst und bange wurde und er die Stange fallen ließ. Sie fiel auf ein Huhn, ihre allerbeste Legehenne, wie Oma Scheuner später lamentierte, ein unersetzlicher Verlust, huh, und mit Geld nicht zu bezahlen. Sie nahm dann aber doch, was Vater ihr in die Hand drückte. Die tote Henne riß sie mir auch aus den Fingern. Ich hatte mich angeboten, das Tier feierlich zu bestatten, mit ›Wenn mein Stündlein vorhanden ist‹, Predigt und Gebet und allen kirchlichen Ehren. Aber Oma Scheuner hatte nur zornig zu mir heruntergeblitzt und etwas gemurmelt von »dummes Blag« und »das würde dir so passen«.

Unser sanftmütiges Brüderchen also erschlug Scheuners beste Legehenne in unseren Spargelbeeten und hieß darauf eine Zeitlang »der Hühnertöter«. Bruder Michael sagte sogar: »Du Bolschewik!«, was das Brüderchen so entsetzte, daß es jedesmal, wenn der schreckliche Name fiel, zu schreien anfing.

Die Spargel hatte Mutter aus ihrer Heimat mit nach Polen gebracht. Sie kam aus »dem Reich«, genauer gesagt, aus dem Badnerland. Ihr Vater war Diakonissenhauspfarrer in Mannheim gewesen und danach Dekan in Boxberg. Es war ein weiter Weg von Deutschland nach Polen, von Boxberg nach Kuschlin, aber sie nahm ihn auf sich, ohne zu murren, zog mit ihrem Mann in das fremde Land und trug Spargelpflanzen und Blumensamen in ihrem Gepäck. Die Kuschliner Bauern wunderten sich und dachten, die neue Frau Pastor wolle im Garten einen Kartoffelacker anlegen. Sie schüttelten ihre Köpfe über die tiefen Furchen und hohen Hügel und sprachen es schließlich aus in allem Respekt, daß jemand, der wochentags weiße Kleider trägt und keine Ahnung hat von den Dingen, sich nicht in die Landwirtschaft mischen solle. Als aber die junge Frau Pastor im dritten Jahr Spargel stechen ging und eine ordentliche Ernte zusammenbrachte und die Kirchenältesten samt ihren Frauen zum Spargelessen einlud, da staunten sie und fanden, daß Spargel, umwickelt mit reichlich Schinken, nicht übel zu essen wären.

Das Dörfchen Kuschlin, in dem unser Pfarrhaus stand und die rote Backsteinkirche, wechselte zwischen Polen und Deutschland hin und her. Nicht, daß es besondere Schätze zu bieten gehabt hätte, nein, es lag einfach ungünstig im Grenzland. Mir war es egal, ob ich in Polen lebte oder in Deutschland. Wenn Mutter lachte und Vater zufrieden war und die Geschwister verträglich und wenn Frau Bressels Reich für mich offenstand, dann ging es mir gut.

Als ich in Kuschlin heranwuchs, war es gerade polnisch. Ein kleines Dörfchen, von Kiefernwäldern und Wiesen umgeben. Bauer Justen hatte sogar einen eigenen See hinter dem Haus, mit Seerosen und Sumpfkolben und einem Kahn.

So manchen Sonntagnachmittag waren wir

dort zum Kaffee geladen. Hatten wir genug Butterkuchen gegessen und wollten sich die Eltern in Ruhe mit den Justens unterhalten, dann standen uns See und Wiesen zu freier Verfügung. Ich hätte dieses Paradies von Herzen genossen, wäre es nicht von Gänsen bevölkert gewesen, wilden und streitsüchtigen Bestien. Sie brachen aus dem Schilf oder hinter der Scheune hervor, streckten die Hälse und watschelten in solcher Geschwindigkeit daher, flügelschlagend und trompetend, daß ich schreiend Reißaus nahm. Ich wußte, wie schmerzhaft sie zwicken konnten.

»Nicht weglaufen! Stehenbleiben!« schrie Bruder Michael. »Schau her, du dumme Pickdewick! So mußt du es machen!«

Er stimmte ein wahres Kriegsgeheul an, schwang einen Stock in der Faust und stürmte den weißen Teufeln entgegen. Siehe da, sie stoppten ihren Lauf und drehten um, nicht etwa überstürzt, nein, in Würde und Gelassenheit, so als ob sie beschlossen hätten, nun einmal in die andere Richtung zu gehen. Ab und zu wandte sich eine um, streckte den Hals und zischte, im ganzen jedoch befanden sie sich auf dem Rückzug, auch wenn sie noch so überheblich taten.

»So, jetzt du!« Michael drückte mir den Stock in die Hand. »Gib ihnen eins auf die Nase, wenn sie kommen!«

Und wie sie kamen, sobald ich alleine stand! Mit einem Trompetenstoß drehten sie um, flogen und hüpften mir entgegen, den peinlichen Rückzug zu rächen und mich zur Strecke zu bringen. Selbst Michael wagte nicht, dieser entfesselten Meute entgegenzutreten. Er stemmte mich auf den Heuhaufen hinauf und kroch hinterher.

»Dumme Pute!« keuchte er. »Du hast sie ja ganz wild gemacht!«

Nun war Michael gewiß kein besonders freundlicher Bruder. Er gab mir viel zu tragen mit seinen Frechheiten, raubte meine Puppen und kletterte mit ihnen auf die höchsten Bäume. Er bollerte gegen die Tür, wenn ich im stillen Örtchen saß, und nannte mich »dumme Pute«, aber wenn es schlecht um mich stand, dann wuchs er über sich selbst hinaus und wurde mein Schutz und Schild.

Er holte tief Luft, riß mir den Stock aus den

verkrampften Fingern und sprang vom Heuhaufen mitten zwischen die Gänse. O wie sie davonstoben! Sie fielen übereinander vor lauter Eile! Wir jagten hinter ihnen her, bis Mutter Justen erschien, die Hände rang und schrie: »Wert er wohl die Jänse in Ruhe lassen! Kroppzeug!«

Da blieben die Viecher stehen, wo sie standen, hechelten nach Luft und taten, als ob sie die reinsten Engel wären und am Ende ihrer Kräfte. Michael verwandelte sich schnurstracks vom Schutzengel zurück in den Bruder, schnaubte mich an: »Dumme Pute!« und verließ den Ort des Geschehens.

Auch Mutter hatte Schwierigkeiten mit den Gänsen. Sie schrieb an ihre badischen Tanten:

Kuschlin, am 20. 12. 1926
... Mein erstes Weihnachtsfest im eigenen Heim! Ach, was habe ich Angst vor dieser Weihnachtsgans! Ich wollte, sie stünde schon hübsch braungebraten auf dem Tisch! Zum Überfluß kam gestern noch eine fette, zum Glück schon gerupfte Ente bei uns an, mit 15 Eiern. »Als kleine Weihnachtsgabe für die Frau Pastor.« Bei solchen Tieren ist Else unbezahlbar. Sie kriegt jedes Tier weich und braun. Fast hätte ich noch dazugeschrieben: Sie kriegt sie nachher auch klein, denn von den Portionen, die sie in der Küche verdrückt, macht Ihr Euch kein Bild! Aber soll sie nur!
Wir sind ja froh! ...

Heimliche Küsse und Ärger mit dem
Konsistorium

Einmal im Monat fuhren die Eltern zum Pfarrkonvent nach Posen. Fridericus Bach, Kirchenältester und reichster Bauer im Umkreis, brachte sie in seiner Kutsche zum Morgenzug nach Opalenitza.

Auch Fridericus Bach gehörte zu der dicken Sorte Mensch, und wenn er kutschierte, dann konnte höchstens etwas so Kleines wie ich neben ihm ein bedrängtes Plätzchen finden.

»Komm, Pickdewick, du darfst auf den Thron!«, so hieß es dann. Ich verabscheute diesen Ehrensitz von Herzen. Vorne der Blick auf die schaukelnden Pferdehintern, neben mir der dicke Fridericus mit der Peitsche und hinter mir die Familie – ohne mich. Nein! Sobald die Kutsche am Hoftor erschien und ich das rote Mondgesicht des Fridericus Bach leuchten sah, verschwand ich im Haus und versteckte mich und meine Puppen.

Am Abend brachte Krischan, Bauer Bachs Pferdeknecht, die Eltern wieder nach Hause. Zu dieser Zeit saß Fridericus Bach bereits im Wirtshaus und trieb Weltpolitik am Stammtisch.

Die Eltern kehrten meist vergnügt und aufgekratzt aus Posen zurück. Wir hörten die Kutsche um das Rondell rollen, hörten den Kies knirschen und den Krischan »Brrr« machen und stoben ins Bett, wo wir schon eine ganze Weile hätten liegen sollen. Dann kamen sie herein, beteten mit uns, verteilten Gutenachtküsse und setzten das Brüderchen noch einmal auf den Topf. Sobald er getan hatte, was man von ihm erwartete, und wieder schön zugedeckt lag, schlichen sie davon.

Wir wußten, jetzt würden sie ins Studierzimmer gehen und ganz allein am kleinen Tischchen essen. Ich hatte vorher in der Küche gesehen, was alles zu ihrem Empfang gebrutzelt wurde. Täubchen zum Beispiel und lauter gute Sachen, die man gerne ißt. Das Wasser lief mir im Munde zusammen, aber es fiel mir nicht ein, ihnen diese Leckerbissen zu mißgönnen. Im Gegenteil, ich fand es gut und richtig so, zumal sie ja wieder nach Hause gekommen waren.

Bruder Michael stand auf, schlich die Treppe hinunter und schaute durch das Schlüsselloch. Sehr verärgert kam er zurück. »Sie sitzt auf seinem Schoß«, knurrte er, »und küssen tun sie sich auch!«

Diese Nachricht schockierte uns sehr. Wenn wir dabei waren, küßten sich die Eltern nie, und kaum waren sie allein, dann machten sie solche Sachen!

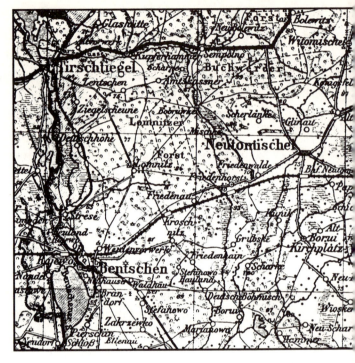

Opalenitza war unsere Bahnstation. Hier stiegen die lustigen badischen Tanten aus dem Zug und auch die frommen Onkels im Lutherrock. Die Tanten trugen immer etwas Gutes für uns in den Taschen, die Onkels leider nicht. Sie schütteten dafür geistliche Vermahnungen in großer Fülle über uns aus.

An der Landstraße von Kuschlin nach Opalenitza standen Sauerkirschbäume und Telegrafenstangen. In den Stangen rauschte es und brummte. Ich legte das Ohr daran und lauschte.

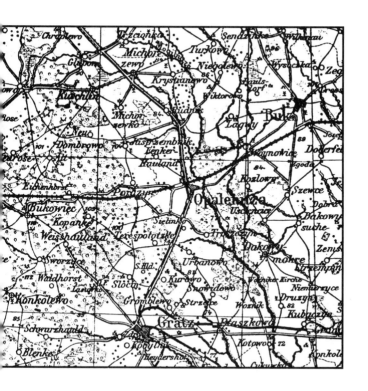

»Hörst du es, Pickdewick?« fragte Bruder Michael. »Hörst du es, wie die Leute sprechen, von Deutschland und überall her, vielleicht sogar von Boxberg. Ja, Großmama könnt' auch dabei sein!«

»Was denn, da drin?« schrie ich entsetzt und sah vor meinem inneren Auge Großmama in der Telegrafenstange stecken. Großmama, die zwar alles konnte und gleich nach dem lieben Gott kam, aber wie und warum sollte sie denn in diese Stange kriechen?

»Nur ihre Stimme«, brummte Michael, »sie sitzt doch nicht selber drin, dumme Pute! Leg dein Ohr dran! Na, hörst du sie?«

Ja, wahrhaftig, ich hörte sie! Von nun an blieb ich den Telegrafenstangen fern. Ich hielt mich an die Kirschbäume, besonders im Sommer, wenn die Kirschen reif waren, dunkelrot, saftig und so sauer, daß sich mein Mund zusammenzog. Am Bachrand leuchteten Kuckucksnelken und Vergißmeinnicht. Störche stolzierten durch die Wiesen ...

Das taten sie auch noch vierzig Jahre später, als Beate und ich samt unseren Ehemännern Manfred und Florian eine Polenreise machten. Manfred sah den ersten.

»Ein Storch, ein Storch!« schrie er und ließ die Bremsen kreischen. »Schaut euch das an! Es ist ein Wunder! Schnell, her mit dem Fotoapparat!« Er knipste aus dem Autofenster, warf sich in den Straßengraben und feierte im Verein mit Schwager Florian wahre Fotoorgien.

In den folgenden Tagen sahen wir derart viele Störche, stolzierend, fliegend und Frösche fressend, daß wir sie nicht mehr für ein Wunder halten konnten.

»Da vorne steht eine ganze Familie!« Manfred hob müde den Zeigefinger. »Willst du sie knipsen, Florian?«

»Nein, er will nicht«, antwortete Beate mit Nachdruck. »Er hat nämlich schon einen ganzen Film voll. Möglicherweise gibt es hier noch etwas Interessanteres zu fotografieren als Störche, zum Beispiel die Stolperwiese von gestern!«

Diese Wiese befand sich im Kuschliner Pfarrgarten. Wir waren darauf herumgestapft und hatten nach einem Zipfelchen Kindheit gesucht. Aber es gab kein Rondell mehr und keine Rabatten, nur eine Wiese, die im hinteren Teil des Gartens seltsam uneben schien.

»Hier hat's Löcher!« hatte Manfred gerufen. »Paßt auf, Leute, da kann man sich den Fuß vertreten!«

Es waren aber keine Löcher. Es waren die Furchen zwischen den Spargelbeeten von damals. Beate und ich hatten bei dieser Entdeckung Freudentränen vergossen.

»Mutterles Spargelbeete! Manfred, Florian, ihr müßt es euch ansehen. Hier hat sie morgens Spargel gestochen, und wir standen dabei und schauten zu, Michael und Brüderchen und wir beide. Warum fotografiert ihr nicht?«

»A bah, das gibt doch kein Bild!« Die Herren waren sich einig. Mutters Spargelbeete waren ihnen kein Foto wert gewesen, aber von diesen Störchen konnten sie nicht genug bekommen. Wir hätten die beiden nicht mitnehmen sollen, dachte ich und teilte diese Erkenntnis auch Schwester Beate mit.

»Schon recht«, meinte die, »aber denk an die Koffer. Hättest du sie allein schleppen wollen? Und dann die Fahrerei und den Ärger an der Grenze ...«

Ärger hatte ich schon als Kind mehr als genug: mit den Geschwistern, mit Großmama und auch mit dem Konsistorium in Posen. Dort gab es einen Generalsuperintendenten Blau, dem man Respekt schuldete und den jedermann liebte, vor allem meine Mutter.
Sie schrieb an die badischen Tanten:

Kuschlin, im Januar 27
... Gestern waren Ihro Herrlichkeiten, die Generalsuperintendents bei uns zum Kaffee. Immer vergesse ich, daß wir Vatchen und Muttchen zu ihnen sagen sollen. Eigentlich ist das von den beiden doch sehr nett, nicht wahr! Immerhin sind sie Generalsuperintendents in Posen und wir nur kleine Pfarrleute in Kuschlin. Aber ich war ja schon zwei Wochen lang bei ihnen zu einer Pfarrbräuterüstzeit. Und jetzt, hört her, was der General zu dem Meinen gesagt hat: »*Es war mir eine ganz besondere Freude, Ihre Amei in meinem Hause zu haben!*« *Und Muttchen Blau lobte meinen Kuchen, er wäre ausgezeichnet! Ja, Tildchen, Du brauchst nicht zu lachen! Sie sagte es ...*

Mir aber flößte er Furcht ein, schon wegen seines monströsen Namens. Einmal, vor Weihnachten, als ich gerade das Lesen und Schreiben lernte, sollte ich einen Weihnachtsgruß an eben diesen Menschen schicken. Mutter hatte alles vorbereitet, ich brauchte es bloß abzuschreiben. Am Anfang standen die Worte: *Lieber Herr Generalsuperintendent.* Über diese Anrede kam ich nicht hinaus, enthielt sie doch so reichliche Fehlerquellen, daß ich schließlich weinend vor einem Berg zerrissener Karten saß. Als einziger Trost blieb mir Frau Bressel. Ich kauerte bei ihr auf dem Hocker und verzehrte unter Schluchzen und Nasehochziehen einen Mohrenkuß. Sie fertigte ihre Kunden ab und lehnte sich dann über den Ladentisch.

»Ham se dir wieda jeärjert?«

»Ja und gesagt, ich bin eine dumme Pute!«

»Puten sin jarnich dumm! Da brauchste dir nich zu ärjern!«

»Frau Bressel, kannst du schreiben: Lieber Herr Ge-ne-ral-sup-per-in-ten-dent?«

»Ne, ick wer mir hüten! Warum och? Anständje Menschen heißen nich so!«

»Aber Mutterle sagt, er ist ein wunderbarer Mensch und kann einem viel geben!«

»Pah! Soviel wird's och nich sein!«

»Und er wohnt in Posen, in dem Konsisto ...«

»Na, wohnt er eben in Posen, in dem Konsisto!

Ich saje dir, wer an so jemand schreibt, kricht Ärjer!«

»Ja, Frau Bressel, meinst du, er kriegt Ärger?« fragte ich hoffnungsvoll und dachte an Michael und Beate, die ihre Karten ohne Schwierigkeiten geschrieben und mich dann ausgelacht hatten. Ein bißchen Ärger würde ihnen nicht schaden.

»Es jibt Ärjer! Da kannste Jift drauf nehmen, Kindchen! Willste 'ne Salzjurke?«

Ja, ich wollte eine und verließ getröstet Frau Bressels Reich.

Tote Hasen in Kuschlin
und verlorene Herzen in Heidelberg

Meine Mutter züchtete also Spargel, stach, schälte und kochte sie, nicht zu hart und nicht zu weich, gerade richtig. Damit aber waren ihre Kochkenntnisse erschöpft. Sie glänzte mit tausend anderen Qualitäten, stickte, sang wie eine Lerche, spielte Klavier, Harmonium und Orgel und wirkte segensreich in Haus, Garten und Kirche. Jedermann liebte sie, von Vater angefangen, über uns Kinder und die polnische Köchin bis zum trinkfreudigen Baron von Blawnitz. Nur kochen konnte sie nicht. Das hatte sie nie gelernt und nie ausgeübt, das sollte ihr in der Ehe zufliegen, was jedoch leider nicht passierte.

Es gibt da eine Geschichte aus grauer Vorzeit. Sie gehört zum Familienschatz und wird oft und gern hervorgeholt und erzählt. »Bitte«, pflegte Mutter zu sagen, wenn wieder jemand damit anfing, »bitte, laßt euch nicht aufhalten! Erzählt sie eben zum tausendsten Mal. Vielleicht gibt es noch einen Menschen, der sie nicht kennt.«

Sie selbst beschreibt die Begebenheit in einem Brief an ihre Mutter nach Boxberg kurz und bündig.

Liebste madre!
Der Empfang hier war überwältigend! Hof und Garten wimmelten von Menschen. Dann all die Reden und Handküsse, die volle Speisekammer mit mindestens drei toten Hasen drin, die mich sehr erschreckten ...

Die überlieferte Geschichte ist etwas ausführlicher.

Da brachte der junge Prädikant Paul-Gerhard Lassahn seine kürzlich angetraute Ehefrau Amalie-Pauline, kurz Amei genannt, mit der Kutsche von Opalenitza nach Kuschlin. Die Gemeinde hatte sich in Garten und Hof versammelt. Der Kirchenchor sang: ›Lobet den Herrn ...‹ oder ›Auf Adelers Flügeln getragen‹, was man halt so singt in Ost und West, wenn Pfarrer neue Stellen beziehen. Reden wurden gehalten, Hände geküßt und das junge Paar ins Haus geführt. In Richtung Küche schob man die Neuvermählten und durch die Küche hindurch zur geräumigen Speisekammer. Dort nämlich hatte die Gemeinde alles gestapelt, was sie sich an Eßbarem vom Herzen gerissen hatte und was jeden Christenmenschen erfreut. Von den Regalen lachten Butter- und Schmalztöpfe, Kirschengläser, Saftflaschen, Obst und Gemüse. Streuselkuchen, Hefezöpfe und Bauernbrote standen auf langen Tischen. Von der Decke aber baumelten geräucherte Würste, Schinken, Geflügel und »mindestens drei tote Hasen«. Ein wahres Schlaraffenland!

»Sehn Se sich's an, Frau Paster! Herr Paster!«

Mutter sah es sich an und ihr grauste.

»Du lieber Himmel!« rief sie und rang die Hände. »Wie soll ich denn all die Hasen rupfen?«

»Was hat se jesagt?«

»Wie se all die Hasen rupfen soll, hat se jesagt!« wurde flüsternd mitgeteilt. Es breitete sich nach hinten aus, durch die Küche, wo sie dichtgedrängt standen, in die Diele, hinaus auf die Treppe.

»Se weeß nich, wie se alle Hasen rupfen soll!«

Erst standen sie starr, dann kicherten sie hinter vorgehaltener Hand, und dann brüllten sie los.

»Jetzt übertreibt ihr aber!« rief Mutter dazwischen. »Gebrüllt haben sie nicht! Dazu waren sie viel zu taktvoll. Gut, ich gebe zu, sie haben gelächelt, aber durchaus freundlich, und dann haben sie es uns erklärt, daß man nur Geflügel rupft und keine Hasen. Kinder, so etwas muß einem doch gesagt werden!«

»Ja«, pflichtete Vater bei, »so etwas muß einem gesagt werden, das kann man nicht ohne weiteres wissen.«

Vater hatte auch keine Ahnung von häuslichen Verrichtungen. Ich stand neben ihm, wie er zum ersten Mal in seinem Leben Kartoffeln schälte. Mutter lag mit einer Erkältung im Bett. Beate und mir wollte er sein scharfes Taschenmesser nicht anvertrauen. So füllte er denn einen großen Eimer mit Wasser, das hatte er offenbar irgendwo gesehen, und begann zu schälen. Er schälte die Kartoffeln mit solcher Sorgfalt, daß nichts von ihnen übrigblieb. Ich weiß noch, wie er mit der Hand im Wasser fischte, ob sich nicht vielleicht doch etwas darin finde.

»Diese Kartoffeln sind nicht die richtigen«, sagte er dann. »Sie bestehen nur aus Schale. Ich glaube, wir haben eine falsche Sorte eingekauft, Pickdewick. Es gibt nämlich verschiedene Sorten, mußt du wissen, eine für Menschen und eine für Schweine. Diese hier sind wohl für die Schweine, aber das hätte man uns sagen müssen.«

Da fiel mir etwas ein.

»Else hat sie erst gekocht und dann die Schale abgeschält.«

»Nein, das erscheint mir nicht sinnvoll«, meinte Vater nach kurzer Überlegung. »Warum soll man sie kochen, wenn nachher doch nichts übrigbleibt? Überleg es dir, Pickdewick.«

Ich überlegte es mir und fand, daß er recht hatte. Aber bei Else war immer etwas übriggeblieben. Diese Erkenntnis behielt ich für mich. Vater war auch so schon geschlagen genug. Er goß Wasser und Maismehl in einen Topf, um Maisbrei zu kochen.

»Irgend etwas brennt an!« rief Mutter aus dem Nebenzimmer. »Ja, riecht ihr es denn nicht?«

Doch, wir rochen es auch und zogen den blubbernden, spritzenden Maisbrei vom Feuer. Er schmeckte sehr sättigend und war der letzte väterliche Kochversuch.

Abends erzählte Vater von seinem Elternhaus in Bromberg und von seinen beiden großen Schwestern Marie-Luise und Johanna. Nach dem frühen Tod der Mutter hatten die beiden im elterlichen Pfarrhaus die Küche übernommen. Kam er, der Jüngste von neun Geschwistern, im rechten Augenblick in die Küche, dann nämlich, wenn sie einerlei Sinnes waren und bei guter Laune, stopften sie ihn mit Leckerbissen voll. Im anderen Fall wedelten sie ihn mit dem Küchenhandtuch zur Tür hinaus.

»Geh lernen!« riefen sie. »Ein Junge hat nichts in der Küche zu suchen! Merk es dir!«

Also ging er lernen, und nach der Schulzeit in Bromberg ging er studieren. Er fing in Bethel an, lernte dort Hebräisch und »trug die blaue Schürze«[*]. Dann aber zog es ihn nach Heidelberg. Dort verlor er, so wie es sich gehört, sein Herz. Auf der Theologischen Fakultät nämlich gewann er den ersten und besten Freund seines Lebens. Einen, der Fritz hieß und dessen Vater Dekan in Boxberg

---

[*] »Die blaue Schürze tragen« heißt: Pflegedienst an Behinderten leisten.

war. Fritz fuhr meistens über das Wochenende nach Hause, er hatte es ja nicht weit. An einem Wochenende im Frühling nahm er den Freund mit.

Wie ich meinen Vater kenne, hat er diesem Besuch in Boxberg nur zögernd zugestimmt. Er brach nicht gern in fremde Familien ein. Freund Fritz mußte damals mit Menschen- und mit Engelszungen geredet haben. Vielleicht hat er ein Bild seiner Schwester Amei gezeigt. Nein, dann wäre der Freund noch ängstlicher geworden. Wahrscheinlich hat er von Vaters Bibliothek geschwärmt oder von Mutters guter Küche.

Wie es auch immer gewesen sein mag und mit was er den Freund verlockt hat, an einem Freitag im Frühling fuhren sie nach Boxberg in »Badisch Sibirien«. Um das Dekanat herum blühte und grünte der Garten. Sie tranken Kaffee in der Geißblattlaube, der Dekan mit dem Zwicker auf der Nase, seine Frau, eine geborene Wettstein, schlank, schön und beklemmend vornehm – und Amalie-Pauline, genannt Amei, die Tochter des Hauses. Er sah sie, hörte sie lachen und sprechen mit lieblich badischem Akzent, und weg war sein Herz, verloren für immer an Amei.

Zwei Jahre lang liebten sie sich »per Distanz«.[*] Nach zwei weiteren »ließen sie als Verlobte grüßen«. Amei in Boxberg, wo sie die Krankenpflege erlernte und, o Wunder für damalige Zeiten, die Kunst des Fotografierens und Entwickelns.

Ich erinnere mich an flache Schüsseln im Kuschliner Garten unter den Hecken, wo es schattig war. In säuerlich riechenden Soßen schwammen gelbe Papiere. Es war streng verboten, sie anzufassen, auch dann noch, als sie festgeklammert an der Leine hingen, um zu trocknen. Waren sie trocken, dann rollten sie sich zusammen, aber Mutter preßte sie in das dicke Konversationslexikon, wo sie wieder einigermaßen platt wurden. Man konnte Umrisse auf diesen Bildern erkennen und mit etwas Phantasie sogar dieses und jenes.

»Aber Kinder, jetzt macht doch eure Augen auf!« rief Mutter. »Seht ihr denn Tante Tildchen nicht? Da, mit der Brille! Die Brille ist doch ganz deutlich zu sehen.«

Ja, jetzt erkannten wir Tante Tildchen mit der Brille.

»Und da unten sitzt die Katze von Scheuners!« Ich war ganz stolz, daß ich sie entdeckte. »Man

---

[*] »Und die Liebe per Distanz, / Kurz gesagt, mißfällt mir ganz.« Aus: W. Busch, ›Die Knopp-Trilogie. Abenteuer eines Junggesellen‹.

Das Brautpaar

kann richtig sehen, wie sie den Schwanz hochhebt!«

»Das ist nicht die Katze von Scheuners!« Mutters Stimme klang ärgerlich. »Das ist Brüderchen. Und das ist auch kein Schwanz, sondern sein Ärmchen. Du mußt schon etwas genauer hinsehen, Pickdewick!«

Ich kniff die Augen zusammen und erblickte nun vieles, aber ich tat es den anderen nicht kund. Ich machte es wie die Erwachsenen, die Mutters Bilder anschauten und beteuerten: »Wunderbar! Herrlich! Wirklich wie ein Gemälde. Solch eine Fotografie ist ein richtiges Kunstwerk.«

Wenn Mutter im Keller arbeitete, angetan mit einer roten Gummischürze und in tiefer Dunkelheit, dann kam sie mir einmal mehr wie eine Zauberin vor. Ich wußte, daß mein Besuch im Keller nicht erwünscht war, trotzdem tappte ich immer wieder die Treppe hinunter und öffnete die Tür einen winzigen Spalt, um zu sehen, ob sie noch da war.

»Tür zu! Herrschaft noch mal!« schrie sie dann, und hochbefriedigt stieg ich nach oben. Sie lebte noch! Mehr hatte ich nicht wissen wollen.

Mit wachsender Kinderzahl und wachsenden Sorgen verschwand die alchimistische Werkstatt im Keller und verkümmerten Mutters fotografische Talente. Kein mütterliches Foto ist hinübergerettet worden in die neue Heimat.

Zwei Jahre also verbrachten die beiden Verlobten fern voneinander. Sie in Boxberg, er in Posen im Predigerseminar und später in Kuschlin als Prädikant.

Sie schrieben sich Briefe. Jeden Tag einen. Wenn keiner kam, dann war die Verzweiflung groß und der Tag zu nichts mehr nütze, als daß er unglücklich Liebende einen Schritt näher zum Grabe bringe.

Im Kuschliner Gartenzimmer stand ein großmächtiger Sekretär mit heruntergeklappter Platte, kleinen und großen Schubladen und Bildern von uns und von Großmama. Das war Mutters Schreibtisch, und »man hatte rein gar nichts darauf zu suchen!« Eines Tages berichtete Michael von einem ungeheuren Schatz, der im Geheimfach ruhe. Der Gedanke an diesen Schatz verfolgte mich, und weil kein anderer Weg zu ihm führte, als der langweilig erlaubte, pflückte ich ein paar Schlüsselblumen, legte sie vor Mutter auf den Schreibtisch, was sie immer milde stimmte, und fragte: »Mutterle, zeigst du mir den Schatz?«

»Welchen Schatz?«

»Den in deiner Geheimschublade.«

»Nein, Pickdewick, der ist nichts für dich.«

»Warum ist der nichts für mich?«

»Weil es die Briefe sind, die dein Vater mir geschrieben hat.«

Was, nur Briefe? Keine Ringe, keine Ketten, keine Perlen und Edelsteine? Ich trug meine Enttäuschung hinüber zu Frau Bressel.

»Frau Bressel, hast du vielleicht einen Schatz?«

»Ne, Kindchen, nich mehr! Die Zeiten sind vorbei. Da bin ich nu schon aus die Jahre.«

»Aber früher hast du einen gehabt?«

»Das kannste annehmen! Nicht nur eenen hab' ich jehabt. Nicht nur eenen.«

»Was, zwei Schätze?«

Frau Bressel wiegte den Kopf.

»Wenn ich mers ieberleje, manchmal noch mehr! An jedem Finger hätt' ich können eenen haben!«

»Oh, Frau Bressel! An jedem Finger?«

Sie seufzte.

»Und ich, was mach' ich?« Sie zeigte mit dem Daumen auf die Hintertür. »Da liegt er und schnarcht.«

»Der Schatz?«

»Schatz? Pah! Der Bressel! Aba das vastehste nich, Kindchen!«

Frau Bressel griff gedankenverloren in die Schachtel mit Mohrenküssen, nahm sich einen und biß hinein.

»En richtjen Schatz, so auf die Dauer, den jibt's nich. Nur falsche Fuffzijer!«

»Ja, Frau Bressel, bei Mutterle auch! Nur Briefe! Furchtbar!«

Der Schatz in der Schachtel
und Hochzeitsbild mit Ahne

Daß Briefe kostbar sein können und wahre Schätze, das weiß ich inzwischen, und hätte ich es nicht gewußt, es wäre mir spätestens vorgestern klargeworden.

Ich war aus dem unruhigen Stuttgarter Pfarrhaus in die stille Wohnung meiner Schwester Gitti geflohen. Dort saß ich nun, schrieb und versuchte mich zu erinnern, denn nach Brand und Flucht waren nur wenige Aufzeichnungen erhalten geblieben. Vorgestern nun kam Gitti mit einer lila Schachtel daher.

»Es sind Briefe von Mutterle!« sagte sie. »Ich kann dieses Sütterlin nicht lesen. Willst du sie mal durchschauen?«

Und ob ich wollte! In der Schachtel lagen vergilbte Karten und Bogen, bedeckt mit Mutters kleinen, spitzen Schriftzügen. Briefe aus der Zeit von 1925 bis 1944, aus Kuschlin und Bromberg, adressiert an ihre Freundinnen Maria in Duisburg und Linde in Heidelberg und an die *geliebte madre*, die Dekansfrau in Boxberg, unsere Großmama ...

Wie diese Briefe in die Schachtel gekommen waren, wußte Gitti nicht. Sie hatte die Lilafarbene nach Mutters Tod im Sekretär gefunden und als

Andenken verwahrt und vergessen. Vorhin, als sie nach Unterlagen für mich suchte, weil ich offenbar schlecht vorankam, war sie ihr in die Hände gefallen.

»Na, bist du jetzt froh?«
»Sehr froh, Gitti.«
»Wird's jetzt besser laufen?«
»Viel besser.«

Da sitze ich nun, sortiere und lese mit der Lupe in der Hand. Das Sütterlin ist schwer zu entziffern. *Pickdewick* lese ich, meinen Kindernamen. Was schreibt sie über mich?

Kuschlin, den 24. Februar 1936
… Du solltest Pickdewick sehen! Sie lacht mit einem Auge, während das andere weint, und spielt ihren Puppen Theater vor, daß man nur so staunt …

Da, noch einmal etwas, acht Jahre später aus Bromberg.

Bromberg, den 10. Dezember 1944
… Ameile besitzt in großem Maße die Lust zum Fabulieren, und ich finde immer, wenn sie keine Ruhe dazu hat, dann wird sie gereizt und heftig. Sie sitzt in ihrem Zimmer, liest und schreibt, und wenn ich böse darüber bin, weil ich denke, man

Nach dem Erscheinen der gebundenen Ausgabe des vorliegenden Buches habe ich ziemlich viele belehrende Briefe bekommen, daß man die schöne Schrift meiner Mutter nicht »Sütterlin« nennt, sondern »Deutsche Schrift«. Ein netter Mensch hat mir sogar Schriftbilder geschickt, damit ich es ja glaube. Wenn ich trotzdem bei der Bezeichnung »Sütterlin« geblieben bin, so deshalb, weil der Begriff »Deutsche Schrift« heutzutage kaum mehr verstanden wird. *A.-A. M.*

dürfe auch einmal seiner Mutter helfen, dann sieht sie mich an, als ob wir beide aus verschiedenen Welten stammten und als wollte sie sagen, wie kann man solche kleinen Dinge nur so wichtig nehmen ...

Ich lese und bin von Zärtlichkeit erfüllt für sie, die so freundlich über mich schreibt, obwohl ich doch mit vierzehn Jahren ein rechter Besen war und alles andere als liebenswert.

Doch zurück zum Jahr 1925.

Was schreibt sie an ihre Freundin Maria?

Boxberg, am 6. November 1925
... Die zwei Verlobungsjahre waren nicht so schlimm wie die letzten drei Monate. Ich habe noch nie viel Geduld gehabt und muß sie nun sehr schwer lernen. Und mein armer Paul-Gerhard! Wenn ich denke, daß schon die Einladungen zur Hochzeit im September weg waren und dann keine Ausreise ... diese Polen! Nun aber ist alles gut, und sicher bekommt der Meine nun auch die Ausreise. Ich freue mich so auf unser gemeinsames Leben, auf unsere Gemeinde, auf unser Haus, auf unseren Garten. Mag auch der Ofen rauchen, die Fenster nicht schließen, die Dielen krachen, Mäuslein einem um die Füße huschen, was macht denn das!
In meinem Zimmer hängt der Pfarrfrauenspiegel, den mir Frau Generalsuperintendent Blau ge-

schenkt hat. Ich mag ihn eigentlich nicht, aber doch lese ich eisern jeden Tag ein Stück daraus und präge es mir ein. Ehrlich gesagt: Erbaulich ist er nicht für mich, weil er mir zu deutlich zeigt, was mir fehlt. Ich möchte gerne eine gute Pfarrfrau werden, und doch weiß ich genau, eine Pfarrfrau wie mein Mutterle kann ich nie werden, dazu fehlen mir die Gaben. Ach, und ich muß gestehen: Es ist mir viel wichtiger, daß ich bei meinem lieben Paul-Gerhard leben darf, als daß ich eine wunderbare Pfarrfrau bin, wie die aus dem Spiegel...

Am 7. Januar 1926 heirateten die beiden in Boxberg. Von dieser Hochzeit existiert ein Foto, zum Glück nicht von Mutters lieber Hand entwickelt, sondern von einem richtigen Fotografen. Schön sieht sie da aus im weißen Kleid mit Schwanenfederbesatz. Vater, liebevoll ihr zugeneigt, im Lutherrock, hohem steifem Kragen mit weißer Schleife, wirkt eher schmächtig neben all der prachtvollen Fülle. Zu seiner Linken thront die Schwiegermama, den Rücken gerade, vornehm distanziert. Hinter ihm steht Freund Fritz, der ihn ins Haus gebracht. Zur Rechten der Braut sitzt der geliebte Vater, der Dekan mit dem Zwicker und dem eisernen Kreuz, und neben ihm die Ahne, seine Stiefmutter, die Hände im Schoß gefaltet, die spitzen Knie eng beieinander, auch sie eine Pfarrfrau mit einer Geschichte, wunderbar, heroisch und ganz unglaublich.

Diese »Ahne«, damals noch hübsch und proper, wurde von einem Pfarrer als Eheliebste erwählt, dem bereits zwei Frauen im Kindbett gestorben waren. Sie aber, anstatt sich mit Grausen zu wenden oder irgendwelche anderen Vorkehrungen gegen Kindbetten zu treffen, tat noch ein übriges. Sie marschierte zum Zahnarzt und ließ sich vor der Hochzeit alle Zähne ziehen, damit sie als rechte Pfarrfrau ihrem Pfarrherrn niemals Geld und Zeit kosten möge.

»Wirklich, Mutterle, stimmt das?«

»Ich hab' dir's doch gesagt, es stimmt. Pickdewick, du bist ein ungläubiger Thomas!«

»Ja und dann kam sie ohne einen einzigen Zahn zur Hochzeit? Da sah sie doch schrecklich aus!«

»Wieso schrecklich? Sie hatte natürlich ein Gebiß, und damit, dachte sie, wären alle Sorgen diesbezüglich und die Zähne betreffend aus der Welt.«

»Waren sie's?«

Mutter lachte. »Nein eben, das ist ja das Komische ...«

»Der Schuß ging nach hinten raus!« rief Vater vom Schreibtisch her. »Sie mußte nachher andauernd zum Zahnarzt, soviel wie sonst kein Mensch auf der großen, weiten Welt. Ihr Kiefer veränderte sich, und alle Naslang brauchte sie ein neues Gebiß ... Ihr Mann hat Unsummen dafür ausge-

Hochzeit in Boxberg Januar 1926

geben. Das kommt davon, wenn man eine vollkommene Pfarrfrau sein will!«

»Aber im Kindbett gestorben ist sie nicht?«

»Nein, das nicht. Sie hat ihn sogar noch überlebt!«

Also diese Ahne war auch bei der Hochzeit und auf dem Bild, und um sie herum sitzen und stehen die Wettsteins, die Haags und die Lassahns, würdige Vertreter der Pfarrerszunft in Ost und West. Demütig-stolz die Damen, selbstbewußt-vergeistigt die Herren. Kein Kind unter den Gästen, einige wenige Freunde des Brautpaares, das Ganze mit Diakonissenhauben anmutig verziert.

In der Schachtel fanden sich auch ›Tischverse zu Ameiles Hochzeit‹. Von den 31 Versen will ich nur drei heraussuchen.

Vater: *Zieht auch dein Kind in weite Ferne,*
lieb Vaterherz, magst ruhig sein. –
Selbst Polens Nacht hat ihre Sterne,
Und überdies: sie sind zu zwein!

Paul-Gerhard: *Paul-Gerhard denkt: Allein in Polen,*
Das hält selbst ein Lassahn nicht aus!
Drum tät er sich was Liebes holen
Vom Badnerland in Herz und Haus!

Fritz: *Ein Pfarrhaus und ein Garten drum*
und drinnen frohe Leute,
Fürwahr, da wär doch einer dumm,
Wenn er sich nicht dran freute!

Vierzehn Tage nach diesem unvergeßlichen Ereignis zog das junge Paar gen Osten ins ferne Polen.

Was die Mutter, »die madre«, ihrer Tochter als Abschiedswort mitgab, ist nicht überliefert. Ich ahne aber, was es gewesen sein könnte. Das nämlich, was ihr gern über die Lippen kam, wenn sie uns, ihre Enkelkinder, zur Räson bringen wollte. Den Wappenspruch der Wettsteins wird sie bemüht haben, den kargen, steinigen. In mein Poesiealbum hat sie ihn auch geschrieben: »*Ich nütze mich ab, um zu nützen«*, und sie hat hinzugefügt: »Der Wappenspruch deines Geschlechtes! Mache ihn dir zu eigen!«

Ein edles Wort unter dem Bild mit dem Wetzstein, aber doch etwas spröde und wenig attraktiv für junge Leute, die nicht nur nützlich sein wollen, sondern vor allen Dingen glücklich.

Wie das Leben so spielt, hatte auch mein Vater einen Stein im Wappen. Keinen Wetzstein, nein, eher eine Art Klagemauer.

Klag's dem Stein, behalt's allein! Heroisch! Wunderbar! Aber beide Steine samt ihren Sprüchen haben nie vermocht, mich zu begeistern. Da gefällt mir der Spruch aus den Hochzeitsversen in der Schachtel schon besser:

*Freundin Linde: Mutter Göthe war nicht dumm:
Schien der Stein zu schwer,
Ging sie flugs um ihn herum.
Merk dir diese Lehr'!*

Die »madre« hat diesen Vers bestimmt nicht gedichtet! Ich könnte mir vorstellen, daß sie der Tochter den Wetzstein ins Handgepäck gelegt hat.

Vom Großpapa, dem Dekan mit dem Zwicker, ist nichts Hartes, Steiniges, nein, eine wehmütige Klage überliefert: »Drei Tage Bahn, zwei Tage Schlitten, ach, mein armes Ameile, jetzt fährst du zu den Hunnen!«

Dann hat er seine Tochter in den Arm genommen und geküßt. Für den Schwiegersohn blieb bei diesem Abschied nur ein knapper Handschlag übrig, ohne besondere Wärme.

Mutter erzählte gern von daheim, von dem Dörflein Kälbertshausen mit seinem baufälligen, aber gemütlichen Pfarrhaus und der Krokuswiese, die so steil abfiel, daß einmal der Kinderwagen mit dem kleinen Ameile darin ins Rollen kam. Er fuhr abwärts, wurde immer schneller und wäre unten zerschellt, hätte sich nicht Barry, der treue Bernhardiner, davorgeworfen und den Wagen aufgehalten und gebellt, bis endlich die Pfarrersleute herbeieilten, ihr bedrohtes Töchterchen retteten und den Hund lobten. Doch soviel Kälbertshausen auch zu bieten hatte an Kindheitserinnerungen und Nostalgie, sein Name verfolgte das arme Mädchen von einem Schulanfang zum anderen. Dann nämlich, wenn die Schüler laut und vernehmlich ihren Namen und Geburtsort nennen mußten, zog die Amei den Kopf ein und die Schultern hoch und piepste, was sie sonst nicht tat.

»Ach Kinder«, sagte Mutter, »ihr könnt euch nicht vorstellen, wie ich mich genierte!«

»Warum hast du dich denn so geniert, Mutterle?«

»Jetzt hört es euch einmal an, wie das klingt!
›Wie heißt du?‹

›Amalie-Pauline.‹
›Wo bist du geboren?‹
›In Kälbertshausen.‹
Hihi, haha! Da lachten sie alle. Es war peinlich.«

»Also ich weiß nicht«, sagte Michael, »ich find' Pforzheim schlimmer.«

Nach ein paar Jahren Kälbertshausen kam Großpapa in die Stadt. Er wurde Diakonissenhauspfarrer in Mannheim. Mutters Augen leuchteten, wenn sie davon erzählte:

»Ach Kinder, war das ein Ereignis, wenn die Großherzogin kam! Ja, sie kam mit ihrem ganzen Hofstaat, um unser Diakonissenhaus zu besichtigen. Die Prinzessin Wilhelmine war auch dabei. Und wer hat sie empfangen und überall herumgeführt? Jawohl. Eure Großmama. Ihr könnt stolz auf sie sein! Ja, Kinder, das könnt ihr! Die Diakonissen bildeten Spalier. Aber nicht, daß ihr etwa auf den Gedanken kommt, sie hätten einen Hofknicks gemacht. Nie im Leben! So etwas tut eine Diakonisse nicht. Sie dient einem höheren Herrn. Aber Großmama hat ihnen gezeigt, wie man anmutig das Haupt neigt. Das haben sie getan. Denkt euch, all die gestärkten Hauben! Es ging ein Rauschen durch das Haus. Herrlich! Großmama sah aus wie eine Königin, ihr kennt sie ja: Und wenn sie nicht so streng um sich geblickt hätte, wer weiß, wer weiß, vielleicht hätten sie doch das

Knicksen angefangen, aber nur vor Großmama. Versteht ihr das?«

Und wie wir das verstanden! Ich wäre vor Großmama auch in die Knie gesunken. Wenn sie mich ansah, dann fielen mir alle meine Sünden ein. Ich machte mich so klein wie nur möglich, um ihrem durchdringenden Blick zu entrinnen.

»Weißt du, Kind«, sagte Mutter, als ich mich einmal bitter beklagte über die ewige Margarine auf meinem Schulbrot. »Weißt du, Kind, über so etwas ist man erhaben. Denk an deine Großmama und wie sie einmal eine Raupe verzehrt hat, nur um die fürstliche Ehre zu retten...«

»Mir brauchst du nichts zu erzählen, Mutterle, ich kenn' die Geschichte auswendig: Da lag das Viech in Großmamas Salatteller und sah scheußlich aus...«

»Du darfst nicht vergessen, Pickdewick, daß Großmama an fürstlicher Tafel saß und daß es überaus peinlich gewesen wäre, wenn jemand von den hohen Herrschaften die Raupe gesehen hätte...«

»Meinst du, da hätt' der Fürst gleich Harakiri machen müssen oder wie?«

»Harakiri! Pickdewick! Wo hast du das denn wieder aufgeschnappt. Kind, diese Geschichte ist nicht zum Lachen. Sie ist sehr eindrucksvoll und nachahmenswert. Großmama wickelte die Raupe in ein Salatblatt und verzehrte sie.«

»A bah, widerlich! Die arme Raupe! Hätt' Großmama sie nicht einfach unter den Tisch werfen können oder so was?«

»Unter den Tisch? Unter die fürstliche Tafel? Aber Kind, wie kannst du nur etwas so Dummes sagen! Großmama wußte, wie man sich benimmt. Wir waren oft bei den Großen dieser Welt zu Gast, wir hatten viel Ehr, aber wenig Geld. Am Monatsende aßen wir Grießbrei, immer nur Grießbrei ...«

»Und ab und zu 'ne Raupe.«

»Schäm dich, Pickdewick!«

»Ja gut, ich schäm' mich! Aber eins will ich dir sagen, Mutterle, Grießbrei tät ich lieber essen als Margarinebrot.«

Da wir wieder beim Essen sind, kann ich mitteilen, daß wir in Kuschlin und Bromberg immer exzellente Köchinnen hatten. Mutter schreibt:

Kuschlin, den 12. Februar 1926
... Heute brachte mir Else einen Hasen ins Zimmer, der so gefroren war, daß er ganz steif war. Er streckte beide Vorderpfoten in die Luft, wie ein kleines Kind, das »bitte, bitte« macht. Und so was soll man dann essen! Aber Else macht das schon. Ich brauche gar nicht in die Küche. Besonders gut kann sie Soßen! Die würden Dir auch schmecken, glaub es mir. Else ist eine Bauerntochter und ein

Juwel! Frau von Blawnitz hat sie für mich ausgesucht ...

Schlimm wurde es nach der Flucht, als keine Köchin mehr vorhanden war und meine Mutter den Kochlöffel ergriff. Über dem Küchentisch in der neuen Heimat hing ein Spruch, den wir Kinder in unmittelbare Verbindung mit den Gerichten brachten, die von Mutters Hand bereitet, aus der Küche auf den Eßtisch kamen.

Alles, was an dich herankommt, muß zuerst an Gott vorbei.

Das war ein Trost, aber nur ein kleiner.

Schloßbesichtigung mit stillem Örtchen und verzaubertem Wassermann

Es wird Zeit, einen Gang durch das Kuschliner Pfarrhaus anzutreten und eine »Schloßbesichtigung« vorzunehmen. Ach, wie gern wäre ich dazu bereit und möchte vorangehen, eine Tür nach der anderen öffnen und sprechen:

»Bitte, meine Damen und Herren, treten Sie ein. Es ist ein wenig dunkel in der Diele, denn die Petroleumlampen sind noch nicht angezündet, darum achten Sie auf die Stufen. Dies hier zur Linken ist Vaters Studierzimmer, gleich daneben liegt Mutters Zimmer. Finden Sie nicht auch, daß es besonders hell und freundlich ist? Die Flügeltüre in den Garten steht immer offen, natürlich nur im Sommer. Wenn Sie sich bitte hier hinein bemühen wollen? Das ist das Große Kinderzimmer. Die Unordnung darf Sie nicht stören, schließlich spielen hier vier Kinder. Abends wird aufgeräumt. Als nächstes zeige ich Ihnen das Eßzimmer. Sie erkennen es unschwer an dem langen Eßtisch und der Anrichte mit den Leuchtern darauf. Neben der Küche befindet sich das Mädchenzimmer, in freundlich hellblauem Ton gehalten. Hier steht das Bett für Else und dort für Martha. Zwischen den Betten unter dem Fenster sehen Sie die

Waschkommode mit Schüssel und Kanne, beides gleichfalls in Hellblau. Wenn Sie etwa an den Schlafräumen der Familie interessiert sein sollten oder an den Gastzimmern erster und zweiter Klasse, dann darf ich Sie die Treppe hinaufbitten. Den Taubenschlag auf dem Speicher darf man nicht betreten. Die Tiere erschrecken, außerdem ist es dort oben recht schmutzig ...«

Ja, so möchte ich sprechen und ganz genau Bescheid wissen, aber ich bin unsicher. Lag das Studierzimmer rechts oder links von der Diele? War es im Eßzimmer wirklich so dunkel und kalt, wie es mich aus der Erinnerung anweht? Und vor allem, gab es den Taubenschlag oben im Speicher mit Fächern und Nestern, weißbekleckert? Waren das unsere Tauben, die da auf dem Giebel saßen, gurrten und schnäbelten, und die gebraten wurden, wenn Gäste kamen, oder zum Süppchen gekocht, wenn einer von uns krank war. Beate sagt ja, Michael nein, an was soll man sich halten?

Wie gut, daß es Mutterles Briefe gibt!

Kuschlin, am 28. Oktober 1932
Liebe Linde!
... Unser Haushalt wird immer größer und bringt täglich viel Arbeit. So bin ich meinem Paul-Gerhard dankbar, daß er mir noch eine dritte Kraft geben will. Es klingt ja schrecklich: drei Leute!

Aber, Linde, es ist nicht zuviel! Du mußt bedenken, jetzt im Winter haben wir unten täglich das Studierzimmer zu heizen, dann meines, dann das Eßzimmer und die Große Kinderstube, oben noch unser Schlafzimmer und die beiden Kinderzimmer. Allerdings machen die Kachelöfen nur am Morgen Mühe. Den ganzen Tag und die Nacht halten sie durch. Aber da gibt es noch die anderen Zimmer, die ja auch benützt werden und die wir täglich putzen müssen, und die Küche ... Die Mädchen sind den ganzen Vormittag beschäftigt, auch wenn uns der Garten, wie jetzt, in Ruhe läßt. Wenn dann noch die neue Haustochter dazukommt, werde ich wieder mehr Zeit für mich haben, und das brauche ich sehr, wenn ich mein inneres Gleichgewicht behalten soll. Dann kann ich auch besser dafür sorgen, daß jedes Mädchen am Tag eine Stunde für sich hat und jede Woche einen Nachmittag und Abend ...

Nichts vom Taubenschlag im Speicher, soviel ich auch suche. Aber von Hühnern ist die Rede:

... Heute hatten wir einen tüchtigen Schrecken. Ich nenne ihn den Hühnerhofschreck. Jetzt sind doch wahrhaftig alle vier Hühnchen Hähnchen! Was sagst Du dazu? Man soll sich eben nicht vom Äußeren blenden lassen! Da können wir lange warten, bis es Eier gibt ...

Gerade sind Else und Martha dabei, unseren jüngsten Gockler zu fangen für den Sonntagsbraten. Den Bösewicht, der mir meine Goldlackpflanzen aufgefressen hat. Wie muß sein Fleisch so würzig schmecken! Natürlich tut mir der arme Kerl auch leid! So ein kurzes Leben! Ach, da muß ich Dir etwas von Pickdewick erzählen: Heute morgen bei der Andacht haben wir um Regen gebetet. Da hat sie gefragt, warum es denn regnen soll. Wir haben ihr erklärt, daß wir sonst kein Brot bekommen und verhungern müssen. Sie hat erst ein Weilchen nachgedacht, dann kullerten ihr die Tränen aus den Augen, und sie hat geschluchzt: »Ach, du lieber Gott, so kurz gelebt und soll schon verhungern!« Es war einfach zu komisch, wir mußten lachen. Da ist sie vom Stuhl heruntergerutscht und ganz zornig zu ihrer geliebten Frau Bressel gelaufen ...

Als wir auf unserer Polenreise das frühere Kuschliner Pastorat betrachteten, da erkannten wir es beide nicht wieder. Das spitze Dach fehlte, so, als habe man den Giebel einfach abgeschnitten. Nun war es oben flach und hatte allen Charme verloren. Es sah aus wie eine Schachtel. Ein Arzt wohnte und praktizierte darin. Mit jedem Patienten drang eine Wolke Desinfektionsmittelgeruch zu uns heraus.

»Na, wie ist es, ihr beiden Hübschen, wollt ihr hinein?« fragte Manfred. Aber Beate und ich waren schon auf dem Weg zurück zum Auto. Dieses

Die Familie zwischen Mutters Rabatten und dem Backsteinpfarrhaus

Das Kuschliner Pfarrhaus. Im Sommer 1975 nicht wiederzuerkennen

abgeplattete Gebäude war nicht das Pfarrhaus unserer Kindheit. Es sah nicht so aus und es roch nicht so. Aber Gedanken machten wir uns doch. Wo war das Dach geblieben? War es im Krieg zerstört worden? Hatte man den Speicher weggerissen, um die Tauben loszuwerden? Gab es sie überhaupt, die Tauben?

Da sind sie! Eben habe ich sie in einem Brief versteckt gefunden! Mutter schreibt an eine Pfarrfrau in Posen:

Sagte ich Ihnen schon, daß wir nun auch sechs Tauben im Speicher haben? Friedel kann sie nicht leiden, wegen der »kolossalen Verdreckung«. Ich hab' dies aber noch nicht so empfunden. Ich meine, daß in ein richtiges Königreich auch weiße Tauben gehören und daß sie hübsch dekorativ wirken. Zwei Taubenmütter brüten schon ...

Alle Pfarrhäuser, die ich bewohnt habe, in Ost und West, in Polen und Deutschland, gleichen sich auf fatale Weise, verschwimmen und gehen ineinander über. Vielleicht, mit Vorsicht sei's gesagt, waren die Häuser im Osten eine Kleinigkeit geräumiger und großzügiger. Aber ich kann mich irren. In einem aber unterschied sich das Kuschliner Pfarrhaus wohltuend von den anderen. Es roch nach allem möglichen, aber nie nach Plumpsklo! Jetzt zu denken: Da schau her, die im Osten waren uns offenbar kulturell überlegen, wäre ein Trugschluß. Es gab zwar kein Plumpsklo im Haus, aber auch kein anderes. Die sanitäre Anlage befand sich mit Duft und allem Drum und Dran im hinteren Teil des Gartens. Der Weg dorthin war lang und abwechslungsreich. Er führte durch die Blumenpracht der Rabatten, vorbei an der Geißblattlaube, vorbei auch an den Spargel- und Gemüsebeeten, bis zu der großen Tanne in den hinteren Gartengefilden.

Dort, zwischen zwei Birken, stand anmutig das Häuschen, grün angemalt und mit einem Fensterchen in Form eines Herzens auf der Tür. Dieses Häuschen wurde »das stille Örtchen« genannt, obwohl es so still nun auch wieder nicht war. Unsere Hühner gackerten und kakelten darum herum, die Tanne rauschte, und Bruder Michael trieb draußen sein Unwesen, warf Steine durch das Herzchen und schlug mit einem Stock gegen die Hinterwand, daß es nur so dröhnte. Das tat er aber nur, wenn er mich, die kleine Schwester, im »stillen Örtchen« wußte. Einmal allerdings hatte er sich geirrt und gemeint, ich säße darin, während es der fromme Onkel Heribert war, der immer in der Adventszeit bei uns weilte. Dieser Onkel hatte schon beim ersten Besuch sein Mißfallen bekundet über die Anlage eines »stillen Örtchens« im Garten, besonders in der segensreichen, aber kalten Adventszeit. Als nun Michael seinen Stein durch das Herz geworfen, schoß der Onkel aus dem Häuschen hervor und versetzte dem bösen Buben eine ordentliche, seiner sanftfrommen Art nicht entsprechende Kopfnuß. Dann verschwand er so schnell, wie er gekommen. Durch das Herzchen in der Tür aber ließ er seinem Unmut freien Lauf.

»Elender Bursche! Ich werd' dich lehren, deinen Onkel zu schikanieren!«

Er brummte noch lange vor sich hin, so daß Brüderchen, der ahnungslos seines Weges kam, entsetzt Reißaus nahm und in der Küche verkündete: »Im stillen Örtchen sitzt ein Bär!«

»Ach, wo wird er denn!« knurrte Else.

Aber weil Brüderchen keine Ruhe geben wollte und immer lauter heulte, packte ihn Else an der Hand, nahm den Schürhaken in die andere, und so marschierten sie in die Gefahrenzone. Beate und ich folgten zögernd, Michael war verschwunden. Vor dem stillen Örtchen blieben wir stehen. Brüderchen zitterte, und Else hob den Schürhaken. Die Tür öffnete sich, und heraus trat der Onkel, ernst und gesammelt mit blaugefrorener Nase.

»Ach Jott, ach Jott!« stammelte Else und ließ den Schürhaken sinken. »Der jnädje Herr Heribert!« Sie knickste und trat ehrfürchtig zur Seite. Brüderchen aber faßte sich ein Herz.

»Onkel Heribert, hast du vielleicht einen Bären gesehen?«

»Nein, das habe ich nicht!« sprach der Onkel mit Würde. »Was ich gesehen habe, sind ungezogene Kinder!«

»Aber Onkel Heribert, ich hab's doch gehört. Wirklich, er saß im stillen Örtchen.«

»In euer stilles Örtchen setzt sich bestimmt kein Bär, so kalt wie es ist!« knurrte der Onkel. »Den Tod werd' ich mir holen!«

Bruder Michael hatte durch des Onkels unvermutetes Erscheinen und durch die Kopfnuß einen solchen Schock erlitten, daß er den ganzen Tag in verblüffender Freundlichkeit verbrachte. Er hängte sich sogar an mich und fragte in süßem Ton: »Pickdewick, wolln wir zusammen Puppen spielen oder Vater und Mutter?«

Es war das erste Mal, daß er mit mir Puppen spielen wollte oder »Vater und Mutter«, und ich wußte nicht, was ich davon halten sollte. Etwas Gutes aber konnte es auf keinen Fall bedeuten, denn mit meinen Puppen hatte er immer nur Böses im Sinn gehabt. Also versteckte ich meine Puppen und mich unter dem Bett. Michael aber blieb engelsgleich und milde bis zum Abend. Als ihm klar wurde, daß der fromme Onkel nichts von seinen Erlebnissen, das stille Örtchen betreffend, ausplaudern wollte, wurde er wieder der alte.

Für die Nacht stand unter jedem Bett ein Töpfchen bereit. Die badischen Tanten nannten es »Kackepöttele« und konnten sich lange nicht daran gewöhnen.

Noch etwas Besonderes hatte das Kuschliner Haus zu bieten. In der Küche gleich neben der Speisekammer ragte eine Wasserpumpe aus dem Boden mit einem Schwengel, den Else oder Martha auf und nieder bewegten, bis Wasser aus der Röhre floß. Zu dieser Pumpe wurden Eimer, Kannen und Krüge gebracht, um mit Wasser gefüllt in die Zimmer getragen zu werden. Da war die rosa Porzellankanne von der Waschkommode im elterlichen Schlafzimmer, eine Kanne für Beate und mich, eine für das Bubenzimmer, und wenn Gäste bei uns wohnten, was eigentlich immer der Fall war, dann mußten auch die Gastzimmer versorgt werden.

Else und Martha schleiften das Wasser eimerweise durchs Haus. An Wintertagen, wenn wir noch im Bett lagen, brachten sie auch Kannen mit heißem Wasser. Die standen dann vor dem Spiegel und dampften.

Mutter schreibt an ihre Freundin Maria:

... Es ist kein eigentlicher Stadthaushalt bei uns. Kein fließendes Wasser, nur unten in der Küche eine Pumpe. Es muß mit Kohlen gekocht werden auf einem uralten Herd. Kein Wasserstein ...

Harte Tage brachen für Else und Martha an, wenn Tante Meta aus Heidelberg anreiste. Diese Tante hatte einen überwältigenden Reinigungsdrang. Stieg sie vor unserem Haus aus Bauer Bachs Kutsche, dann streckte sie beide Hände hoch über den Kopf, als ob sie sich ergeben wollte, schüttelte sich und rief: »Nein! Nicht anfassen! Ich klebe!«

Darauf stürzte sie, ohne weitere Begrüßungszeremonien, an uns vorbei ins Haus, die Treppe hinauf ins Gastzimmer. Dort feierte sie wahre Waschorgien, verbrauchte beide Kannen, die kalte und die warme, stellte sie vor die Tür und den Eimer mit dem Schmutzwasser auch und schrie: »Wasser, Wasser, Wasser!«

Martha und Else rannten gemeinsam, schleppten volle Kannen hoch und leere hinunter und schüttelten dabei ihre Köpfe, daß die Zöpfe flogen. Martha mußte sogar miterleben, wie das Fräulein Meta die Tür öffnete, nur mit Hemd und Höschen bekleidet, und dies, ohne sich zu genieren oder in den Boden zu versinken.

»Mei bosche kochanje!« Else rollte die Augen anklagend zur Küchendecke. »Is es denn die Mechlichkeet, wie das Fräulein Meta dreckich is!« Sie dämpfte die Stimme. »'ne richtje Sau! Was meenste, Martha?«

Martha nickte.

»Das janze Zimmer hat se verspritzt! Kannst

jleich aufwischen jehn! Keen Wunda ...« Sie neigte sich zu Elses Ohr, damit ich es nicht hören sollte, aber ich hörte es doch. »Keen Wunda, daß ihr niemand heiraten will! Mit so was, saje ich dir, mit so was verjrault se jeden!«

Nach einer Stunde etwa rauschte Tante Meta die Treppe herunter, duftete nach Seife und Frische und strahlte wie die liebe Sonne. Nun hatte sie keine Bedenken mehr, die Familie abzuküssen und an die Brust zu drücken. Sie scheute nicht einmal vor Vater zurück und küßte ihn rechts und links auf die Ohren, daß ihm der Kopf dröhnte und er sich auf die Anrichte stützen mußte.

»Jetzt bin ich wieder ein Mensch!« sprach sie und hob schnuppernd die Nase. »Irre ich mich oder riecht es nach Kaffee und Kuchen?«

»Du irrst dich nicht, Meta, Liebe!« antwortete Mutter, und Michael knurrte: »Wir sitzen hier schon Stunden und Stunden!«

»Dann wundert es mich, daß du die Zeit nicht besser genutzt hast. Geh nur, wasch deine Dreckpfoten und vergiß das Gesicht nicht und die Ohren ... und ...!«

Er verschwand maulend, aber blitzschnell, damit nicht noch weitere Unannehmlichkeiten über ihn hereinbrächen.

»Du wirst deine Heidelberger Wasserleitung vermissen«, meinte Mutter.

»Wo werd' ich denn! Es gibt hier ja Wasser

genug. Oder hast du Angst, daß der Quell versiegt?«

»Aber nein, du bist ja nicht das ganze Jahr hier.«

So sprachen sie miteinander und fielen sich dann wieder in die Arme.

»Erzähl mir von Boxberg und von der Madre und dem Papa!« rief Mutter. »Hast du auch Briefe mitgebracht?«

»Jede Menge!«

»Und Madres Karamelbonbons?«

»Eine ganze Büchse voll!«

»Aber nun, meine Lieben, wollen wir wirklich Kaffee trinken.«

Vater, nachdem er sich von Tante Metas Küssen erholt hatte, schob die beiden Damen zum Tisch, bevor sie zu weiteren Umarmungen schreiten konnten.

Tante Meta liebte ich sehr. Großmama weniger und die Pumpe in der Küche überhaupt nicht. Wenn Wasser gepumpt wurde, schaute ich besorgt in Eimer und Kannen, ob nicht vielleicht ein Frosch, aus dunkler Tiefe nach oben befördert, darin hockte oder eine Schlange oder ein anderes fürchterliches Ungeheuer. Martha und Else taten ein übriges, mir die Pumpe zu verleiden. Sie wäre ein verzauberter Wassermann, wenigstens tagsüber, und nachts, huh, da solle ich mich ja nie in die Küche trauen, nachts plansche er auf Entenfüßen und ganz grün durch die Küche und suche nach kleinen Kindern...

»Warum denn nach kleinen Kindern?«

»Na, was meenste wohl, warum! Um se zu fressen, natierlich!«

»Wie klein? So wie Beate oder Brüderchen oder... ich?«

»Jenau wie du! Brüderchen is ihm zu kleene. Beate is ja man so dünne, aber du, du jibst 'nen juten Happen.«

Schrecklich, fürchterlich! Mich hätten keine zehn Pferde nachts in die Küche gebracht. Auch tagsüber sah die Pumpe schwarz und unheimlich aus, und als Großmama wieder einmal bei uns war und zu mir sagte: »Gut, dann werden wir eben deinen Magen auspumpen«, da hatte ich diese Pumpe vor Augen und erschrak zu Tode.

Es ging um die Himbeeren hinten im Garten, die reif waren und die man nicht pflücken durfte. Ich hatte mit meinen Puppen höchstens zwei oder drei gegessen, die lagen mir nun im Magen wie lauter Wackersteine. Als ich den Tatort verließ und an der Küchentür vorbeischlich, stand Großmama davor.

»Du hast Himbeeren gegessen!«

Das »Nein« war schon draußen, bevor ich mich erinnern konnte, daß Großmama ja alles wußte und daß es nicht den geringsten Sinn hatte zu lügen. Sie

Siehe, wie fein und lieblich ist es, daß Brüder einträchtig beieinander wohnen... (Psalm 133, Vers 1). – Wir vier

schaute mich durchdringend an und sagte: »Gut, dann werden wir eben deinen Magen auspumpen.«

Da dachte ich an den verzauberten Wassermann in der Küche, und wie er meinen Magen auspumpen würde und mich hinterher auffressen, und schon gab ich alles zu und ertrug es, daß ich ohne Abendbrot ins Bett gehen mußte. Das einzige, was mich wurmte, war, daß Bruder Michael und Freund Pauli auch hinten in den Himbeeren gewesen waren und daß ich gesehen hatte, wie sie sich den Mund mit Himbeeren vollstopften.

»Du bist ihr halt ins Messer gelaufen«, meinte

Michael, als er mir ein Butterbrot ans Bett brachte. »Nett von dir, daß du nicht gepetzt hast!«
»Nicht wegen dir!« schrie ich zornig. »Nur, weil sie Petzer nicht leiden kann!«

Das Lächeln über dem Sofa
und die Zigarette am Morgen

Besonders gut erinnere ich mich an Mutters Zimmer. Im Sommer hieß es auch Gartenzimmer. Dann standen die Flügeltüren nach draußen weit auf. Die langen Vorhänge wehten im Wind, und die Scheiben an der Glasvitrine glitzerten. Auf dem Sofa mit dem rosaglänzenden Bezug saßen die Eltern am Nachmittag und tranken Kaffee, und wenn sie das taten, durfte man sie nicht stören. Über dem Sofa hing ein Bild von Großmama. Da stand sie rank und schlank im langen weißen Kleid mit hohem Kragen. Ihre braunen Haare waren hochgesteckt, ihr Gesicht war ohne jede Falte.

»Ist sie nicht wunderschön?« fragte Mutter, wenn sie mich vor dem Bild stehen sah. Ich nickte. Ja, Großmama war schön, aber Mutter war noch »tausendmal schöner als sie«. Was mich an dem Gemälde so anzog und beglückte, war, daß sie lächelte, zu mir herunterlächelte. Das passierte in Wirklichkeit nicht oft, und so mußte ich mich denn meistens mit ihrem Lächeln über dem Sofa begnügen. In diesem Zimmer war es auch, wo ich Mutter beim Rauchen erwischte. Ich tappte von draußen herein, einen Strauß Kapuzinerkresse in den Händen. Da sah ich sie sitzen, die Beine übereinandergeschlagen, eine Zigarette an langer Spitze in der Hand. Sie blies Rauch aus der Nase und wippte kokett mit dem Fuß. Es sah ungeheuer verrucht aus. Ich stand da wie vom Donner gerührt und ließ vor Schreck die Blumen fallen.

»Mutterle, was machst du da?«

»Ich rauche. Im Schloß rauchen alle Damen. Man muß sich einfach daran gewöhnen. Komm, heb die Blumen auf.« Sie hustete, dann flüsterte sie mit ganz schwacher Stimme: »Pickdewick, mir wird schlecht!«

»Soll ich Vaterle holen?«

»Nein, laß ihn nur. Wir wollen ihn nicht stören. Ich...«

Da lief sie schon mitsamt ihrer Zigarette durch den Garten. Ich stolperte angstvoll hinterher. Jetzt verschwand sie im stillen Örtchen und drehte den Schlüssel um. Ich hörte sie würgen und hämmerte mit beiden Fäusten an die Tür.

»Mach auf, Mutterle! Mach auf!«

Endlich öffnete sich die Tür, und sie trat heraus, das Gesicht so weiß wie ihr Kleid, die Hand, die ich angstvoll umklammerte, eiskalt.

»Gehn wir in die Laube«, hauchte sie.

So führte ich sie denn zur Geißblattlaube. Dort legte sie sich auf die Bank. Ich stand an ihrer Seite und überlegte, was ich ihr Gutes tun könne.

»Mutterle, willst du ein Täubchensüppchen?«

»Huh nein, bloß nichts essen!«

»Mutterle, soll ich dir einen warmen Wickel machen?«

»Ach nein, Kind, laß mich nur still liegen.«

»Mutterle, hast du Bäuchlesweh?«

»Es geht, Kind, ein bißchen. Wo willst du denn hin?«

»Ich hol' dir einen Löffel Rhizinus, Mutterle!«

»Pickdewick, willst du mich umbringen?« Sie stöhnte und würgte.

Da merkte ich, daß ihr nur noch eines helfen konnte. Ich kauerte mich zu ihren Füßen und betete: ›Breit aus die Flügel beide.‹ Als ich es fünfmal gebetet hatte, richtete sie sich auf und lächelte.

»Jetzt wird's besser. Pickdewick, du warst mir eine große Hilfe.« Sie stützte sich auf mich, und so traten wir hinaus in den Garten. Vater in seiner hellen Morgenjacke kam uns entgegen. Er legte den Arm um sie.

»Du siehst schlecht aus.«

»Mir ist auch schlecht!«

»Jetzt, am Morgen? O Ameile ...«

»Was du auch immer denkst! Nein, nein, ich wollte nur die feine Dame spielen. Aber es bekommt mir nicht, gell, Pickdewick?«

Ich nickte heftig.

»Ja, sie war furchtbar krank!«

Auch die Eingangsdiele, dunkel und kalt, werde ich nie vergessen. Hier saßen wir immer, wenn es gewitterte. Bei Nacht oder Tag, gestiefelt und gespornt, unsere Kostbarkeiten auf dem Schoß. Ich hatte beide Arme voll Puppen. Mutter hielt das jüngste Kind im Arm und Vater ein Köfferchen mit Wertsachen. So saßen wir auf Korbsesseln oder Treppenstufen, schlossen entsetzt die Augen, wenn es blitzte, und zählten angstvoll, wie lange es dauerte bis zum Donner.

»Ihr müßt wissen, jede Sekunde ist ein Kilometer«, belehrte Vater. »Je mehr Kilometer, desto besser ist es für uns, weil das Gewitter dann weiter entfernt ist. Versteht ihr das?«

Ich verstand es nicht. Trotzdem zählte ich eifrig mit, soweit ich zählen konnte, und hoffte, durch meinen Einsatz das Schlimmste zu verhindern. Kam das Gewitter aber trotz aller Mühe näher und blitzte und knallte es kurz nacheinander, dann hörten wir auf zu zählen und beteten. Die Lage entspannte sich, wenn es draußen zu rauschen anfing.

»Gott Lob und Dank! Es regnet!« sprach Vater. »Wir haben es mit Gottes Hilfe überstanden.«

Warum wir es bei Regen mit Gottes Hilfe überstanden hatten, erklärte niemand, aber ich glaubte es auch so.

Als wir in den Septembertagen 39 im Keller saßen und angstvoll nach oben horchten, wo Menschen herumliefen, schrien und Fenster einschlugen, dachte ich mit meinen acht Jahren Gewittererfahrung: Ach, wenn es nur bald regnen würde!

Das war schon im Bromberger Pfarrhaus, wohin wir 1936 zogen. Dort saßen wir natürlich auch bei Gewitter in der Diele. An *eine* Gewitternacht erinnere ich mich gerne. Wir hatten gerade in der Schule ein Gedicht auswendig gelernt, das gut zur Situation paßte. Die Gelegenheit war günstig, Zuschauer saßen genug auf Korbsesseln und Treppe, also begann ich zu zitieren, und zwar mit Ausdruck und Empfindung:

»Urahne, Großmutter, Mutter und Kind,
In dumpfer Stube beisammen sind...«

Es blitzte, es donnerte, meine Zuhörer saßen bleich vor Entsetzen, als ich zur letzten Strophe kam:

»Urahne, Großmutter, Mutter und Kind
Vom Strahl miteinander getroffen sind.
Vier Leben endet ein Schlag
Und morgen ist Feiertag.«

Da sprang Else auf und schrie, daß sie es nicht mehr ertragen könne, und lieber wolle sie in der Küche für sich alleine sterben als diese gräßlichen Gedichte hören. Meine Geschwister schluchzten und schnieften. Selten hatte ich ein so dankbares Publikum gehabt. Also erbot ich mich, noch ein weiteres Gedicht vorzutragen.

»Das Grab im Busento ist auch sehr schön und traurig.«

Aber kaum hörten sie das Wort »Grab«, da heulten sie schon wieder los und benahmen sich hysterisch.

»Nein«, sagte Vater mit Bestimmtheit. »Kein Gedicht mehr! Du hast es gut aufgesagt, Pickdewick, aber ich denke, wir sollten uns jetzt lieber sammeln und jeder für sich beten.«

Das war eine arge Enttäuschung für mich, und ich vermochte meine Gedanken nicht auf ein stilles Gebet zu richten. Auch Michael hatte Schwierigkeiten und platzte mitten in das große Schweigen hinein: »Auf einen Schlag! Pah! Daß ich nicht lache!«

Das erste Gewitter nach unserer Hochzeit fand nachts statt. Es blitzte und krachte, so kurz hintereinander, daß ich mit dem Sekundenzählen gar nicht nachkam. Ich stand nach alter Gewohnheit auf, zog mich an und suchte nach Wertsachen. Mein erster Blick fiel auf Manfred. Er lag noch immer seelenruhig im Bett und schlief. Auf liebreiche Küsse reagierte er ebensowenig wie auf Blitz und Donner. Also riß ich ihm die Decke weg.

»Aufstehen, Manfred! Ein Gewitter!«
»Aufstehen? Warum mitten in der Nacht?«
»Ein Gewitter! Ja, hörst du es denn nicht?

Schnell, steh auf! Ich setz' mich schon mal in die Diele!«

»In die Diele? Mitten in der Nacht? Ja, warum denn?«

»Weil wir da am sichersten sind, vor den Blitzen und so ...«

»Am sichersten ist man im Bett!« Sprach's, drehte sich um und schlief weiter.

Ich saß eine Weile in der Diele. Dann aber wurde es mir zu dumm und zu kalt, und ich dachte, daß ich lieber im Bett zusammen mit ihm vom Blitz getroffen werden wollte, als allein übrigzubleiben. Also kroch ich wieder zurück ins Bett. Einschlafen konnte ich allerdings erst, als es zu regnen anfing.

Am nächsten Morgen erhielt ich eine erschöpfende Belehrung über Blitz und Donner, und warum man bei Gewitter im Bett am sichersten sei.

»Und wenn das Haus brennt, willst du dann im Nachthemd fliehen?«

»Es brennt nicht. Da sind wir, weiß Gott, in größerer Gefahr, wenn du am Morgen das Feuer anzündest.«

Am liebsten von allen Zimmern im Kuschliner Pfarrhaus war mir Vaters Studierzimmer. Hier saß ich gern unter dem Schreibtisch, spielte mit meinen Puppen und fühlte mich sicher vor Michael und Pauli. Ins Studierzimmer wagten sie sich nicht hinein und schon gar nicht unter den Schreibtisch, denn Vaters Beine standen wie treue Wächter davor.

Eines Tages saß ich wieder dort und fädelte Perlen zu einer Kette auf. Emma-Luise und Wunderhold, meine Puppen, sahen zu. Auf einmal hörte ich ein schreckliches Geräusch. Vater weinte. Ich hatte ihn noch nie weinen gehört und ließ vor Schreck die Schachtel mit den Perlen fallen. Jetzt hörte er wieder auf und putzte sich die Nase. Gott sei Dank! Kaum hatte ich mich darangemacht, die Perlen einzusammeln, da fing er wieder an. Ich streichelte tröstend seine Schuhe.

»Arms Vaterle, mußt nicht weinen.«

»Was hast du gesagt, Pickdewick?« fragte er von oben.

»Ist heut schon wieder Karlfreitag?« Ich wußte, daß man an diesem schrecklichen Tag traurig sein mußte und daß es nur Spinat zum Essen gab.

»Pickdewick, es heißt nicht Karlfreitag, es heißt Karfreitag.«

»Ist der heute, Vaterle?«

»Ach wo. Der ist schon vorbei. Aber warum fragst du?«

»Weil du so traurig bist.«

»Traurig?« Er schob den Stuhl nach hinten, bückte sich und schaute zu mir herein.

»Aber Pickdewick, ich bin nicht traurig! Im Gegenteil...«

»Hast du nicht geweint?«

»Aber wo werd' ich denn weinen! Gelacht hab' ich, Pickdewick, gelacht!«

Ich kroch aus meiner Höhle. Vaters Gesicht sah tatsächlich froh aus.

»Du hast wirklich gelacht?«

»Wirklich und wahrhaftig! Über das Buch hier könnt' ich mich totlachen.«

»Was ist das für ein Buch?«

»Es heißt ›Ut mine Stromtid‹, und wenn du mal größer bist, dann lese ich dir draus vor.«

»Lies jetzt schon vor, Vaterle, bitte.«

»Jetzt verstehst du es noch nicht. Es ist ja in Platt. Aber später.«

Ich strich ehrfürchtig über das braune Buch. Es sah nicht besonders schön aus, aber es mußte trotzdem ein Zauberbuch sein, wenn es Vater so zum Lachen brachte. Er klappte das Buch zu und seufzte.

»Aus der Spaß. Jetzt geht es wieder an die Arbeit.«

Ich kroch zurück in meine Höhle und sammelte die Perlen auf.

Hier im Studierzimmer lagen die Wände versteckt hinter Bücherschränken und Regalen.

Mutter schreibt:

Kuschlin, am Buß- und Bettag 1932
... Wir haben fünf große Büchergestelle und zwei Bücherschränke mit geistiger Nahrung auf allen Gebieten. Wir haben sogar eine Sammlung der von mir hochgeschätzten Detektivromane – Wallace sind's bloß 30 Stück!! Diesen Winter will ich Kierkegaard studieren. Ich habe bisher jeden Winter einen bestimmten Menschen durchgearbeitet. Dazu sitze ich immer an meinem Nähtisch im Studierzimmer, weil ich bei Paul-Gerhard sein will. Vergangenen Winter habe ich mich mit Göthe rumgeschlagen und viele Bücher über ihn gelesen. Drum möchte ich jetzt im Göthejahr nichts mehr von ihm sehen und hören. Erzähl es nicht weiter, Maria, aber ich mag ihn überhaupt nicht mehr leiden. Einmal in der Woche habe ich polnischen Unterricht. Ich mühe mich sehr mit dieser Sprache, die mir Badnerin gar nicht liegt. Ich kriege das Zischen nicht so hin. Oft muß ich an meinen Bruder Fritz denken, der mal sagte, manche aramäischen Worte gelängen am besten, wenn man sich dabei übergäbe. Ähnlich will mir das auch hier gehen.
Dobra noc, moja Maria!

Pfarrgarten mit Springbrunnen, Waschhaus und Zauberberg

»Man kann nicht alles können, Amei Liebste!«, so pflegte Tante Tildchen zu sagen, wenn sie bei uns auf Besuch war und das Alleinregiment in der Küche führen wollte. »Schau, es ist herrliches Pflanzwetter. Geh hinaus in den Garten. Dort ist deinem Wirken Segen beschieden, hier in der Küche weniger. Du hast einen grünen Daumen. Nütze ihn.«

Also ging Mutter in den Garten. An ihrer Seite stand ein dienstbarer Geist für das Gröbste, den Spaten in der Hand, den Karren Mist in Reichweite. Auf ihren Wink grub er Löcher und streute Mist oder Komposterde, aber sie war es, die arrangierte, pflanzte und säte. Der Kuschliner Garten blühte vom Frühling bis tief in den Herbst hinein.

Mutter schreibt:

... Es liegt sich schön jetzt im Rasen. Auf dem Kirchplatz singt schon die Nachtigall. Nun wird auch unsere Sängerin bald kommen und im Brunnengebüsch unter dem Schlafzimmerfenster ihr sehnsüchtiges Lied singen. Habe ich Dir schon von meinen Blumensträußen geschrieben? Wenn im Frühling die Narzissen blühen und die Tausende und Abertausende von Schlüsselblumen, dann geht

es an. Da kommen meine Kuschliner ins Pfarrhaus, sogar Männer! Ob die Frau Pastor ihnen einen Strauß windet? Und dann windet ihnen die Frau Pastor mit Freuden einen Kranz, und sie stehen daneben und gucken aufmerksam zu. Mit den Schlüsselblumen ist's was Wunderbares! Der eine große Rasen steht voll, übersät mit den richtigen gelben Himmelschlüsselchen. Ich finde immer, daß diese ganze Wiese nach Himmel riecht. Der zweite Rasen ist voll bunter Primeln in allen Farben, allen Größen. Ich kann mich nicht satt sehen daran. Der dritte Rasen ist voll leuchtender Narzissen, den Sternblumen. Weißt Du, es sind die weißen, innen mit einem kleinen roten Rand. Immer neu kann ich mich entzücken daran, und oft stehen wir beide am Abend unter den Tannen und sehen in die Pracht, die am Abend fast noch mehr leuchtet, bestimmt aber viel viel mehr duftet... In der Fliederhecke ist jetzt ein Wochenbettchen am anderen. Oft hebt mich der Meine hoch und läßt mich in solch ein Nestchen hineinschauen. Unsere große Tanne ist voller Nester, voller Gezänk und Geschrei und liebendem Werben. Der ganze Tannenstamm ist ein einziger Lokus, der uns alle irritiert. Ich wollte ihm zu Pfingsten mit Seifenlauge und Schrubber zu Leibe rücken, aber meine Martha meinte, man müsse die Sauerei lassen, Seifenlauge sei für die Tanne nicht gut. So lassen wir's. Natur ist Natur...

Später dann standen die Rabatten im Sommerflor. Mitten im runden Rosenbeet, auf das alle vier Gartenwege mündeten, steckte auf grüner Stange eine gläserne Kugel. Sie sah aus wie eine Seifenblase, die vom Himmel herunter in unseren Garten gefallen war.

Und wurde es Herbst, dann leuchteten Goldruten den Zaun entlang, Dahlien, Phlox und Astern auf den Rabatten, und hinten im Gemüsegarten standen die grünen Spargelbäumchen mit den roten Beeren.

Damit die Farbenpracht aber zur rechten Geltung käme und die Ähnlichkeit mit dem Boxberger Garten vollkommen sei, malte Mutter die Randsteine der Rabatten weiß an. Es war eine mühsame und langwierige Arbeit, die eigentlich Herr Scheuner erledigen sollte. Aber er ließ nicht die rechte Sorgfalt walten, kleckerte weiße Farbe auf die Gartenwege, brachte Erde an den Pinsel und stöhnte herzerweichend. Mutter sah eine Zeitlang zu. Dann nahm sie ihm, zu seiner großen Erleichterung, den Pinsel aus der Hand und machte sich selber an die Arbeit. Jeden Tag rutschte sie ein gutes Stück voran, und als der Sonntag kam und nach dem Gottesdienst die Damen aus Bauernhöfen und Rittergütern noch schwatzend beieinanderstanden, da führte Mutter sie in den Garten und zeigte ihre Neuzüchtungen und die weißen Randsteine. Vor allem die letzteren stachen jedermann ins Auge und fanden allgemeine Anerkennung.

»Schön!« riefen die Damen. »Das hebt! Das macht ein gutes Bild!«

So fanden die weißen Randsteine Einlaß in Bauerngärten und Parks, und wenn ein Uneingeweihter sich verwunderte und fragte: »Ja, was ist denn das für eine neue Mode?«, dann wurde ihm geantwortet: »Jawohl, die neueste aus dem Reich. In Boxberg zum Beispiel, im Park des Dekanats, da hat man es schon ein Weilchen. Was, Sie kennen Boxberg nicht? Heidelberg liegt in der Nähe...«

Wenn sich die Pfarrhäuser in Ost und West auch gleichen, die Gärten gleichen sich nicht.

Der Kuschliner Garten besaß im vorderen Teil eine ähnliche Auffahrt wie die der umliegenden Rittergüter. Kleiner natürlich, nicht so pompös, aber doch. Fridericus Bach lenkte seine Kutsche durch das Tor herein, um das Rasenrondell herum, bis vor die breite Sandsteintreppe, wo er die Pferde mit rollendem »Brrr« zum Stehen brachte. Nur ein Springbrunnen fehlte, so einer, wie er vor Tante Blafs Schloß stand und seine Fontäne hoch in den Himmel schickte. Wie ich meine Mutter kenne, so hat sie sich schmerzlich nach einem solchen Springbrunnen gesehnt. Aber sie schwieg und bewegte es in ihrem Herzen. Als nun der Frühling kam und der erste sonnige Tag, da holte sie ihre Gartenhandschuhe und ließ Herrn Scheuner rufen. Er schlorrte herbei, langsam und mit sorgenvollem Gesicht. Mutter empfing ihn freundlich.

»Schön, daß Sie da sind, Herr Scheuner. Ich will hier im Rondell ein rundes Blumenbeet anlegen.«

»Wie denn, ein rundes Beet? Im Rondell? Da is noch nie en rundes Beet nich jewesen!«

»Eben. Darum soll es jetzt angelegt werden. Ich habe das Stück schon abgesteckt. Sie brauchen es nur noch umzugraben.«

»Umjraben? Den scheenen Rasen! Was wird da der Herr Paster zu sajen?«

Er verstummte, denn ein Blick auf das Gesicht der Frau Pastor belehrte ihn, daß er mit diesem Einwand nicht das rechte Wort gefunden hatte.

Die junge Frau steifte den Rücken, hob die Nase stolz in die Luft und sprach: »Würden Sie bitte die Güte haben, gleich anzufangen!«

Das war keine Frage, das war ein Befehl, und Herr Scheuner säumte nicht, ihm nachzukommen. Er setzte den Spaten an und begann umzugraben. Er tat es nach seiner Art, ohne sich zu übereilen und leise klagend.

»Oh, mein Kreuz, mein Kreuz! Oh! Oh!«

Kaum hatte er das Stück umgegraben und stand schwer atmend auf seinen Spaten gestützt, da war sie schon wieder neben ihm. »Schön haben Sie das gemacht, Herr Scheuner. Und jetzt bitte noch einen Karren Mist darauf.«

»Mist? Was für 'n Mist denn?«

»Hühnermist aus Ihrem Stall, Herr Scheuner. Ich habe es schon mit Ihrer Frau besprochen.«

Oh, wie er stöhnte! Aber was half das beste Stöhnen, wenn keine Zuhörer mehr vorhanden waren. Frau Pastor hatte sich ins Haus verzogen und trat erst wieder hervor, als er den Mist ankarrte.

»So, und jetzt schön gleichmäßig darauf verteilen. Ja, so ist es recht. Sie sind wirklich sehr geschickt, Herr Scheuner. Können Sie es noch etwas einhacken bitte?«

Völlig erschöpft, aber doch zufrieden mit sich und seiner Leistung schritt er nach Hause. Mutter aber bepflanzte das kreisrunde Stück mit Vergißmeinnicht und Goldlack. Nach ein paar Wochen blühte es blau und golden und sah aus wie ein Springbrunnen mit Goldfischen. Sie schreibt:

... Ein kreisrundes Stück vorne im Rasen habe ich voller Vergißmeinnicht gepflanzt. 400–500 Stück. Das wird nachher ein reines blaues Wunder werden. Wie ein Brunnen! In die Rabatten habe ich Stiefmütterchen gesetzt und Gänseblümchen, Glockenblumen, Akelei und Gladiolen. Die Gärtnerei von Wonsowo hat mir einen Wagen (mit Pferd!) geschickt, voller Stauden von Frau von

Heyden. Ich habe mich mächtig gefreut. Doch nun bin ich ganz schachmatt. Wie mögen die großen Büsche Phlox nachher aussehen? Wir warten nun richtig neugierig auf die Farbzusammenstellung, wenn erst alles blüht...

Der vordere Teil des Gartens also wirkte hochherrschaftlich, und jeder Besucher sagte, es wäre eine Augenweide und unbeschreiblich schön.

Der hintere Teil aber diente eher prosaischen Zwecken. Dort stand das stille Örtchen, und noch weiter hinten, am Zaun, erhob sich der Komposthaufen zu stattlicher Höhe.

Ich bestieg ihn gern und sah dann Wiesen und Wälder vor mir ausgebreitet. Auf den Hängen dieses Zauberberges wuchsen fremdartige Pflanzen, Käfer schillerten in der Sonne, und niemand machte mir seinen Besitz streitig. Das ging so lange gut, bis diese dumme Geschichte passierte, die mir Hohn und Spott eintrug und vor allem Mutters kränkende Worte: »Pickdewick, du bist ein richtiges Ferkel!«

Mutter hatte Besuch. Die Damen aus den umliegenden Rittergütern waren geladen und saßen nun im Gartenzimmer bei Kaffee und Kuchen. Ich hörte sie schnattern und lachen, als ich frischgewaschen und gekämmt über die Gartenwege wandelte. Man hatte mich ganz in Weiß gesteckt, weißes Kleid, weiße Strümpfe, weiße Schuhe, und mir eingeschärft: »Mach dich, um alles in der Welt, nicht schmutzig!«

Else hatte hinzugefügt: »Wenn's des fertigbringst!«, und Beate, die Freche, hatte gerufen: »Das wär' ja das erste Mal!«

Darum spazierte ich mit angelegten Armen und äußerst vorsichtig zwischen den Gemüsebeeten herum. So kam ich an den Zauberberg und sah darauf diese wunderbare Blume. Sie war gelb und leuchtete und hatte große, grüne Blätter. Nie hatte ich etwas so Schönes gesehen. Mich ergriff Sehnsucht, sie abzubrechen und nach Hause zu tragen und Mutter zu Füßen zu legen. Leider konnte ich sie von unten nicht erreichen, mußte also den Zauberberg erklimmen. Ich tat es sehr behutsam, damit ich mich, um alles in der Welt, nicht schmutzig machte. Aber die Blume ging nicht ab, so sehr ich auch zog und zerrte. Da hörte ich Mutterles Stimme.

»Kinder, wo seid ihr?«

Ich rutschte den Zauberberg hinunter, die Blume fest in der Hand, und siehe da, ich zog eine lange Ranke wie eine Girlande hinter mir her. Ich war froh darüber, denn ich dachte, daß es schön aussehen würde und wie am Geburtstag, wenn ich diese Girlande um Mutterles Stuhl oder um den Kaffeetisch legen würde, groß genug war sie. So hielt ich Einzug ins Gartenzimmer, wo Michael und Beate knicksten und Diener machten und

Brüderchen herumwackelte und Schokolade einsammelte. Ich legte die wunderschöne Blume in Mutters Schoß und versuchte dann die Ranke von einer Stuhllehne zur anderen zu ziehen, damit es schön und festlich aussähe. Aber ich kam nicht weit damit. Die piekfeine Frau Oblinka sprang auf und rief: »Was machst du denn da?« Und dann sagte sie gar: »Pfui Teufel!«

Else schenkte den Kaffee ein. Sie hob den Kopf, sah mich und goß den Kaffee Tante Blaf in den Schoß. Die gab ihr einen Schubs und sagte: »Mich brauchst du nicht mehr zu begießen. Ich bin schon groß genug!«

Sie freuten sich überhaupt nicht und putzten an ihren Kleidern herum und zogen die Nase hoch und schrien: »Puh, wie das stinkt!«

Else stürzte auf mich los.

»Was haste wieda jemacht! Mei bosche kochanje, wie siehste aus!«

Sie packte meine Hand und schleppte mich aus dem Zimmer.

Ich hielt die Girlande eisern fest und zog sie hinter mir her. Wenn sie meine Blume nicht schön fanden, dann wollte ich sie wieder mitnehmen. Noch ehe ich draußen war, kam das Schlimmste. Vor all den Damen, vor Michael, Beate und Brüderchen rief Mutter hinter mir her: »Pickdewick, du bist ein richtiges Ferkel!«

Kaum hatte mich Else gewaschen und umgezogen, beschimpft und ausgelacht, da lief ich auch schon zu Frau Bressel.

Mit einem einzigen Mohrenkuß war es diesmal nicht getan, erst bei dem zweiten flossen die Tränen langsamer. Frau Bressel hatte still dabeigestanden, die Hände über dem Bauch gefaltet. Jetzt beugte sie sich herunter zu mir.

»Ham se dir wieda jeärjert?«

»Ja, und gesagt, du bist ein richtiges Ferkel!«

»No, is es denn die Mechlichkeet?«

Ich nickte kummervoll.

»Ja, weil ich nämlich diese wunderschöne Blume gebracht hab'.«

Ich hob meine Hand mit der Ranke. Die Blume war schon ganz welk und ließ den Kopf hängen. Frau Bressel beugte sich über den Ladentisch, um sie genau zu betrachten.

»Wo haste sie denn jefunden?«

»Auf unserm Komposthaufen.«

»Da haste Jlück jehabt, Kindchen. So scheene Blumen findste selten!«

»Ja, ist sie schön, Frau Bressel?«

»Serr scheene. 'ne richtje Zauberblume!«

»Oh, Frau Bressel!«

»Schenkst se mir, Kindchen?«

»Ja, wenn du sie haben willst...«

»Ich häng' ihr ieber die Heringstonne. Na, sieht das scheene aus?«

»Ja wunderschön! Wie Geburtstag!«

»Willste 'ne Salzjurke?«

Nein, ich brauchte keine mehr, ich war getröstet.

Neben der Küche, unter der großen Tanne, stand das Waschhäuschen. Alle vierzehn Tage wurde gewaschen. Am Nachmittag vorher kam Mutter Wiesche, zahnlos und gebückt, und weichte ein. Sie stand wie eine Zwergenkönigin zwischen all der schmutzigen Wäsche, warf die Bettücher in den großen Zuber und die Strümpfe in den kleinen, goß Wasser darüber und rührte, und wenn sie in die Küche ging, um Abendbrot zu essen, dann häuften sich sauber sortierte Wäscheberge auf dem Boden, dann schwammen Kissen und Bettbezüge in milchiger Lauge. Einmal lag am Waschtagmorgen eine ertrunkene Maus unter all dem eingeweichten Zeug im Bottich. Mutter Wiesche nahm sie, ohne eine Miene zu verziehen, am Schwanz und wirbelte sie hinaus über die Wiese weg in den Kirchgarten. Ich lief hinterher, um sie ordentlich zu begraben, aber ich konnte sie nicht mehr finden.

Der Waschtag war ein Tag, auf den man sich freuen konnte, ein Tag der Überraschungen. Schon in aller Herrgottsfrühe rauchte der Schornstein auf dem Waschhäuschen. Aus Türen und Fenstern quoll Dampf. Kein Mensch fragte danach, ob man gewaschen war und die Zähne geputzt hatte. Auch die Morgenandacht fiel kürzer aus als sonst. Mutter Wiesche saß dabei, hatte ihre verschrumpelten Hände im Schoß gefaltet und schmatzte in kurzen Abständen mit ihrem zahnlosen Mund. Danach lief alles auseinander. Else, Martha und Mutter Wiesche verschwanden im Waschhaus. Mutter trug das Tablett in die Küche, spülte das Frühstücksgeschirr und sagte, sie wolle heute eine Kartoffelsuppe kochen, denn daheim in Boxberg habe es am Waschtag immer Kartoffelsuppe gegeben. Sie müsse nur überlegen, was noch hineingehöre außer Kartoffeln.

»Ein ordentliches Stück Speck!« sagte Vater. »Das ist das Wichtigste!«

»Ich bitte dich, Paul-Gerhard, was verstehst du davon!« rief Mutter. »Laß mich meine Kartoffelsuppe kochen, wie ich sie in Erinnerung habe!«

Er gab ihr einen Kuß und ging.

»Spring nur, Pickdewick!« sagte sie zu mir. »Sicher hast du viel Schmutzwäsche von deinen Puppen.«

Ja, das stimmte. Ich hatte viel und lief davon, sie zu holen. Im Waschhäuschen, verschwommen in Dampf und Nebel, stand Mutter Wiesche über den großen Tisch gebeugt, bürstete und seifte. Else stellte einen Zuber auf den Bock, goß Wasser hinein und schrubbte die Taschentücher auf dem Waschbrett, rauf und runter, rauf und runter.

Martha schürte das Feuer, und alle drei waren angetan mit roten Gummischürzen und Gummistiefeln. Ich bekam eine Schüssel mit Lauge und wusch meine Puppenwäsche, so wie ich es bei den Erwachsenen sah. Dann wurden auf der Wiese hinter dem Haus Leinen gespannt, vom Birnbaum zum Kirschbaum und über eine Stange zur Tanne. Als Mutter zum Essen rief, flatterten schon die ersten Bettlaken im Wind. Else lief voraus. Sie war den ganzen Vormittag über unruhig gewesen, hatte immer wieder die Hände aus der Lauge gezogen und war mit den Worten: »Aujenblick mal!« in Richtung Küche verschwunden. Sie kam zurück mit bekümmertem Gesicht, murmelte: »Ach Jott! Ach Jott!« und seufzte schwer.

Alles war fertig, der Tisch liebevoll gedeckt. Die große weiße Suppenterrine stand schon auf der Tafel. Vater sprach das Tischgebet. Mutter hob den Deckel, und alle anderen hoben die Nasen und schnupperten.

»Die Kartoffeln sind ein bißchen angebrannt«, sagte Mutter, seufzte und begann auszuteilen. »Ich bitte um Verzeihung. Hoffentlich macht es euch nichts aus!«

»Nein, natürlich nicht. Überhaupt nicht.«

Jeder beteuerte es, denn da saß sie und sah betrübt aus. Vater behauptete sogar, er möge diesen Geruch besonders gern. Er erinnere ihn an sein

Elternhaus, da hätte es manchmal auch so gerochen. Wenn nämlich Marie-Luise und Johanna Krach gehabt hätten. Wir saßen und warteten, daß die Hausfrau zu essen anfinge. Sie nahm denn auch einen Löffel voll, schluckte und legte ihn zurück auf den Teller.

»Vielleicht habe ich etwas zuviel Paprika hineingebracht.« Sie seufzte wieder. »Bei uns zu Hause war nämlich immer eine Prise Paprika in der Kartoffelsuppe. Ich wußte nur nicht mehr genau, wieviel eine Prise ist.«

»Was zwischen zwei Finger jeht!« erklärte Else und hob ihren Blick nicht vom Teller.

»Zwischen zwei Finger? Bist du dir da sicher, Else?«

»Janz sicher, Frau Paster!«

»Ja, dann habe ich mich ein bißchen verschätzt.« Mutters Stimme klang ganz zittrig.

»Es macht überhaupt nichts aus, wenn du ein bißchen mehr hineingebracht hast!« sagte Vater und streichelte ihren Arm.

»Schon ziemlich viel mehr«, flüsterte Mutter. »Ich hatte gedacht, ich hätte irgendwo gelesen, eine Prise wäre so etwa eine Handvoll, natürlich nur eine kleine...«

»Eine kleine geht ohne weiteres!« sprach Vater und blickte streng in die Runde. »Paprika ist sehr gesund, Kinder.«

Wir machten uns ans Werk, vorsichtig, denn

wir ahnten Schlimmes. Nur Mutter Wiesche führte ihren Löffel randvoll zum Munde. Sie hatte Hunger und noch nie etwas von Mutter Gekochtes gegessen. Sie schluckte, riß den zahnlosen Mund auf, gurgelte, schnappte nach Luft und starrte uns an, als hielte sie uns allesamt für Mörder, die einer alten Frau nach dem Leben trachteten. Mutter räusperte sich und setzte zu einer weiteren Erklärung an.

»So ganz wie zu Hause schmeckt sie leider nicht. Vielleicht hätte ich doch ein Stückchen Speck hineingeben sollen, aber ich dachte, mit der Salami bekommt sie einen besonders würzigen Geschmack.«

»Ja«, bestätigte Vater. »So richtig herzhaft!«

Uns Kindern schoß das Feuer aus den Augen, aber wir beteuerten auch, daß der Geschmack ganz besonders und sehr herzhaft wäre. Else und Martha blickten auf ihre Teller, so wie Frau Pastor ihnen das beigebracht hatte. Mutter Wiesche fischte noch eine Kartoffel aus der Suppe, dann schob sie den Teller zur Seite und hielt sich an das Brot. Außer ihr hatte jeder seinen Teller leer gegessen. Ein zweiter allerdings wurde nicht mehr verlangt.

Mutter schreibt an die *geliebte madre* nach Boxberg:

... Gestern, am Waschtag, habe ich Kartoffelsuppe gekocht, aber sie ist mir nichts geworden, obwohl ich sie mit großer Liebe gemacht habe. Ich bin recht betrübt und will es noch einmal versuchen ...

Am nächsten Waschtag, nachdem wir das Frühstücksgeschirr gespült hatten, stand Mutter unschlüssig in der Küche herum, ging in die Speisekammer, kam wieder heraus und sagte schließlich: »Ich möchte es doch noch einmal mit der Boxberger Kartoffelsuppe versuchen. Das ist doch kein Hexenwerk. Das muß ich einfach fertigbringen. Was meinst du, Pickdewick?«

»Du bringst es bestimmt fertig, Mutterle! Aber was solln wir mit der Kartoffelsuppe machen, die Else heute morgen gekocht hat?«

»Tatsächlich? Hat sie heute morgen schon eine gekocht? Ich dachte doch, daß ich so etwas gerochen hätte. Wo ist sie denn?«

»In der Kochkiste.«

Wirklich, in der Kochkiste stand ein Topf, und als Mutter den Deckel hob, da duftete es nach Speck und guten Sachen, und als ich einen Finger hineinsteckte und abschleckte, da schmeckte es wunderbar und richtig herzhaft.

»Gut, dann nehmen wir eben die«, entschied Mutter. »Sonst wird sie am Ende sauer. Aber irgendwann, Pickdewick, irgendwann koche ich euch eine Boxberger Kartoffelsuppe, und da werdet ihr gar nicht genug davon kriegen können! Da kannst du sicher sein!«

Fromme Onkels und lustige Tanten

»Die Tür eines Pfarrhauses muß immer weit offen stehen«, so pflegte Mutter zu sprechen. Sie hatte neben Samen und Pflanzen auch einen Sack mit Kernsprüchen aus dem Elternhaus nach Polen eingeschmuggelt. Sätze, die gut zu sprechen und erhebend zu hören, aber schwer zu erfüllen waren.

»Einen angefangenen Weg muß man zu Ende gehen«, so lautete ein anderer aus dem großen Repertoire. Die meisten Sprüche haben mich nicht sehr behelligt, nur einer, der ist mir auch jetzt noch von Herzen zuwider. Er heißt: »*Der schwerste Weg ist der richtige.*«

Ihn beherzigten meine Eltern, als sie mit sechs Kindern, Hausgesinde, Vogel, Hund und viel Gottvertrauen im September 1939 in Polen blieben. Es wäre uns viel erspart geblieben an Angst und Grauen, hätte es diesen verflixten Satz nicht gegeben ...

Unsere Pfarrhaustür stand also, gemäß Kernspruch Numero eins, weit auf, und die Besucher strömten ungeniert hinein: Die Verwandtschaft mütterlicherseits aus Baden und die Verwandtschaft väterlicherseits aus Mecklenburg und Pommern, dazu Freunde und Bekannte, Wanderpfarrer und Künstler.

Mutter schreibt an ihre kranke Freundin Maria:

Kuschlin, im September 1929
Moja Maria!
... Du mußt jetzt ganz still liegen und dann mußt Du tüchtig essen. Täubchen und Butter! Wenn ich Dich bloß hier hätte. Diese Grenze ist zu blödsinnig! Bei uns würdest Du Dich bestimmt gut erholen. Wir sind ehrenwerte Leute mit ein wenig Bildung. Wir haben eine Tanne, die uns leise, beruhigend in den Schlaf rauscht, wir haben stillverborgene Eckchen im Garten für Hängematten und Liegestühle, wir haben eine große Menge Gurkenbeete für köstlichen Gurkensalat, wir haben unzählige Blumen und Stauden, wir haben Bauernhäuser zum gemütlichen Kaffestündchen, wir haben Rittergüter zum großartigen Diner. Wir haben Klavier, Harmonium, Radio, Guitarre und Flöte. Wir haben alles, sogar ein Gastzimmer I. Klasse! In dem gibt es nichts, was einem angst machen könnte, keine alten, holzwurmbesessenen Möbel, keine Troddeln an den Türen, keine verstaubten Onkel- oder Tantenbilder, von denen man sich aus Pietät nicht trennen kann, nichts von alledem. Zu unseren Ehren sei's gesagt, daß auch im Gastzimmer II. und III. Klasse alle diese Scheußlichkeiten nicht hängen. Die Gemeinde hat uns zur Ordination ein vollkommen weißes Gastzimmer für zwei Leute geschenkt, »damit Frau

Pasters Eltern sich in Kuschlin wohl fühlen«. Alles, sogar die Matratzen und Decken, sind neu. In dem einen Zimmer riecht es noch ordentlich nach Farbe. Komm doch, Maria, komm!

So dringlich mußte sie den Onkel Heribert nicht einladen. Er kam von ganz allein, und zwar immer in der Adventszeit. Dann hing der Adventskranz an roten Bändern über dem Frühstückstisch. Onkel Heribert griff nach dem Gesangbuch und sprach: »Kommt, Kinder, laßt uns singen: ›Mit Ernst, o Menschenkinder‹, Nummer sechs. Alle vier Strophen, wenn ich bitten darf!«

Wir sangen, und Mutter begleitete uns auf dem Harmonium. Dann las Onkel Heribert die Losung, begnügte sich aber nicht damit, wie es Vater bei den häuslichen Andachten tat, nein, er rief scherzhaft: »Welches Kind bringt mir das Kalenderblatt?«

Die beiden Großen räkelten sich nur langsam aus ihrem Stuhl und taten deutlich kund, daß ihnen an dem Kalenderblatt nicht sonderlich gelegen war. Wir Kleinen aber stürzten Hals über Kopf zur Sofaecke, in welcher der Neukirchner Abreißkalender hing, erklommen das Sofa, rissen an dem Kalenderblatt, bis wir es schließlich ganz oder zerrissen in Fingern hatten, und erfreuten mit unserem Eifer den guten Onkel. Er lächelte milde.

»Seht nur, wie wichtig es ihnen ist!«

Mutter seufzte, und Vater warf einen strengen Blick auf uns, so daß wir eilig und ohne weitere Fisimatenten auf unsere Stühle kletterten. Der Onkel aber glättete das Blatt, räusperte sich und fragte Mutter: »Du erlaubst doch?«

»Ja natürlich, Heribert.« Sie neigte ergeben den Kopf. Was sollte sie denn sonst tun? Vater, Onkel Heriberts jüngster Bruder, wurde erst gar nicht gefragt. War Onkel Heribert im Haus, dann übernahm er die geistlichen Pflichten, denn er war frömmer als sonst irgendein Mensch. Er war so ungeheuer fromm, daß er kein einziges Mal lachte und gepeinigt die Augen schloß, wenn uns ein Lachen überkam, was aber in Onkel Heriberts Nähe nicht oft geschah. Der Onkel nahm also das Kalenderblatt und las erst einmal die Vorderseite. Sie handelte von einem Bibelspruch und war recht langweilig. Onkel Heribert las Bibelspruch und Erklärung und schaute nach jedem Satz bedeutungsvoll in die Höhe und forschend in die Runde, ob wir auch den Sinn verstanden hätten und betroffen seien.

»Ist es euch klargeworden?« fragte er uns Kinder.

Wir nickten eifrig: »Ja, Onkel Heribert, ganz klar!«

Einmal nur hatte der vorwitzige Michael gesagt, nein, es wäre ihm nicht klar. Das machte er aber nie wieder, denn Onkel Heribert fing zu erklären an und hörte überhaupt nicht mehr auf, und da saßen wir und hatten Hunger und schauten zu, wie die Milch in unseren Tassen eine Haut bekam.

»Heribert, es ist sehr wertvoll, aber unsere Großen müssen in die Schule«, sagte schließlich Mutter. Sie lächelte ihn so holdselig an, daß er den Mund zuklappte und das Kalenderblatt umdrehte. Nun folgte der interessantere Teil der Andacht, denn auf der Rückseite des Kalenderblattes stand eine Geschichte zur Verdeutlichung des Textes. Diese Geschichte hörten wir gern. Darauf sprachen wir gemeinsam Luthers Morgensegen. Erst hatte der Onkel statt dem Morgensegen ein freies Gebet gesprochen. Er hatte die Augen geschlossen und gebetet und in sein Gebet die halbe Welt mit eingeschlossen samt Menschen, die wir gar nicht kannten. Auch ermunterte er uns hinterher, nun auch noch selber dem Herrn zu sagen, was uns auf dem Herzen läge. Aber wir genierten uns zu sehr. Brüderchen brach sogar in Tränen aus, und so saßen wir in peinlicher Stille, bis es aus Michael herausbrach.

»Lieber Gott, mach doch, daß wir endlich essen dürfen!«

»Amen!« sprach Vater mit fester Stimme, und seitdem begnügte sich Onkel Heribert mit Luthers Morgensegen.

War endlich der Tag gekommen, an dem der Onkel, warm eingepackt, in Fridericus Bachs Schlitten stieg und unter fröhlichem Schellengeläut zum Morgenzug nach Opalenitza fuhr, dann sahen wir freudig dem Weihnachtsfest entgegen. Die Morgenandachten wurden nun wieder von Vater gehalten. ›Mit Ernst, o Menschenkinder‹ hatten wir für dieses Jahr genug gesungen.

Mutter achtete streng darauf, daß Vater als Oberhaupt der Familie gewürdigt wurde. Er schnitt den Braten, er teilte Sonderrationen zu. Er war König und oberster Gerichtsherr, wenigstens dem Anschein nach.

Die wahre Herrscherin aber war sie. Ihre Augen wachten über dem Mittagstisch und über unsere Eßmanieren. War sie vergnügt, dann waren wir es auch. War sie traurig, dann hing eine dunkle Wolke über dem Haus.

»Ach Kind, wie du mich betrübst«, das war alles, was sie zu einer Ungezogenheit oder Untat sagte, aber ihr Tonfall und ihr Blick zerknirschten jedes Herz. Wer von uns Geschwistern auch der Sünder war, er verfiel sofort in Reue, bat um Verzeihung, schwor Besserung und tat dies so lange, bis ihre Gnade ihm wieder leuchtete.

In den Sommerferien reiste Mutters badische Verwandtschaft an. Besonders beliebt waren die Tanten Meta und Mathilde. Ihre Koffer steckten

Tanten und Onkels bei Franziskas Taufe im Juni 1936. Z. B. Onkel Justus (hintere Reihe, zweiter von links), in der Mitte die Diakonisse Dorothee, hinter ihr der fromme Onkel Heribert und die schwierige Tante Friedel

voll guter Dinge, ihre Köpfe voll guter Einfälle und Geschichten. Erzählten Else und Martha von grauslichen Spukgestalten, Hexen, Wassermännern und Höllenhunden, so wußten die Tanten von Nixen, Elfen und guten Feen zu berichten, und für die Zeit ihres Aufenthaltes herrschten gute Geister in Garten, Haus und Pumpe.

Tante Meta war Beates Patin, Tante Mathilde meine. Wir Schwestern wachten eifersüchtig darüber, daß unsere Patentanten nur uns allein gehörten und daß niemand sonst aus dem Geschwisterkreis sich an sie heranmachte. Die beiden waren eigentlich unsere Großstiefpatentanten, nämlich die kleinen Stiefschwestern von Großpapa, dem Dekan mit dem Zwicker in Boxberg. Beide waren sie unverheiratet und außerordentlich tüchtig in ihrem Fach. Tante Meta war Hebamme und hat im Mai 1928 Beate zur Welt verholfen. Im Briefschatz habe ich auch darüber etwas gefunden:

... Unser Mädelchen ist da! Gott sei gelobt und die Tante Meta auch! Ganz früh am Morgen! Ganz überraschend! Ganz fix! Was freute sich Paul-Gerhard, der zweifach stolze Vater! Ist das ein kleines, fixes Dingle. Fast springt es der Tante und dem Vater aus den Händen. Es ging alles sehr schnell, zu schnell, und dadurch habe ich viel ausstehen müssen, denn ich mußte die ganze Näherei, sieben Stiche bei lebendigem Leibe, über mich ergehen lassen, weil wir hier niemanden zur Narkose haben. Neu ein Grund für meinen Liebsten, eine Schwesterstation in Kuschlin einzurichten. Es war schon schlimm, aber nun ist alles vergessen, und Meta sagt, ich hätte mich hervorragend benommen.

Oder eine andere Briefstelle:

Kuschlin, den 29. Mai 1928
Moja Maria!
... Immer noch ist unser Kleines nicht da. Aber Tante Meta ist eingetroffen! Was bin ich froh! Sie ist so jung und fröhlich, sitzt viel am Klavier und singt und gerät über alles in helles Entzücken. Wir sind ganz glücklich, daß sie da ist. Jetzt kann eigentlich nichts mehr passieren... s.c.J.* natürlich!

Tante Meta war eine lustige Person und sprach aus, was sie dachte, ein Verhalten, das bei uns nicht üblich war.

»Seid höflich, Kinder«, pflegte Mutter zu sagen. »Irgend etwas Gutes hat jeder. Man muß es nur zu finden wissen.«

»Paul-Gerhard, Liebster, sei doch nicht so negativ.«

»Nein, Michael, häßliche Worte nimmt man nicht in den Mund. Geh nur gleich und putz deine Zähne, aber gründlich.«

Tante Meta kümmerte sich keinen Pfifferling um unsere Anstandsregeln.

---

* s.c.J.: Sub clausula Jakobaea: Unter dem Vorbehalt des Jakobus: »So der Herr will und wir leben« (Jak. 4, 15). – Die Formel wird in Pfarrerskreisen oft benutzt.

Als sie von einem Besuch bei der piekfeinen Frau Oblinka zurückkehrte, äußerte sie laut und deutlich am Abendbrottisch: »Also, da könnt ihr sagen, was ihr wollt, diese Madame Oblinka ist eine alte Hexe, und stinken tut sie wie im Puff!«

Mutter riß entsetzt die Augen auf.

»Aber Meta!« schrie sie. »Vor den Kindern!« Und zu uns hingewandt, schon wieder mit sanfter Stimme: »Das müßt ihr schnell vergessen!«

Nun fand ich das mit der alten Hexe wirklich schlimm, denn Frau Oblinka hatte keine lange Nase und keine Warze dran, aber an dem Puff konnte ich nichts Böses entdecken. Wir hatten einen rosa Wäschepuff im Schlafzimmer. Gleich nach dem Abendessen begab ich mich dorthin, hob den Deckel und schnupperte. Es stank nicht. Ich lief zu Tante Meta, die gerade Beates Haare wusch, und fragte: »Welchen Puff meinst du, Tante Meta?«

»Du solltest es doch vergessen!« Sie lachte, und Beate schrie aus der Waschschüssel heraus: »Das ist meine Patentante, und du brauchst sie nicht zu fragen, was für ein Puff es ist!«

Ich ging mit diesem ungelösten Rätsel zu Frau Bressel hinüber. »Frau Bressel, was ist ein Puff?«

»Psch, Kindchen!« rief sie und legte den Finger vor den Mund. »Wart, bis der Laden leer ist!«

Sie gab mir einen Mohrenkuß. So saß ich denn, aß und wartete, bis wir allein waren und sie sich zu mir beugte.

»In Posen kannste einen bewundern.«

»Bei uns im Schlafzimmer auch. Aber er stinkt nicht.«

»Aba der in Posen, der stinkt! Jen Himmel stinkt er, Kindchen!«

»Ja, meinst du, Frau Bressel? In Posen ist doch das Konsisto und der Herr Generalsuppe...«

»Bleib mir mit dem vom Leibe! Pah, Männer! Ich saje dir, es ist eine Schande, daß es so was jibt, aba was willste machen?«

»Tante Meta sagt, die Frau Oblinka stinkt wie ein Puff...«

Frau Bressel lachte, daß ihr mächtiger Busen wogte und ihr Gesicht rot anlief, sie prustete und schnappte nach Luft.

»Da mag se recht ham, deine Tante Meta! Da mag se recht ham!«

Die Hintertür, die immer geschlossene, öffnete sich, und ein Mann streckte seinen Kopf heraus. Er sah aus wie ein Räuber, mit Bartstoppeln und verwuscheltem Haar.

»Was is, Berta?« brummte er. »Haste was? Jeht's dir nicht richtich?«

Frau Bressel drehte sich um, sie japste noch immer nach Luft. »Is schon jut, Bressel«, sagte sie und wedelte mit der Hand, daß er rausgehen solle.

Der Kopf verschwand denn auch gleich, und Frau Bressel wandte sich wieder mir zu.

»Irjendwann erklär' ich dir das, Kindchen, aber jetzt jeht's nicht! Jrüß deine Tante Meta.«

Noch ein Mohrenkuß, und ich war entlassen, zum ersten Mal ohne befriedigende Erklärung.

Wer Tante Meta kannte, der liebte sie. Nur Martha und Else seufzten unter ihrer hemmungslosen Waschlust und sahen in dieser Marotte die Ursache dafür, daß Fräulein Meta noch immer ohne Mann war. Aber an den befremdlichen Waschungen lag es nicht. Tante Meta trug ein feuerrotes Mal im Gesicht, einen Blutschwamm, wie man das damals nannte. Ich fand sie schön, und sie war es auch, aber nur auf der rechten Seite. Auf ihrer linken Wange glühte das rote Zeichen. Ich mußte jedesmal die Augen zukneifen, um nicht wie ein hypnotisiertes Kaninchen daraufzustarren. Über dieses Mal erzählte man sich eine seltsame Geschichte. Man tat es hinter vorgehaltener Hand, denn Tante Meta wollte nichts davon hören.

»Schnickschnack!« rief sie. »Aberglaube! Verschont mich damit!«

Ganz im geheimen und so kurz wie möglich will ich die Geschichte trotzdem erzählen.

Tante Metas Mutter, die berühmte »Ahne« mit der Zahnregulierung vor der Hochzeit, entwickelte sich zu einer vortrefflichen Pfarrfrau. Sie kochte Armensüppchen und brachte Trost und Arznei zu den Kranken. Eines Tages ging sie wieder ins Dorf und trug einen Suppentopf im Korb und ein Kindlein unter dem Herzen. Sie kam zu einer Häuslerin, die sich schrecklich verbrannt hatte und nun die Hand mit der roten Wunde vorstreckte, damit die Pfarrfrau sie ihr verbinde. Die aber schrie auf und fiel in Ohnmacht. Bald darauf kam das Kindlein zur Welt und war ein süßes kleines Mädchen, nur trug es die gräßliche Wunde als Blutschwamm im Gesicht. Das Kindlein wurde Meta genannt, wuchs und gedieh, und mit ihm wuchs und gedieh auch das feuerrote Mal im Gesicht.

Tante Meta hatte sich damit abgefunden, und wenn sie bei uns war, dann ging es laut und lustig zu. Wir hingen an ihr wie die Kletten, auch wenn sie immer wieder einen von uns packte, um ihn ins Wasser zu tauchen und einzuseifen.

Sie hatte eine warme, volle Altstimme, und an manchen Abenden sangen sie und Mutter Löns-Lieder oder Mendelssohn-Duette. ›Ach, wie so bald verklinget der Reigen‹ und ›Rosemarie, Rosemarie ...‹

Beate und ich saßen auf der obersten Treppenstufe und hörten zu. Es klang so über alle Maßen schön und traurig, daß wir beim nächsten Vogelbegräbnis nicht den üblichen Choral sangen, sondern: »Rosemarie, Rosemarie, sieben Jahre mein Herz nach dir schrie...«, zweistimmig. Tante Meta saß mit Mutter und Tante Tildchen nicht weit entfernt in der Gartenlaube.

»Hört euch das an!« jubelte sie, lief den Klängen nach und fiel so mächtig in meine zweite Stimme ein, daß Beate erschreckt verstummte und Brüderchen die Schachtel mit dem verstorbenen Kanarienvogel Bubu ohne alle Würde in die Grube fahren ließ. Nach dem Gesang stand Tante Meta immer noch am Grab, offenbar gewillt, die feierliche Handlung bis zum Schluß zu verfolgen. Weil nun aber die Trauerrede an die Reihe kam und ich nicht gewohnt war, vor Erwachsenen zu predigen, mußten wir Bubu ohne Predigt und Gebet der Erde überlassen.

»Wenschtens, wenn mein Stündlein!« schluchzte Brüderchen, denn Bubu hatte ihm gehört, und sein Tod ging ihm zu Herzen. So sangen wir denn nach altem Brauch: ›Wenn mein Stündlein vorhanden ist...‹ Tante Meta stimmte wieder mächtig ein, so daß wir hoffen durften, Bubu werde nun doch mit seinem Begräbnis zufrieden sein.

Tante Metas jüngere Schwester Mathilde, auch Tildchen genannt, meine Patentante, war Haushaltslehrerin in einem Institut für höhere Töchter in Heidelberg. Ganze Generationen solcher Töchter blieben ihr zutiefst verbunden, schrieben Dankesbriefe und hatten offenbar bei ihr die höheren Weihen des Kochens empfangen. Tante Tildchen erzählte gerne davon, und ich hörte ihr ebenso gerne zu. Bei Küchenarbeiten hatte ich sie allerdings noch nie gesehen. Sie schälte keine Kartoffeln, sie putzte kein Gemüse, sie verrichtete keine niederen Dienste. Wenn Tante Tildchen bei uns kochte, dann geschah es in der Weise, daß sie in blütenweißer Schürze am Küchenfenster lehnte und Befehle austeilte. Zu ihrem Leidwesen boten sich bei uns nur wenige Dienstwillige als Arbeitskräfte an. Else und Martha, knurrend und brummend, denn von Fräulein Mathilde ließen sie sich nur ungern etwas sagen, dann Mutter und Tante Meta, und weil denn gar niemand anderes vorhanden war, auch noch Beate und ich. Tante Tildchen sprach es zwar nicht direkt aus, wie sie es bedauere, mit so unzulänglichen Kräften vorliebnehmen zu müssen, aber sie tat es doch auf versteckte Weise kund, daß sie besseres Menschenmaterial gewohnt war, eben höhere Töchter. Tante Tildchen pflegte aus dem vollen zu wirtschaften. Sämtliche Schüsseln, Pfannen und Töpfe wurden auf ihr Geheiß hervorgeholt und mit etwas gefüllt, was geschlagen, gestoßen, gerührt oder gesiebt werden mußte. Sie überwachte unsere Arbeit und war gern bereit, eine Proberührung zu unternehmen, um zu erkennen, ob das Gemisch die richtige Festigkeit habe, oder einen Bissen zu probieren, ob er befriedigend schmecke und so sei, wie es sich gehöre. War dann alles geschehen, was geschehen mußte, der Kuchen im Ofen, das Dessert in der Speisekammer, dann sah die Küche aus wie ein Schlachtfeld. Berge von Geschirr stapelten sich auf Tisch und Anrichte, der Boden klebte, der Zustand der Herdplatte war zu beklagen, und sämtliche Helfer befanden sich am Rande des Zusammenbruches. Tante Tildchen lächelte in die Runde, hängte ihre weiße Schürze an einen Haken und sagte: »Na, seht ihr. Es ist ein Kinderspiel. Morgen machen wir eine *Charlotte russe*.«

Mit dieser Drohung verließ sie die Küche. Else schoß in die Speisekammer und schlug die Tür hinter sich zu, um ungestört fluchen zu können. Martha schluchzte. Mutter sprach begütigende Worte: »Na, na, so schlimm ist es nun auch wieder nicht!« oder: »Diese Speise wird uns morgen gewiß munden.«

Tante Meta krempelte die Ärmel hoch und ließ Wasser aus der Pumpe über ihren erhitzten Kopf laufen. Beate und ich schlidderten auf dem fettigen Küchenboden.

Aus all diesem ist es verständlich, daß Else jedesmal Zustände bekam, wenn die beiden Lieben ihren Besuch ansagten.

Mutter erschien in der Küche.

»Else«, sagte sie, »Fräulein Mathilde kommt!«

»Erbarmung!« knurrte Else. »Wenn se sich bloß nicht mecht in der Küche sehen lassen!«

»Leider können wir es nicht verhindern«, sagte Mutter mit leichtem Seufzer. »Wir müssen es ertragen in christlicher Geduld. Wir wollen sie doch nicht verletzen. Sie ist ein so feiner Mensch.« Elses Gesicht blieb verdrossen. »Ich werde das Kind auf sie ansetzen.«

»Mei bosche kochanje!« Else rang die Hände. »Denn hab' ich das Blag auch noch auf dem Hals!«

Das Blag war ich.

»Also, Pickdewick«, sagte Mutter und setzte sich neben mich auf die Wiese. »Du bekommst jetzt einen ganz wichtigen Auftrag! Du darfst dich um deine Patentante kümmern, wenn ich zu tun habe. Geh doch einfach mit ihr im Wald spazieren oder zeig ihr den Garten. Ihr könnt auch in der Laube sitzen und ein Schwätzchen halten. Bloß, Pickdewick, gell, in die Küche darf sie nicht kommen! Kann ich mich auf dich verlassen?«

»Ja, Mutterle, ganz bestimmt!«

Ich gab mir Mühe. Ich lief hinter Tante Tildchen her wie ein Hündchen. Sie war denn auch ganz entzückt von mir.

»Das Kind ist so anhänglich«, äußerte sie sich vor Mutter. »Es beglückt mich sehr.«

Mit der Zeit allerdings mußte ich bemerken, daß die Tante nicht mehr so gerne mit mir durch den Garten pilgerte. Sie wollte auch nicht in der Laube sitzen und Geschichten hören. Sie rutschte unruhig hin und her.

»Kind, ich kann hier nicht mehr untätig sitzen. Ich bin ein Mensch, der gerne arbeitet. Was wird Else von mir denken, wenn ich mich gar nicht in der Küche sehen lasse?«

»Die wird froh sein, Tante Tildchen. Die mag keine Leute in der Küche!«

»Ja, irgendwelche Leute mag sie vielleicht nicht, aber mich mag sie, denn an mir hat sie eine Hilfe!«

»Aber Tante Tildchen, sie will ja keine Hilfe. Sie will es alleine machen!«

»Das sagt sie nur so, die gute Seele. Willst du nicht mitkommen, Kind, zu helfen gibt es immer etwas!«

»O nein, Tante Tildchen! Ich muß zu meinen Puppen, wirklich!«

Niemals hätte ich gewagt, zusammen mit Tante Tildchen in die Küche zu treten. Ich rannte davon und versteckte mich hinter den Himbeerbüschen, bis Tante Tildchen verschwunden war. Beim Essen hielt ich den Kopf gesenkt, um Elses zornigen Augen zu entgehen. Daß es Ärger in der Küche gegeben hatte, bemerkte jeder, nur Tante Tildchen nicht.

Großmama und der Großmogul von Hinterindien

Der Besuch des Großmoguls von Hinterindien fiel auf einen Waschtag. Er sollte im Garten auf der Wiese landen, und ich wäre dazu ausersehen, ihn zu empfangen. So jedenfalls sagte Großmama zu mir, als ich mit meiner schmutzigen Puppenwäsche vor dem Waschhäuschen erschien. Sie hatte wieder einmal die weite Reise von Deutschland nach Polen auf sich genommen und stand nun wie ein Erzengel mit weißgestärkter Schürze in den Dampfwolken vor der Waschküche. Sie trug immer weiße, gestärkte Schürzen über dem raschelnden Kleid. Um ihren Hals war ein breites besticktes Samtband geschlungen. Das gehörte zu ihr, als wäre es eingewachsen in die Haut. Ich habe ihren Hals nie nackt gesehen. Da stand ich also mit meiner schmutzigen Wäsche, legte den Kopf in den Nacken und sah zu Großmama hinauf. Eine andere Perspektive hatte ich nie, denn sie starb, als ich noch ein Kind war.

Nun also stand sie vor dem Waschhäuschen und sagte: »Das ist kein Platz für kleine Mädchen!«

Ich zeigte meine Puppenwäsche vor.

»Die muß ich waschen, Großmama, wirklich! Meine Puppen haben einfach gar nichts mehr zum Anziehen!«

»Na gut, wenn du waschen mußt, dann geht es

natürlich nicht... Und ich hatte gedacht, du freust dich...«

Dann erzählte sie mir vom Großmogul von Hinterindien, und daß er sich für heute angemeldet habe und kommen würde mit seinem ganzen Hofstaat, per Flieger natürlich. Sie würden auf der vorderen Wiese landen, und ich dürfe sie empfangen. Das wäre eine ganz große Ehre für mich, aber bitte, wenn ich lieber waschen wolle, dann würde sie eben Michael beauftragen oder Beate. Ich ließ die Wäsche fallen und lief auf die vordere Wiese. Dort nahm ich Aufstellung, übte einen schönen Knicks, pflückte einen Blumenstrauß und schaute zum Himmel hinauf, bis mir schwindlig wurde. Er kam und kam nicht. Erst stand ich, dann saß ich, dann schlief ich ein. Es war eine große Enttäuschung.

»Na so was!« Großmama schüttelte mißbilligend den Kopf. »Ist er nicht erschienen? So sind die hohen Herrschaften. Er wird's einfach vergessen haben.«

Ich ging zu Frau Bressel. Sie griff in die Schachtel mit den Mohrenküssen, aber ich wollte keinen.

»Großmama ist da!«

»Ja, ich hab' ihr schon jesehen. Hat se dir jeärjert?«

»Nein, aber der Großmogul von Hinterindien ist nicht erschienen.«

»Wieso? Wollt' er kommen?«

»Ja, mit seinem ganzen Hofstaat! Und Großmama hat gesagt, ich darf ihn empfangen.«

»So? Wo denn?«

»Auf der vorderen Wiese.«

»Ich denk', ihr habt Waschtach.«

»Ja, ham wir auch. Frau Bressel, ich hab' kein bißchen gewaschen. Ich hab' den ganzen Tag gewartet. Er hat's einfach vergessen, sagt Großmama.«

»So, sagt das deine Jroßmama...« Frau Bressel schnaufte durch die Nase. Auf einmal schlug sie die Hände zusammen und rief: »Mei bosche kochanje! Hab' ich's doch vajessen! Aba jetzt fällt mers wieda ein. Der Jroßmojul hat seinen Diena herjeschickt! 'nen richtjen schwarzen Mohren mit Pluderhosen und solchen Sachen...«

Ich spitzte die Ohren.

»Seinen Diener zu dir?«

»Ja, heut mitten in die Nacht, wo du schon jeschlafen hast. Er läßt dir jrüßen und ausrichten, daß er leider nich kommen kann, weil er krank is jeworden, weeßte, mit die Beene wie ich. Aba wart mal, er hat dir was jeschickt.«

»Mir hat er was geschickt?«

»Ja, 'ne Schachtel mit was drin. Wart ma!«

Sie watschelte davon durch die Hintertür, den Flur entlang. Ich saß auf meinem Hocker und wußte nicht, ob ich weinen oder lachen sollte. Da kam Frau Bressel zurück. Sie trug eine kleine Schachtel auf der flachen Hand.

»So, das da hat er jeschickt. Mach's nur auf, Kindchen, daß ich's auch sehen kann!«

In der Schachtel lag ein Ring mit einem roten Stein.

»Der is aus seine Schatzkamma! Ja, isses denn die Mechlichkeet?«

Sie probierte mir den Ring an, und auf den Daumen paßte er.

»Wundaba!« sagte Frau Bressel. »Janz aus Jold und Silba. Siehste jetzt, wie er dir nich vajessen hat! Wie isses, willste 'nen Mohrenkuß?«

Ich nickte.

Großmama war oft bei uns, besonders nachdem Großpapa, der Dekan mit dem Zwicker, gestorben war. Sie wohnte nun in Heidelberg in einem Damenstift, aber viele Wochen lebte sie auch bei uns.

Mutter schreibt an ihre Freundin Linde:

Kuschlin, am 5. März 1932
Liebste Linde!
... Inzwischen haben wir einen Starosten (Landrat), der kein Wort Deutsch versteht. Wir mußten uns einen Dolmetscher verschaffen, um mit ihm verhandeln zu können. Aber trotz der Sprachschwierigkeiten haben die »madre« und er sich

prächtig verstanden. Denk Dir, sie darf noch acht Wochen hierbleiben! Er hat ihr die Aufenthaltsgenehmigung gegeben, ohne irgendwelche Fisimatenten. Die beiden schieden voneinander wie zwei alte Freunde ...

Manchmal, an verregneten Nachmittagen oder wenn sie ein wenig Zeit hatte, spielte Mutter mit uns. Wir spielten ›Glock und Hammer‹, ›Halma‹, ›Floh‹, ›Mikado‹ und ›Mensch ärgere dich nicht‹. Es war eine Lust, mit ihr zu spielen. Sie mogelte so leichtfingrig, daß es einem den Atem verschlug, und fuhr mit ihrer Halmafigur zickzack und blitzschnell über das Brett. Niemand konnte ihren Weg verfolgen, nicht einmal Michael und Beate.

Mit Großmama zu spielen war keine Freude. Sie konnte nicht mogeln und nicht verlieren. Wenn sie bemerken mußte, daß das Spiel dem Ende zuging und nicht gut für sie stand, warf sie einen zornigen Blick auf mich, denn ich spielte unbeirrt voran und übersah keine Gelegenheit. Beate hielt sich klüglich zurück, und Michael ließ sich auf kein Spielchen mit Großmama ein. Vor der endgültigen Niederlage stieß Großmama an den Tisch, daß die Figuren durcheinanderpurzelten, und was tat sie noch? Sie kniff mich! Unter dem Tisch kniff sie mich. Es war nicht schmerzhaft, aber demütigend. Ich hätte mich nie getraut, zu schreien oder zu schimpfen, und nahm es schweigend hin, aber es wurmte mich sehr.

Ich lief zu Frau Bressel und bekam einen Mohrenkuß. Dann besprachen wir die leidige Geschichte.

»Großmama hat mit mir gespielt.«

»Das hätt' ich nich von ihr jedacht! Was habter denn jespielt?«

»Halma.«

»Haste valoren?«

»Nein, fast gewonnen.«

»Wieso fast? Nich richtich?«

»Großmama hat alles umgeworfen.«

»Na isses denn zu jlauben? Das alte Aas! Un nu ärjerste dir?«

»Nein, ärgern nicht. Aber Frau Bressel, Großmama hat mich gekniffen!«

»Na, haste Worte? Jekniffen? Wohin?«

»Ins Bein.«

Ich unterzog das Bein einer genauen Prüfung, aber leider war nichts zu sehen.

»Kneif se wieda.«

Was war das? Ich hob den Kopf.

»Großmama kneifen? Ich? Aber Frau Bressel!«

»Warum nich? Wenn se dir kneift, kannst se auch kneifen.«

»Nein, Frau Bressel, das tät' ich mich nie traun!«

»Warum nich? Is sie der liebe Jott?«

Das eben war es, was ich nicht genau wußte.

»Der liebe Jott kneift nicht!«

Frau Bressel stand hochaufgerichtet, mächtig wie ein Berg, die eine Hand auf der Heringstonne und die andere auf der Schmierseife. Ich schaute zu ihr empor und wußte, daß es stimmte. Hocherhobenen Hauptes und überaus getröstet verließ ich die Gemischtwarenhandlung. Großmama war nicht der liebe Gott. Jetzt wußte ich es, denn: Der liebe Gott kneift nicht! Frau Bressel hatte es gesagt.

Wenn Großmama nun an den Spielschrank ging und die Halmaschachtel herausholte, verschwand ich eilig aus dem Kinderzimmer und zog durch das Haus mit dem ewig gleichen Singsang: »Wer liest mir vor? Wer liest mir vor?«

Manchmal fand ich in der Küche Erhörung, manchmal bei Mutter oder auch bei Großmama, bis sie eines Tages einen nachdenklichen Blick auf mich richtete und sagte: »Pickdewick, willst du nicht lieber selber lesen? Na, wär' das was? Komm, ich bring' dir's bei.«

Ich hatte gleich ein schlechtes Gefühl, aber wie hätte ich Großmama erklären sollen, daß ich nicht lesen lernen wollte? So fingen meine Schulstunden bei Großmama an, die uns beiden nur Ärger und Kummer bereiteten. Nach einer besonders unerquicklichen Stunde, nach Stottern, Weinen und Schluchzen, schlug Großmama das Lesebuch zu und sagte zu Mutter: »Ich gebe es auf. Sie ist ein selten dummes Kind!«

Ich war sehr glücklich, als ich hörte, daß Großmama es aufgeben wolle. Aber sie tat es leider doch nicht, denn da waren diese verflixten Sprüche: *Einen angefangenen Weg muß man zu Ende gehen* und *Aufgeben bedeutet Schwäche.* So nahm sie die qualvollen Stunden wieder auf, und es kam der Augenblick, wo der Zorn sie übermannte und sie mich kniff. Nicht mehr ins Bein, nein in den Arm und auch nicht sehr, egal, sie kniff! Ich saß erstarrt. Dann sprang ich auf und sprach mit zitternder Stimme: »Großmama, du bist nicht der liebe Gott!«

»Da hast du recht, aber wie kommst du darauf?«

»Der liebe Gott kneift nicht!« Ich sprach es nicht so laut wie Frau Bressel, aber doch sehr deutlich. Großmama saß ganz still, als ob sie überlegen müsse, dann holte sie das Taschentuch aus der Schürzentasche und putzte sich die Nase. Weinte sie? Nein, sie weinte nicht, sie lachte. Die Tränen kamen ihr vor lauter Lachen. »Lesen kannst du nicht, Pickdewick, aber du bist schon ein spaßiges kleines Mädchen!«

Das war bestimmt nicht böse gemeint, sondern eher anerkennend, trotzdem nahm ich es übel. Ich lief davon, hin zu Frau Bressel und ihren trostreichen Mohrenküssen. Nachdem ich ihr mein Leid vorgeheult hatte mit Großmama und dem lieben

Gott, und daß ich einfach nicht lesen konnte, stopfte sie mich mit Mohrenköpfen und Salzgurken voll, bis mir so schlecht war, daß ich vom

Großmama auf Besuch. In der Mitte, in geziemender Distanz zum Pfarrherrn, unsere zornmütige Else

Hocker sank. Dann trug sie mich nach Hause, gleich die Treppe hinauf und ins Bett.

Wer bei uns krank war, bekam Täubchensuppe und das Wilhelm-Busch-Album. Am ersten Tag meiner Krankheit verschmähte ich beides. Am zweiten vertrug ich schon ein paar Löffel Suppe und eine kurze Lesung aus dem Busch-Album. Am dritten fuhr Großmama zurück nach Heidelberg. Als Fridericus Bach draußen mit der Peitsche knallte, löffelte ich die Täubchensuppe und nahm mir das Wilhelm-Busch-Album vor. Niemand war da, der mir hätte vorlesen können. Mutter und Vater brachten Großmama nach Opaleniza, die beiden Großen waren in der Schule, und Else und Martha arbeiteten in der Küche. Ich mußte mich schon selber an die Arbeit machen, und ich tat es. Ich verglich, suchte und fand, und lernte so mit Wilhelm Busch das Lesen.

Ach, wie mußte sich der fromme Onkel Heribert entsetzen, als er mich in der Adventszeit über der »frommen Helene« sitzen sah, lachend und den Zeigefinger von Zeile zu Zeile schiebend. Er zitierte seinen Bruder herbei.

»Da schau, was sie liest!« sprach er mit Grabesstimme. »Willst du ihre Seele vergiften?«

»Nein, das will ich nicht«, antwortete Vater. »Heribert, glaub mir, was ihr schaden könnte, das versteht sie noch nicht.«

Onkel Heribert blieb stumm, aber er hörte nicht auf, den Kopf zu schütteln und mit den Fingern zu knacken, eine Angewohnheit, die Mutter nur mit Gottes Hilfe ertragen konnte.

»Ich meine, Lachen ist eine gute Medizin!« fügte Vater noch hinzu. Aber Onkel Heribert war auch hier nicht seiner Meinung und sang das Lied ›Mit Ernst, o Menschenkinder...‹ noch inbrünstiger als bisher und mit tadelndem Unterton.

Wer macht die Uhr wieder heil?
oder: Wie man Uhren repariert und Zähne putzt

Vor Großmamas Bemühungen um meine Bildung hatten Michael, Beate und ich Privatunterricht bei Herrn Lehrer Stranzel genossen. Er war bereits pensioniert und an den Künsten eines Dorfschulmeisters nicht mehr interessiert. Lesen, Schreiben, Rechnen und diese Sachen hatte er hinter sich gelassen, denn ein polnischer Lehrer war an seine Stelle getreten. Was ihn faszinierte und was er mit Fleiß betrieb, das war die Uhrmacherkunst.

Er saß in seinem verräucherten Zimmer und zerlegte Uhren. Mit einer Pinzette und Instrumenten, so groß wie Nähnadeln, bosselte er in den Innereien der Uhren herum, und wir drei, Michael, Beate und ich, saßen dabei, schauten zu und trugen ein großes Interesse an Uhrwerken davon. Lehrer Stranzel schien von Natur aus trefflich zum Uhrmacher geeignet. Er hatte einen weit hervorquellenden Bauch, den er gegen die Tischkante klemmte, so daß er nun eine Arbeitsplatte direkt vor sich hatte. Nie fiel etwas auf den staubigen Boden. Schräubchen und Rädchen fanden sich auf seinem Bauch wieder, man mußte sie nur absammeln. Es waren genußreiche Stunden für uns. Ich mit meinen vier Jahren hätte gerne die eine oder die andere meiner Puppen mitgebracht, damit sie es auch sehen und genießen könnten. Aber Michael hatte kein Verständnis dafür und schrie, es wäre schon Schande genug für ihn, daß er mit einer so dummen, kleinen Schwester in die Schule gehen müsse. Puppen kämen nicht in Frage, und der Herr Lehrer Stranzel würde sie bestimmt zum Fenster rauswerfen. Das glaubte ich zwar nicht, denn Lehrer Stranzel war noch nie aufgestanden, schon gar nicht, um sein Fenster zu öffnen. Er hielt nichts von Zugluft für sich und seine Uhren, und wenn wir kamen, mußten wir gleich die Tür schließen. Den Herrn Lehrer Stranzel hätte ich also nicht zu fürchten brauchen, aber mit Michael war nicht zu spaßen, das wußte ich aus leidvoller Erfahrung, darum ließ ich die Puppen daheim.

So ging alles gut und seinen geregelten Gang, bis Michael den Drang verspürte, auch einmal eine Uhr zu öffnen und in das Wunderwerk der Technik hineinzuschauen. Vater ermunterte ihn selber dazu, indem er beim Frühstück seine Uhr aus der Westentasche nahm, sie aufzog, ans Ohr hielt und sprach: »Eine wunderbare Uhr. Höchstens eine Minute geht sie nach. Wollt ihr sie ticken hören?«

Nur Brüderchen wollte und hielt sie verzückt an sein Ohr. Wir Großen wußten, wie Uhren ticken, und hatten noch ganz andere Sachen bei Lehrer Stranzel gehört und gesehen.

»Wenn sie eine Minute nachgeht«, meinte

Beate, »dann mußt du sie dem Herrn Lehrer Stranzel geben, der bringt sie wieder in Ordnung.«

»Ich werde mich hüten!« antwortete Vater. »Der Lehrer Stranzel mag ja alles mögliche wissen und euch das Schreiben und Rechnen beibringen, aber von so etwas Kompliziertem wie Uhren hat er nicht die geringste Ahnung.«

Wir drei sahen uns an und schwiegen.

Wir gingen gern zu Lehrer Stranzel und ließen keine Stunde ausfallen, auch wenn wir insgeheim wußten, daß diese Schule den Vorstellungen der Eltern nicht entsprach. Es verhielt sich andererseits so, daß Herr Lehrer Stranzel uns auch Mühe und Arbeit abverlangte, indem er jeden Tag einen Buchstaben auf die Tischplatte malte, den wir dann auf unsere Schiefertafeln kratzen mußten. Besonders wichtig war ihm das »i«, und daß der Punkt genau über dem Buchstaben zu stehen kam. Wenn uns dies Kunstwerk nicht gelang, wurde er zornig und brummte, wir würden schon sehen, wohin wir mit solcher Schlamperei kämen. Dann nahm er einen Schluck aus der Flasche, die unter seinem Stuhl stand und Uhrenöl enthielt, wie er uns erklärt hatte. War ihm das Öl durch die Kehle geflossen, dann verklärte sich sein Gesicht, seine Seele wurde weich und glatt, und die richtige Stellung des i-Punktes war ihm nicht mehr so wichtig. Wir plauderten also zu Hause nichts aus der Schule, malten unsere i's und hätten das noch lange tun können, wenn nicht Michaels Verlangen, einmal eine Uhr aufzumachen und auseinanderzunehmen, übermächtig geworden wäre. An Vaters Uhr war nicht heranzukommen. Sie hing an einer Kette über seinem Bauch. Da war es mit Mutters Uhr schon besser bestellt. Die hing zwar auch an einer Kette, aber nicht über dem Bauch, sondern um den Hals. Auch wurde sie nicht täglich getragen. Manchmal lag sie auf ihrem Schreibtisch, manchmal auf der Waschkommode im Schlafzimmer. All das hatte Michael herausbekommen, und Werkzeug fand sich im Nähkästchen mehr als genug. Dann, eines Tages, war die Gelegenheit günstig, die Eltern in Posen, die Uhr auf dem Schreibtisch.

Als die Kutsche mit Fridericus Bach und den Eltern hinter der Hecke verschwunden war, verschwand auch Mutters Uhr vom Schreibtisch.

Zum Mittagessen erschien Michael in euphorischer Stimmung. Seine Augen strahlten, seine Wangen glühten. Begeisterte Worte strömten über seine Lippen: »O Leute, ich hab' sie auseinandergenommen! Es war toll! So was Schönes wie 'ne Uhr innendrin, so was gibt's nicht mehr! Jetzt muß ich sie bloß wieder zusammensetzen. Pah, das hab' ich gleich gemacht! Das kann jeder, das ist ein Kinderspiel! Das könnt' sogar Brüderchen!«

Am Nachmittag erscholl Brüderchens Wehgeschrei. Er hämmerte mit beiden Fäusten an die Tür zum Bubenzimmer.

»Ich will rein!« schrie er. »Ich will rein! Er hat mich rausdeschmissen!«

Erst auf unser inständiges Bitten öffnete Michael die Tür. Sein Aussehen hatte sich seit dem Mittagessen in erschreckender Weise verändert. Die Haare standen gen Himmel, sein Gesicht war bleich, seine Augen flackerten. Die Uhr lag auf dem Tisch und sah gut aus, aber sie tickte nicht mehr.

»Ich kann machen, was ich will! Hundertmal hab' ich sie schon zusammengesetzt!« Michael stöhnte und stützte das Haupt in die Hände. »Raus ging es so einfach!«

»Komm«, flüsterte Beate, »komm, Michael, wir gehn zum Herrn Lehrer Stranzel.«

»Gute Idee!« Michael erhob sich eilig, raffte alles zusammen, was da noch auf dem Tisch lag, steckte es in die Hosentasche und trieb uns zur Tür. Auch Brüderchen schloß sich an.

»Wir gehen in die Schule!« riefen wir im Vorbeigehen in die Küche hinein.

»Was denn, jetzt am Nachmittag?« schrie Else zurück. »Das is ja janz neu!« Aber da waren wir schon aus dem Haus.

»Herr Lehrer Stranzel wird's schon machen!«, so sprachen wir Michael Mut zu, was ihn derart aufrichtete, daß er den Kopf hob, Brüderchen sah und ihn anbellte.

»Mach, daß du nach Hause kommst, Bolschewik!«

Dann aber kam wieder sein Elend über ihn, und er kümmerte sich nicht weiter um Brüderchen, der eilig zwischen uns Schwestern dahinstolperte. Wir gingen wie sonst durch Lehrer Stranzels unverschlossene Wohnungstür in die Werkstatt hinein. Dort saß er auch, aber nicht wie sonst über seinen Bauch gebeugt, nein, er lag weit zurückgelegt auf seinem Stuhl, den Mund offen, das Gesicht rot und verschwitzt. Er schnarchte und röhrte.

»Seid still«, flüsterte Beate. »Er macht sein Mittagsschläfchen. Gleich wird er aufwachen.«

Aber Lehrer Stranzel machte keine Anstalten aufzuwachen. Er schnalzte und rülpste und bemerkte uns nicht, obwohl Michael in seiner Not »Hallo, Herr Lehrer Stranzel!« rief, ihn erst vorsichtig am Arm zupfte und dann verzweifelt schüttelte.

»Aufwachen!« brüllte er ihm schließlich ins Ohr. Da fuhr Lehrer Stranzel hoch, starrte mit glasigen Augen um sich, kippte nach vorn und ließ den Kopf mit dumpfem Knall auf die Tischplatte fallen. Die Flasche mit Uhrenöl löste sich aus seiner Hand und kollerte auf den Boden. Zum Glück war sie leer.

»Ist er tot?« fragte ich, worauf Brüderchen zu brüllen anhob, denn nach seinen Erfahrungen mit Scheuners Huhn und seinem Kanarienvogel Bubu wollte er nichts mehr hören von tot sein und solchen Sachen.

»Dumme Pute« schnaubte Michael. »Er schnarcht doch! Wie soll er da tot sein!«

Aber wie es auch immer um ihn stand, ob er tot war oder krank, Mutters Uhr würde er nicht reparieren, das war Michael klar und Beate und mir auch. Brüderchen hatte überhaupt keinen Durchblick, saß auf dem Sofa und heulte. Also ließen wir Herrn Lehrer Stranzel in seinem Elend liegen und schlichen hinaus. Michael begleitete unseren Heimweg mit tiefen Seufzern und einem gelegentlichen Stöhnen.

»Du mußt es ihnen gleich sagen, wenn sie kommen«, riet Beate. »Es ist das beste, dann hat man's hinter sich!«

Ein guter Rat. Wir kehrten vor der Pfarrhaustreppe um und schlugen den Weg nach Opalenitza ein. Gleich am Zug wollten wir sie empfangen und beichten, was geschehen war. In Gegenwart von Krischan und seinen Pferden würden sie sich zu keinen unüberlegten Handlungen hinreißen lassen, so hofften wir, und bis nach Hause war Zeit genug, um auch die feurigste Zorneshitze abkühlen zu lassen.

So gingen wir an den Telegrafenmasten mit Großmamas tadelnder Stimme vorbei, das quengelnde Brüderchen im Schlepptau, über die Felder nach Opalenitza. Der Weg war so weit wie noch nie, denn wir hatten die Abkürzung gewählt. Die

Sonne verschwand hinter dem Wald. Brüderchen setzte sich mitten auf die Wiese und ließ seinen Tränen freien Lauf.

»Brüderchen kann nicht mehr!« schluchzte er. »Brüderchen will heim!«

Wir trugen ihn abwechselnd und kamen schließlich gebeugt von Schuld und Erschöpfung in Opalenitza an. Auf dem Bahnsteig stand eine Bank, und auf die setzten wir uns. Brüderchen schlief sofort ein, und auch wir lehnten uns müde aneinander, ließen die Füße von der Bank baumeln und warteten auf den Zug. Es wurde dunkel. Manchmal hatte der Zug Verspätung. Michael zog Mutters Uhr aus der Tasche und hielt sie an sein Ohr. Sie ging noch immer nicht. Ein Mann kam daher, die Laterne in der Hand. Er leuchtete uns ins Gesicht.

»Jäsus, Maria und Josef!« schrie er. Es war der Stationsvorsteher. »Was macht ihr denn hier?«

»Wir warten auf den Zug«, antwortete Michael.

»Mei bosche kochanje! Auf den Zuch! Der is schon durch, schon lange! Un der Pastor un die Pastorka sin ausjestiejen ... Los! Prentko! Kommt!«

Er scheuchte uns auf, nahm das schlafende Brüderchen auf den Arm und ging uns voraus in das Bahnwärterhaus. Dort legte er Brüderchen auf eine Bank, ging hinter den Schalter und sprach Polnisch und Deutsch und viel Unverständliches in sein Telefon. Nicht lange, da kam der Krischan mit seiner Kutsche angebraust. Mutter und Vater stürzten herein, küßten und umarmten uns und weinten Tränen des Glücks.

»Ich hab' die Uhr kaputtgemacht!« brüllte Michael in die allgemeine Seligkeit hinein.

»Welche Uhr?« fragte Mutter. »Meine? Ach, das macht doch nichts! Ihr lebt! Ihr lebt!«

Vater warf einen scharfen Blick auf seinen Ältesten. Aber auch er mußte erkennen, daß in diesem wunderbaren Augenblick eine hochnotpeinliche Befragung nicht am Platze gewesen wäre. Also schwieg er. Aber am nächsten Morgen gab es viel zu erzählen und zu beichten, und unsere schöne Schulzeit in Lehrer Stranzels Uhrmacherwerkstatt fand ein jähes Ende.

Wir mußten nun die polnische Dorfschule besuchen. Jeden Morgen, bevor der Unterricht anfing, verdrosch der Lehrer zwei polnische Jungen. Sie waren zwar wirklich frech, zogen die Mädchen an den Zöpfen und paßten überhaupt nicht auf, aber schrecklich war es doch. Etwas Gutes hatte diese morgendliche Strafaktion, die Laune des Lehrers besserte sich, und er wurde zusehends sanftmütiger. Dann fletschte er seine langen, gelben Zähne und zeigte uns, wie man sich die Zähne putzt. Wir konnten es schon von zu Hause, mußten aber trotzdem, wenn wir an die Reihe kamen, die Schulzahnbürste in den Mund stecken, hin und her bewegen und einen Schluck aus dem Schulwasserglas nehmen und gurgeln.

Wir saßen alle zusammen in einem Klassenzimmer, Polen und Deutsche, Kleine und Große. Ich war die Jüngste und stolz darauf, daß ich mit den beiden Großen in die Schule durfte und einen eigenen Ranzen hatte mit einer Schiefertafel und einem Schwamm. Für was diese Schule gut sein sollte, war mir nicht klar, aber ich sang mit Eifer die polnische Nationalhymne, malte i's auf meine Tafel, schaute die Bilder im Lesebuch an und hörte zu, wenn die anderen lasen, bis ich schließlich alles auswendig konnte. Das war die Einklassenschule in Kuschlin, und wäre nicht die morgendliche Prügelei gewesen, es hätte mir dort gut gefallen.

Bald nach unserer Vertreibung aus dem Uhrmacherparadies traf ich Herrn Lehrer Stranzel wieder. Er ging durch den Kirchgarten, ein Bündel Noten unter dem Arm, um Orgel zu üben. Ich freute mich, daß er noch lebte, machte einen Knicks und fragte: »Herr Lehrer Stranzel, bist du wieder gesund?«

Er schaute mich scharf an, dann sprach er: »Soviel wie bei dem Polacken, soviel hättet ihr bei mir auch gelernt!«

»Ja, Herr Lehrer Stranzel. Und Uhrenmachen kann er überhaupt nicht, aber Zähneputzen.«

»Zähneputzen! Lächerlich! Ruf Michael, er soll

Bälge treten!« Er schnaubte durch die Nase und verschwand in der Kirche.

»Der wird sich noch mal die Jurjel absaufen«, knurrte Else, als ich ihr von dem Gespräch berichtete. »Und wenn er ihn ›Polacke‹ schimpft, dann soll er nur aufpassen, daß er nichts uff die Neese kriegt!«

»Darf man nicht ›Polacke‹ sagen, Else?«

»Ne, das darf man nicht!«

»Aber der Antek ruft hinter mir her: ›Schwob! Schwob!‹, und dann streckt er die Zunge raus! Sooo weit!«

Ich zeigte es ihr, wie weit.

»Na, denn laß ihm doch das Vajnüjen! Streck deine och raus! Lang jenug isse ja!«

Künstler und Diakonisse

Jedes Jahr mit den ersten Herbststürmen wehte Herr Barowski ins Haus, einen großmächtigen Rucksack auf dem Rücken und ein abgenutztes Notenköfferchen in der Hand. Auf dem Kopf trug er eine Baskenmütze und auf der Nase eine Nikkelbrille. Mit kleinen, ängstlichen Schritten lief er die Treppe hinauf, küßte Mutter die Hand und verbeugte sich rundherum im Kreise vor all denen, die da möglicherweise im Halbdunkel der Diele standen.

Auch Vater verbeugte sich vor ihm.

»Wir freuen uns, daß Sie kommen, Barowski! Es ist eine große Ehre für uns!«

Herr Barowski bückte sich noch tiefer und lispelte, zischte und spuckte der Erde zu: »Gansch meinerscheits. Gansch meinerscheits.«

Die Eltern voran, so geleiteten wir ihn hinauf ins Gastzimmer I. Klasse. Er schoß hinein, kehrte noch einmal zurück und verbeugte sich, schloß die Tür und drehte den Schlüssel um. Dann wurde es still. Wir legten das Ohr an die Tür und schauten durchs Schlüsselloch, aber da war nichts zu hören und nichts zu sehen, so als habe er sich in Luft aufgelöst. Martha kam mit einem Kaffeetablett die Treppe herauf. Sie verscheuchte uns und stellte das

Tablett auf einen Hocker vor die Tür. Dann marschierte sie wieder treppab und trieb uns Kinder vor sich her. »Geht spielen! Hier habter nuscht nich zum Suchen!«

Als wir ihr entwischen konnten und wieder nach oben schlichen, war das Tablett verschwunden.

Vater kannte Herrn Barowski schon seit vielen Jahren. Auch in seinem Elternhaus pflegte er alljährlich zu erscheinen und ein Konzert zu geben. Er war Wanderpianist und Bach-Interpret.

Während er im Gastzimmer in Winterstarre verfiel, befanden sich alle anderen Hausbewohner in hektischer Betriebsamkeit.

Mutter Wiesche kam und Herr Scheuner mit seinem Sohn Pauli. Das Eßzimmer wurde leergeräumt, der große Tisch zusammengeschoben und weggetragen, nur das Klavier blieb stehen. Dann schleppten wir sämtliche Stühle aus dem ganzen Haus herbei und stellten sie im Halbkreis um das Klavier. Die Flügeltüren zu Mutters Zimmer wurden ausgehängt und auch dort noch Sitzmöglichkeiten geschaffen.

Else und Martha fuhrwerkten in der Küche herum und bereiteten Erfrischungen vor und Platten mit belegten Broten. Ich übte mich in der hohen Kunst, jedermann im Weg zu stehen, bis Else mich anschnauzte: »Jeh zur Bresseln!«

Aber was sollte ich bei Frau Bressel? Es gab keine Probleme, und nichts war zu besprechen.

Am Abend strömten die Gäste herbei und füllten das Haus, alle von den Eltern freundlich begrüßt.

Es war ein gesellschaftliches Ereignis, und wer geladen war, der kam, egal, ob er Musik schätzte oder nicht, ob er Johann Sebastian Bach kannte oder ihn für Fridericus Bachs Vetter hielt.

Die Kenner priesen Herrn Barowski und seine hohe Kunst als Pianist und Bach-Interpret. Die anderen kamen, um zu sehen und gesehen zu werden. Wenn alle saßen und zur Ruhe gekommen waren, ging Vater nach oben und kehrte zurück mit Herrn Barowski. Der lief hinter ihm her, im Schwalbenschwanz, tiefgebückt und ohne nach rechts oder links zu schauen. Vorne angelangt und an das Klavier gelehnt, brach er mit seinen Erklärungen über uns herein, interpretierte die Präludien und Fugen aus dem »Wohldemberierten Glavier«, zischte und spuckte und verbeugte sich viele Male. Er machte es wie unser Kasperle aus dem Puppentheater, wenn Tante Meta uns etwas vorspielte. Nur daß man bei Tante Meta lachen durfte und hier nicht. Mochte ich auch an alles Traurige in der Welt denken, an Großmama und den unlängst verstorbenen Kanarienvogel, nach einer Weile konnte ich mich nicht mehr beherrschen, ich prustete, ich quietschte, und neben mir kämpften Michael und Beate denselben aussichtslosen Kampf gegen das Lachen. Nur Brüderchen saß mit ernsthaftem Gesicht und gefalteten Händen.

Wenn Erwachsene sprechen, müssen Kinder schweigen! Diesen Kernspruch aus Mutters Aussteuersack beherzigte er und kam dadurch in den Genuß jeder Abendveranstaltung und Geselligkeit. »Dieses Kind ist so lieb und aufgeschlossen, es stört keinen Menschen!«, so hieß es dann. »Brüderchen darf heute abend dabeibleiben!«

So saß er denn mit baumelnden Beinchen, aber sonst wie ein kleiner Erwachsener und musterte uns, die wir lachten, mit betrübtem Gesicht. Er zog sogar seufzend die Luft durch die Nase, wie die Erwachsenen es taten, und schaute zu Mutter hinüber, ob sie es auch hoffentlich sähe, wie die älteren Geschwister sich wieder einmal danebenbenahmen.

Oh, wie schämte ich mich und wäre auch gerne so brav dagesessen, aber es wollte mir nicht gelingen. Schließlich griff ich wieder zu meiner Geheimwaffe und betete inbrünstig: ›Breit aus die Flügel beide‹, und der liebe Gott möge doch machen, daß Herr Barowski zu spielen anfange. Tat er das nämlich, dann war es vorbei mit der wilden Lachlust, dann verwandelte er sich in einen anderen Menschen. Er brachte das Klavier zum Klingen wie sonst kein anderer Mensch auf der Welt, nicht einmal Mutterle. Er schlug uns in seinen

Bann, so daß wir noch lange regungslos saßen, wenn er schon aufgehört hatte.

Sobald wir zu klatschen anfingen, weil es so schön gewesen war und weil wir uns auf die belegten Brote freuten und auf all das, floh er hinauf in sein Zimmer und ließ sich nicht mehr blicken.

Ich hatte mit Herrn Barowski meine ganz persönliche Geschichte. Am Vormittag nach dem Konzert pflegte er zu üben, und es war streng verboten, ihn zu stören. Er schlich leise aus seinem Zimmer, die Treppen hinunter ins Eßzimmer. Dort spielte er Tonleitern, rauf und runter, immer schneller, endlos. Wir Kinder lachten zwar über ihn, aber wir fürchteten ihn auch. Er war seltsam und anders als alle Leute, die wir kannten. Nun inszenierte Michael wieder eine seiner geliebten Mutproben: Wir sollten uns alle drei im Eßzimmer hinter den langen Gardinen verstecken, und wer es am längsten dort aushielt, sollte »der größte Held aller Zeiten« sein. Mich gelüstete es nicht danach, »der größte Held aller Zeiten« zu sein. Daß ich keiner war, wußte die ganze Familie. Ich war höchstens der »größte Angsthase aller Zeiten«, aber ich saß hinter meiner Gardine, träumte und verpaßte den rechten Augenblick. Auf einmal sausten Michael und Beate davon, zur Tür hinaus und fort.

Ehe ich überhaupt begriffen hatte, was passiert war, öffnete sich die Tür einen Spaltbreit, und herein schlüpfte Herr Barowski. Er schloß die Tür und drehte den Schlüssel um. Ich war gefangen. Einen Schlüssel konnte ich nicht umdrehen. Ich hatte es schon oft versucht, aber ich brachte es nicht fertig. Also mußte ich hinter der Gardine bleiben, bis Herr Barowski aufhörte. Er spielte und spielte. Zu allem Unglück überfiel mich das dringende Bedürfnis, auf ein gewisses Örtchen zu verschwinden, ich konnte es kaum mehr aushalten. Ein schreckliches Unglück stand bevor, eine furchtbare Blamage!

Herr Barowski spielte so laut, daß ich ohne Hemmungen weinen konnte. Doch kaum war der erste Schluchzer aus meiner Kehle gedrungen, zaghaft, aber aus tiefster Not heraus, da brach das Klavierspiel ab. Herr Barowski stand auf und ging, ohne einen Augenblick zu zögern, auf mein Versteck zu. Er hob die Gardine hoch, und da saß ich auf dem Boden und starrte angstvoll zu ihm empor. Jetzt verzaubert er mich, dachte ich, Tante Blaf hat gesagt, er ist ein großer Zauberer. Er aber hockte sich zu mir herunter.

»Ja, was ist denn, kleines Mädchen?« fragte er und lispelte nicht und zischte nicht und lächelte freundlich.

»Ich muß ... ich soll ... ich hab' solchen Hunger!« stotterte ich.

»Ach, du mein armes Kind. Hunger hast du. Komm nur!«

Er nahm mich bei der Hand, zog mich hoch und hinter sich her, schloß die Tür auf und lief mit mir die vier Stufen in den Garten hinunter.

»Spring nur«, sagte er. »Ich suche dir einen Apfel.«

Ich raste davon, so schnell wie der Wind, und kam gerade noch zur rechten Zeit ins stille Örtchen. Als ich erleichtert und zufrieden zwischen den Rabatten zurückwandelte, kam er mir entgegen, einen Apfel in der Hand.

»Den habe ich gefunden. Dort unter dem Baum. Iß nur, Kind.«

Er gab mir den Apfel, und ich biß hinein. Wir gingen zusammen ins Haus. Er lächelte mir noch einmal zu und verschwand im Eßzimmer. Kurz darauf spielte er wieder Tonleitern. Seitdem mußte ich nie mehr über ihn lachen.

Michael gesellte sich zu mir.

»Gut, du bist ›der größte Held aller Zeiten‹«, knurrte er. »Aber nur für einen Tag. Merk es dir. Ich weiß wirklich nicht, wie du das angestellt hast.«

Besonders schwierig erwies es sich für meine Eltern, Herrn Barowski ein Honorar zu zahlen. Er nahm einfach kein Geld, obwohl er es dringend brauchte. Sein Schwalbenschwanz glänzte grün vor Alter. Seine Schuhe beulten, sein Hemdkragen war zerstoßen. Die Eltern überlegten jedesmal, wie sie ihn überlisten könnten. Sie legten ihm das Geld in die Noten. Sie steckten es verstohlen in seine Manteltaschen und stopften es in einem unbewachten Augenblick in seinen Rucksack. Nicht selten fanden sie das Geld nachher wieder, im Briefkasten oder auf dem Garderobenschränkchen.

Nach der Flucht, als alle unsere Freunde verstreut lebten und keiner wußte, wo der andere war, tauchte eines Tages Herr Barowski in Boxberg auf. Er hatte den großmächtigen Rucksack auf dem Rücken und das abgenutzte Notenköfferchen in der Hand. Sein Haar war schlohweiß geworden. Wir wohnten damals alle zusammen in einem Zimmer, hatten kein Geld und wenig zu essen, aber wir lebten und waren noch einmal davongekommen. Herr Barowski gab ein Konzert im Saal des »Goldenen Löwen« auf dem abgedroschenen Wirtshausklavier. Es war das schönste Konzert, das ich je erlebt habe. Als er Abschied genommen hatte und Mutter am nächsten Abend ihren Nähkorb vorholte, fand sie in der Nadelbüchse, viele Male zusammengefaltet, hundert Mark, viel Geld für damals.

Von Schwester Dorothee muß ich noch erzählen. Sie war Vandsburger Diakonisse. Ihren Kopf schmückte die feingerüschte Vandsburger Spitzenhaube. Unter dem Kinn saß wie ein Propeller die große, gestärkte Schleife. Auch Schwester Dorothee trug wie Großmama eine weiße Schürze. Aber ach, wie verschiedenartig fühlten sich diese beiden Schürzen an! Großmamas Schürze raschelte böse, und kein Mensch wäre auf die Idee gekommen, mit ungewaschenen Fingern an ihre blendende Weiße zu tippen. In Schwester Dorothees Schürze konnte man seinen Kopf legen, man durfte hineinweinen und sogar die Finger daran abwischen. Schwester Dorothee war unsere Krankenschwester und der gute Engel des Dorfes. Mutter schreibt am 4. Februar 1933:

... Eben ist unsere Gemeindeschwester wieder gegangen. Wir sind für diese Schwester sehr dankbar. Sie behauptet, sie könne es nicht aushalten, wenn sie nicht mindestens einmal am Tag bei uns hereingesehen hätte – auch in die Kinderstube, wo jedesmal Jubel herrscht, wenn die »Dodo« sich blicken läßt. Sie ist ein feiner, kluger Mensch, und auf eine unaufdringliche Weise fromm. Sogar in den »Schlössern« mag man sie. Ich bin extra mit ihr dorthin gefahren, um sie vorzustellen. Bei der Rückfahrt in Tante Blafs vornehmer Kutsche war sie ganz erleichtert und hat mir viel aus ihrem Leben erzählt. Ich war erschüttert und auch ein bißchen entsetzt...

Schwester Dorothee ging von Haus zu Haus und versorgte die Kranken. Manchmal durften Beate und ich sie begleiten. Trat sie in eine Krankenstube, dann riß sie nach freundlichem Gruß das Fenster auf, so laut die Gesunden auch protestierten und die Kranken jammerten und unter die Decke krochen. Schwester Dorothee tat, als höre sie nichts.

»Tief einatmen, Mutter Kienlen!« rief sie. »Das ist die beste Arznei! Gottes gute Luft!«

»Ich hol' mer'n Dod!« japste Mutter Kienlen und hätte sicher mit den Zähnen geklappert, wenn ihr noch welche geblieben wären.

Sie zog sich die Decke über den Kopf und wollte es durchaus nicht leiden, daß Schwester Dorothee mit einem nassen Waschlappen an ihren knochigen Leib herankam. Dodo aber erzählte eine lustige Geschichte nach der anderen, rieb dabei Mutter Kienlens Rücken mit Franzbranntwein ein und tat, was nötig war. Dann setzte sie sich auf den Bettrand, las den 23. Psalm vor und sagte: »Jetzt wollen wir beten!«

Das war dann freilich ein kürzeres Gebet, als wir es von Onkel Heriberts frommen Ausschweifungen gewohnt waren. Es handelte nur von Gott und Mutter Kienlen, daß er ihr eine gute Nacht schenken möge und die Schmerzen wegnähme, wenigstens für zwei Stunden, und daß er, wenn möglich, doch morgen die Ilse schicke, damit sie ihre kranke Mutter wieder einmal besuche, sie wäre jetzt schon zehn Tage nicht da gewesen...

»Elf!« verbesserte Mutter Kienlen.

»Du hast es gehört, lieber Gott!« betete Schwester Dorothee weiter. »Elf Tage! Jetzt wird es aber Zeit.«

»Ja, Herr! Amen! Amen!« pflichtete Mutter Kienlen bei, und weil ich den Eindruck hatte, daß in dieser Sache wirklich etwas geschehen müsse, flüsterte ich hinterher: »Ja, tu's doch.«

Beate, immer höflich, auch im Umgang mit höheren Mächten, fügte hinzu: »Wenn du bitte so freundlich wärest!«

So sehr wir die Dodo liebten, etwas Befremdliches hatte sie an sich. Sie war bekehrt. Das sagte sie so hin: »Ich bin bekehrt!«, als ob es ganz selbstverständlich wäre. Es klang wie bei Mutter, wenn sie sagte: »Mir geht's gut, ich bin zufrieden!«

Oder wie bei Tante Meta, wenn sie sich gewaschen hatte und rief: »Herrlich! Ich bin sauber!«

Schwester Dorothee wußte ganz genau, wann es geschehen war, nämlich am Sonnabend, dem 25. Oktober 1910.

Als Beate und ich uns wieder einmal bei ihr stritten, denn zu Hause war es nicht erlaubt, drängte sie sich zwischen uns und sagte: »Kommt, Kinderchen, setzt euch! Wer wird denn streiten? Ich will euch etwas ganz Wunderbares erzählen.

Das war vier Tage vor meinem achtzehnten Geburtstag. Da wollte ich mich verloben. Alles war vorbereitet ... Aber der Herr hatte es anders mit mir vor. Da, nehmt euch von den Zimtsternen!«

Sie holte eine große Büchse herbei. Darin lag das Weihnachtsgebäck vom vergangenen Jahr. Schwester Dorothee brauchte nicht selber zu bakken. Sie wurde im Dorf mit Freundlichkeit und Geschenken überschüttet. An Weihnachten bekam sie Gebäck, an Ostern Eier, im Sommer Gemüse und Salat. Auch wir im Pfarrhaus wurden reich beschenkt. Ich hörte einmal, wie Mutter zu Tante Meta sagte: »Eier sind mir weitaus am liebsten. Sie haben eine so schöne Schale!«

Tante Meta lachte, und dann kam das schlimme Wort, das ich noch nie gehört hatte: »Bist du immer noch so etepetete?«

Ich war ganz entsetzt darüber, daß sie solch ein Wort in den Mund nahm und daß Mutter auch noch darüber lachte, aber Frau Bressel sagte, es klänge nur so und wäre sicher nicht böse gemeint.

Schwester Dorothees Büchse mit Weihnachtsgebäck war noch halbvoll. Wir durften in Ruhe darin wühlen und die Zimtsterne heraussuchen, die jetzt im Sommer besonders gut schmeckten. Während wir zufrieden nagten und lutschten, erzählte sie uns von ihrer Bekehrung. Wie da auf der Gemeindewiese vor dem Dorf ein großes Zelt aufgebaut wurde, nein, keines vom Zirkus mit

Clowns und Tieren! Eines von der Zeltmission! Abends strömte alles, was laufen konnte, in dieses Zelt und hörte zu, wie der Missionar predigte und der Posaunenchor spielte. Dorothee war natürlich auch dabei mit ihren beiden Freundinnen Anne und Frieda. Am ersten Abend bekehrte sich die Anne, am zweiten die Frieda, und beide strahlten und riefen: »Jetzt gehören wir dem Heiland!«

»Ich gehör' dem Erwin«, meinte die Dorothee und lachte.

Aber am letzten Tag der Zeltmission, am 25. Oktober, da hat es sie doch noch erwischt, und sie hat sich bekehrt. Jetzt wollte sie nicht mehr heiraten, sondern nur noch Diakonisse werden, und sie ist nach Vandsburg gefahren und eine geworden.

Soweit erzählte die Dodo. Dann schaute sie auf die Uhr, rief: »Schon zehn auf sieben! Was wird das Muttchen sagen!« und schob uns zur Tür hinaus.

»Sie hat's nicht leicht gehabt«, erzählte Mutter, als wir sie mit Fragen bestürmten. »Die Eltern wehrten sich und wollten verhindern, daß ihre lustige Dorothee Diakonisse wird. Sie sollte heiraten und den Hof übernehmen. Aber sie ließ sich nicht umstimmen. Schließlich hat sie ihre Eltern überzeugt.«

»Ja, und der Erwin?«

»Ach, das ist eine traurige Geschichte. Er ist in Frankreich gefallen.«

Jeden Donnerstag kam Schwester Dorothee zu uns zum Mittagessen. Wir freuten uns auf diesen Tag, denn da ging es bei Tisch lustig zu. Die mütterlichen Verhaltensregeln: »Sitzt grade! Ellenbogen vom Tisch! Schmatzt nicht!« hielten sich in Grenzen. Schwester Dorothee versprühte gute Laune um sich wie andere Leute Kölnisch Wasser.

Einmal in der Adventszeit passierte es denn, daß sie mit Onkel Heribert bei Tisch zusammentraf, fröhlich wie eh und je. Jedesmal, wenn sie lachte, räusperte sich der Onkel und knackte mit den Fingern. Schließlich konnte er es nicht mehr aushalten und mußte seine Mißbilligung in Worte fassen. Er sprach laut über den ganzen Tisch hinweg zu Schwester Dorothee hinüber: »Es ist mir wahrhaftig unverständlich, wie ein gläubiger Christ in der Adventszeit so lachen kann!«

Schwester Dorothee antwortete wie aus der Pistole geschossen: »Und mir ist es wahrhaftig unverständlich, wie ein Christ in der Adventszeit so griesgrämig dreinschauen kann. Ist es denn kein Grund zur Freude, daß Jesus geboren ist?«

»Doch!« rief Onkel Heribert. »Es ist ein Grund zur Freude! Aber man braucht deswegen nicht dauernd zu lachen!«

Mutter warf sich dazwischen und sprach das

rettende Wort: »Ach, ihr Lieben, ist es nicht beglückend, daß es in Gottes Welt solche Vielfalt gibt? Der eine lacht, wenn er froh ist, und der andere weint! Nicht wahr, Schwester Dorothee? Empfindest du das auch so, Heribert?«

»Nun ja«, brummte der Onkel grämlich. Dann aber fand seine Stimme zum gewohnten Pathos zurück.

»Gott braucht ernsthafte Nachfolger!« stieß er hervor.

»Und fröhliche auch«, ergänzte Schwester Dorothee.

Zu unser aller Erstaunen nahm es der Onkel schweigend hin.

Die heimtückische Rosenranke
und Bad bei Kerzenschimmer

Fragt mich jemand, welcher Tag mir lieber ist, der arbeitsreiche Sonnabend oder der festliche Sonntag, dann antworte ich, ohne zu zögern: »Der Sonnabend!«

Die Sonnabende meiner Kindheit waren angefüllt mit Vorbereitungen für den Sonntag und mit einer ungeheuren Erwartung und Vorfreude. Zwar hing die Predigt wie ein dräuendes Schwert über Haus und Familie, aber so war es seit eh und je gewesen und gehörte mit zum prickelnden Sonnabendgefühl. Man flüsterte, man schlich auf Zehenspitzen am Studierzimmer vorbei, denn dort saß er ja, der arme Vater, und brütete und mußte morgen früh fertig sein. Ab und zu, bei schönem Wetter, entfloh er seinem Gehäuse und wandelte mit nach innen gewendetem Blick über die Gartenwege, uneingedenk der Tatsache, daß Mutter Wiesche sie bereits für den Sonntag geharkt hatte. Ohne zu murren, sah sie an, wie ihr Werk zerstört wurde, und als er wieder im Haus verschwunden war, machte sie sich erneut an die Arbeit. Uns Kindern wäre es schlecht ergangen, hätten wir ähnliches gewagt, aber bei dem Herrn Pastor, da war es etwas anderes, ging er doch in heiligen Gedanken. Mutter wanderte mit einem flachen Korb zwischen den Rabatten hin und her und schnitt Blumen. Wir durften sie in die Kirche begleiten und zuschauen, wie sie den Altar schmückte. Küster Scheuner steckte die Lieder auf und verabreichte seinem Sohn Pauli eine Ohrfeige, wenn der gar zu wild mit seinem Freund Michael über die Bänke turnte. An den Pfarrerssohn, der es, weiß Gott, auch verdient hätte, traute sich Herr Scheuner nicht heran. Dafür bekam der Pauli ein besonders deftiges Kaliber und floh heulend aus der Kirche.

Mutter verwandte besonders viel Liebe und Sorgfalt auf den Altarschmuck. Zwei Vasen rechts und links genügten ihr nicht. Sie umwand auch noch das Kreuz mit Weinlaub, Efeuranken und Heckenrosen von der stark duftenden und stechenden Sorte. Das gab dann ein schönes Bild, und die Gemeinde wußte es zu würdigen. Bis die peinliche Geschichte passierte, von der man im Kirchspiel noch lange sprach und darüber lachte, was Mutter besonders kränkte.

Der Ärger begann mit der Eingangsliturgie. Vater drehte sich zum Altar und wollte die große Bibel aufnehmen, um der Gemeinde daraus vorzulesen. Aber sein wehender Talarärmel verfing sich in einer Heckenrosenranke, die kunstvoll um das Kreuz geschlungen war, und hakte sich dort fest. Als er sich zur Gemeinde drehen wollte, da konnte er's nicht, denn die Ranke hielt ihn zurück. Er legte die Bibel nieder, um die Hände frei zu bekommen, zog die lästige Rose vom Kreuz herunter und meinte, nun sei er sie los. Aber als er sich der Gemeinde zuwandte, da hing sie noch immer an seinem Talarärmel und reichte bis zum Boden herunter.

Er ließ sie hängen und las die sonntägliche Epistel. Es sah schön und ergreifend aus, die zartrosa Blüten vor dem schwarzen Talar, aber Mutter verhüllte ihr Gesicht und wollte nicht hinschauen. Die Konfirmanden in der ersten Reihe stießen sich an und kicherten. Die Lesung war vorbei, die Gemeinde setzte sich und hätte nun im Gesangbuch blättern sollen, um das Hauptlied aufzuschlagen. Aber sie blätterte nicht, sie schaute neugierig nach vorn und war gespannt, was sich weiter begeben würde.

Vater legte die Bibel sorgsam auf ihren Platz vor dem Altarkreuz nieder, packte die Ranke und riß sie mit scharfem Ritsch-Ratsch aus seinem Ärmel. Die Gemeinde hörte es mit freudigem Erschrekken. Arme Frau Paster, da gab es ja wohl einiges zu flicken, und wenn man seinen Augen trauen durfte und der Rückansicht des Herrn Pasters, so war er eben dabei, einen Finger abzulecken. Offenbar floß Blut. Nun ließ er die Ranke achtlos zu Boden fallen und begab sich auf den Weg zur Kanzel. Er schritt mit Würde, so wie er es immer tat, nicht zu langsam und nicht zu schnell. An seinem Talar hing, gleich einer Schleppe, zart und nur leicht demoliert, die Rosenranke und schlängelte sich hinter ihm die Kanzeltreppe hinauf. Wir in der Pfarrbank saßen erstarrt. Else beugte sich zu Mutter hinüber.

»Frau Paster, was meen' Se, soll ick ...«

Mutter winkte ab, bloß keine Aufregung vor der Predigt, keine erneute Peinlichkeit! Das Lied war gesungen, die Predigt begann. Doch mit der Sammlung der Gemeinde war es schlecht bestellt. Man sehnte das »Amen« herbei. Aber Vater war an diesem Sonntag besonders gut in Schwung. Er setzte zwar mehrfach zur Landung an, startete dann aber wieder durch und erhob sich zu stolzen Höhen. Ein Verfahren, bestens dazu geeignet, die Gemeinde wachzuhalten. In diesem Falle wäre das nicht nötig gewesen. Man war so wach wie selten. In der Konfirmandenbank wurden bereits Wetten abgeschlossen, ob der Paster mit oder ohne Schleppe erscheinen werde. Endlich sprach er das Amen. Die Orgel brauste auf, und bei ihren Klängen schritt er die Treppe hinunter, zufriedenen Gesichtes, denn diese Predigt war ihm gelungen, bog um die Ecke und schlug den Weg zum Altar ein. Hinter ihm her kroch die Rosenranke. Mutter stöhnte, ich auch, denn ich hatte fest mit einem Wunder gerechnet. Die ganze Predigt hindurch hatte ich Stoßgebete gen Himmel gesandt, und nun kam er, und alles war beim alten. Kein Engel hatte eingegriffen und die Ranke weggezaubert! Wahrhaftig, der Teufel hätte den Sieg davongetragen, wäre da nicht Herr Scheuner gewesen, ein Küster ohne Furcht und Tadel und einer, der das Gebot der Stunde erkannte. Ernst und würdig auch er, so trat er auf den Plan und machte einen ungeschickten Tapser nach vorn. Doch der erste Versuch mißlang. Er verfehlte die Ranke. Aber er ließ sich nicht entmutigen, wagte einen zweiten Sprung und trat der Schlange auf den Schwanz. Nun half alles nichts mehr, sie mußte sich verlorengeben und den Talar loslassen. Es gab einen Ruck, worauf Vater sich umschaute, denn es war ihm so gewesen, als hätte ihn jemand gezupft.

»Ja, was ist denn?« flüsterte er mit leichtem Unmut.

Herr Scheuner deutete auf die Ranke am Boden. Ein Dorn hatte sich in seine Schuhsohle gekrallt, so daß die Rose jetzt fest an seinem Fuße hing. Vater schüttelte den Kopf. Er verstand nicht, was hier vorging und zu welcher Rettungsaktion sein treuer Küster geschritten war. Noch immer kopfschüttelnd stieg er die Stufe zum Altar hinauf. Herr Scheuner schleppte, leicht behindert, aber würdig, das Corpus delicti an seinem Schuh zur Sakristeitür hinaus.

Das Vaterunser war gesprochen, der Segen ausgeteilt. Die Gemeinde erhob sich, um nach Hause zu gehen. Nur wir in der Pfarrbank saßen noch und sammelten Kräfte. Die Konfirmanden kamen vorbei, lachend und feixend. Da hielt es unsere zornmütige Else nicht länger auf ihrem Platz. Sie sprang auf und schlug dem frechsten Burschen ihr Gesangbuch um die Ohren, daß es nur so klatschte.

»Na warte, ick wer dir lehren in der Kirche zu lachen!«

Sie hätte noch einiges auf dem Herzen gehabt und wäre es gerne losgeworden, wenn Mutter sie nicht am Arm gefaßt und mit sanfter Stimme gemahnt hätte: »Aber Else, vergiß nicht, wo wir sind!«

Da ließ sie das Gesangbuch sinken und warf nur noch mit Blicken um sich. Den Konfirmanden aber war das Lachen vergangen. Sie drängten aus der Kirche und stoben davon. Mit Pasters Else war nicht zu spaßen! Mutter indes zauberte ein Lächeln auf ihr Gesicht und schritt durch den Mittelgang hinaus ins helle Tageslicht. Dort stand die piekfeine Frau Oblinka, legte den Arm um sie und sprach: »Ein selten amüsanter Gottesdienst, liebe Pastorin. Nur weiter so, dann will ich öfters kommen und meinen Karl-Otto mitbringen und ordentlich was spenden!«

Ich blieb in der Kirche, schamrot im Gesicht, und traute mich nicht nach draußen. Da verdunkelte sich der Eingang. Frau Bressel wogte herein, kniff die Augen zu und sah mich zwischen den Bänken hocken.

»Willste 'nen Mohrenkuß?«

Ja, natürlich wollte ich einen, aber es gab eine unausgesprochene Abmachung zwischen uns, daß es am Sonntag nichts war mit Trost und Mohrenküssen, denn da blieb der Laden geschlossen, und Frau Bressel kutschierte ihren zwitschernden Mann nach Wonsowo ins Nachbardorf zu den Kindern. Heute aber nahm sie meine Hand, zog mich durch all die Leute zum Laden hin, schloß auf und gab mir einen Mohrenkuß.

»Wirklich, Kindchen, dein Vater hat das jut jemacht heute.«

»Ja, meinst du, Frau Bressel?«

»Na, das is mal sicher! Da kannste stolz auf ihm sein.«

»Aber die Konfirmanden ham gelacht!«

»Na wenn schon! Laß ihnen doch lachen. Dumme Jungs!«

»Und die Frau Oblinka auch hinter ihrem Taschentuch.«

»Am Lachen erkennt man den Narren.«

»Aber warum hat er denn die Rose nicht weggemacht? Warum hat er sie so hinter sich hergezogen?«

Jetzt saß mir doch das Schluchzen in der Kehle. Ich schämte mich für meinen Vater und daß sie über ihn gelacht hatten.

»Weil er sie nich bemerkt hat! Weil er an janz was andres hat jedacht.«

»An was denn, Frau Bressel?«

»Nu ieberleg mal, Kindchen. An was wird er jedacht habn?«

»Vielleicht an die Predigt...«

»Ja, an die auch. Aber ich saje dir, vor allem wird er jedacht habn an den Himmel und den Herrjott und alles, was oben is, da kann er nich sehn, was unten an seinem Talar hängt. Vastehste?«

»Ja, aber der liebe Gott hätt' ihm doch helfen können!«

»Was hätt' er denn sollen helfen, Kindchen? Es war doch alles jut so!«

»Ja, meinst du, daß es gut war?«

»Besser hätt's nich können sein!«

Ich bekam noch einen Mohrenkuß und fühlte mich getröstet wie immer. Seit diesem Vorfall verwendete Mutter keine Heckenrosen mehr für ihre kunstvollen Altardekorationen.

Wenn am Samstag der Altar geschmückt und von uns gebührend bewundert war, wurde auch das Pfarrhaus mit frischen Blumen versorgt. In der Küche standen Else und Martha hochrot am Herd, buken und brieten, schälten Kartoffeln und schlugen Sahne, damit der Sonntag festlich werde. Am Sonnabend gab es Bohnensuppe, von Else meisterhaft zubereitet aus grünen Bohnen, Fleisch und Kartoffeln, gewürzt mit Bohnenkraut und der Vorfreude auf den Sonntag. Ich habe später versucht, diese Bohnensuppe auch im eigenen Pfarrhaushalt einzuführen. Aber sie schmeckte nicht so wie früher. Irgend etwas fehlte. Auch hielt sich die Begeisterung meines Mannes in Grenzen.

»Eintopf«, sprach er mit Geringschätzung. »Pah!«

»Bei Hollands gibt's am Samstag immer Pommes frites«, vermeldete Andreas und stocherte mißmutig in seinen Bohnen.

»Und Ketchup«, ergänzte Mathias. »Damit hat man überhaupt keine Arbeit!«

In Kuschlin gab es am Sonnabend Arbeit genug. Auch wir Kinder hatten unsere Pflichten. Ich schleppte meine Puppen aus dem Haus, wusch und kämmte sie unter Seufzen und zog ihnen frische Wäsche an, genauso, wie das bei uns praktiziert wurde.

Ach, die schrecklichen Sonntagsstrümpfe, die so unerträglich juckten, wenn sie noch frisch waren! Wie oft habe ich versucht, heimlich, still und leise, meine alten aus dem Wäschepuff zu angeln. Irgend jemand erwischte mich immer, sagte: »Du Ferkel!« zu mir und: »Schäm dich!«

Schwester Beate, zwei Jahre älter als ich und viel geschickter, war auch in diesem Punkt erfolgreicher. Außerdem durfte sie beim Blumenstecken in der Gartenlaube helfen. Zornig stieß ich meine Puppen hin und her und schimpfte, genau wie Else: »Nuscht als Arbeit mit euch!«

Das Brüderchen stapfte durch den Garten und strahlte beglückt, wenn er jemandem zwischen die Füße geriet. Michael und Freund Pauli versteckten sich hinter den Haselnußsträuchern, um nicht gesehen und zur Arbeit angehalten zu werden. Sie entgingen ihrem Schicksal jedoch nur selten. Herr Lehrer Stranzel kam und kannte seine Pappenheimer. In der einen Hand hielt er die Noten, in der anderen den Spazierstock. Mit diesem stocherte er zwischen den Büschen herum, bis er die beiden aufgespürt hatte. Dann mußten sie zu ihrem Leidwesen und trotz ihrer Klagen mit in die Kirche hinein und Bälge treten. Ein hartes Geschäft, denn Herr Lehrer Stranzel spielte nicht schön, aber laut und brauchte demzufolge viel Luft. So schufteten sie, Pauli auf dem einen Pedal, Michael auf dem anderen, daß ihnen der Schweiß von der Stirn rann.

»Ist es nicht erhebend, Kinder?« fragte Mutter, sobald die Orgelklänge gewaltig über den Kirchplatz zu uns in den Garten brausten. Ja, wir fanden das auch, besonders weil Bruder Michael auf diese Weise beschäftigt war und uns nicht ärgern konnte.

Mutter spielte auch Orgel, sogar besser als Herr Lehrer Stranzel, aber sie war klug genug, ihn nichts davon merken zu lassen, so daß er sie im Wohlgefühl seiner einsamen Größe weiterhin liebte und verehrte. Sie sprach sich sogar lobend über seine Stücke aus. »Also, Herr Stranzel, das Vorspiel vom letzten Sonntag hat mir wieder besonders gut gefallen. Wo bekommen Sie nur immer diese guten Stücke her?«

»Man hat so seine Quellen, Frau Pastor. Es hat Ihnen also gefallen?«

»Ja, wirklich, ein wunderschönes Stück. Ich bin schon gespannt auf morgen, was Sie da wieder ausgesucht haben.«

Er kniff schalkhaft ein Auge zu.

»Lassen Sie sich überraschen! Ich glaube, ich glaube, es ist nach Ihrem Geschmack.«

Wir standen dabei und wunderten uns, denn »ein anständiger Mensch lügt nicht«, und Herrn Lehrer Stranzels Orgelspiel war alles andere als lobenswert.

»Ihr müßt nicht denken, daß ich lüge!« sagte sie später zu uns. »Ein anständiger Mensch lügt nicht! Das wißt ihr ja. Aber etwas Gutes kann man immer finden, und die Stücke sind wirklich nicht schlecht. Wie er sie spielt, darüber habe ich kein Wort gesagt. Stimmt das?«

Ja, es stimmte. Wir mußten es zugeben und bewunderten Mutters Klugheit. Es stimmte auch, wenn sie zu Herrn Lehrer Stranzel sagte: »Die Orgel hat einen herrlichen Klang.«

Er buchte es natürlich gleich auf das Konto seiner Spielkunst und zog am nächsten Sonnabend noch mehr Register, ja, er arbeitete mit vollem

Werk, damit sie es ja hören und sich daran erfreuen könne. Nach solchen Vorführungen wankte Michael ganz gebrochen aus der Kirche, warf sich zwischen die Spargelbeete und wollte keinen Menschen mehr sehen, geschweige denn ärgern.

In Mutters Briefen lese ich, daß es in Kuschlin einen richtigen, wohlbestallten Orgeltreter namens Paul Korl gegeben hat. Er trat die Pedale während der Gottesdienste. Die beiden Buben wurden nur eingesetzt, wenn Herr Lehrer Stranzel üben wollte und keine gleichmäßige Luftzufuhr brauchte.

Mutter schreibt an die »madre«:

Kuschlin, am 18. Mai 1933
... Am Sonntag machten wir wieder Besuche, auch bei Herrn Korl, unserem Orgeltreter. Ich sagte ihm morgens, daß wir kommen wollten. Resultat: Blendend saubere Stube, weiße Tischdecke ... Ganz verstohlen sah ich mich nach der aufgeschlagenen Bibel um. Richtig, da lag sie auf der Kommode und sah ganz neu und jungfräulich aus. Frau Korl komplimentierte uns in die gute Stube hinein: »Na, gehen S' mol rin in die Stuwe, Frau Paster, Herr Paster! Der Korl, was mein Mann is, muß noch mal nach die Ferkel sehn. Die olle Sau is man so wild, am End bringt se uns noch eenes um ... Setzen Se sich, Frau Paster, Herr Paster, da aufs Sofa! Der Korl, was mein Mann is, kann's mit die

Sau so gut wie mit die Orjel. Ich saje immer, Korl, saje ich, du bist zu höhrem jeboren, du mit deine jeliebte Orjel, wenn du nicht treten tätst, dann könnt' der Stranzel lange spielen, ohne Luft hätt' er nuscht nich zu melden...«

So ging's weiter, madre. Ich hab's von ganzem Herzen genossen...

Am Sonnabend nach dem Mittagessen wurde die Küche unter Wasser gesetzt. Ganze Ströme flossen über Elses und Marthas nackte Füße die Küchentreppe hinunter in den Hof. War es ein heißer Tag, und tranken die Eltern im Gartenzimmer Kaffee, dann zogen wir Schuhe und Strümpfe aus und wateten in den Morast hinein, der sich neben der Treppe gebildet hatte. Ach, wie schmatzte der Schlamm so lieblich zwischen den Zehen! Im allgemeinen durften wir nicht barfuß laufen. Das war den Polenkindern vorbehalten, die wir deshalb auch schmerzhaft beneideten. An den Sonnabenden aber drückten Else und Martha ihre sonst so wachsamen Augen zu und ließen uns das Vergnügen. Sobald wir Mutters Stimme hörten, zogen wir eilig Strümpfe und Schuhe über die schmutzigen Füße. Das gab dann ein unangenehm knirschendes Gefühl beim Gehen, aber wir wußten ja, bald nahte das Badefest.

Das Badefest fand im Waschhäuschen unter der großen Tanne statt. Der Waschkessel wurde angeheizt und die Zinkbadewanne mit Wasser gefüllt. Erst badeten Beate und ich, dann die beiden Buben. Die Eltern habe ich nie im Bad gesehen, weder damals in Kuschlin noch später in Bromberg, noch sonst einmal. Es war nie die Rede davon, wie denn alles im Dunkel und unbesprochen blieb, was mit dem nackten Körper zu tun hatte. Haben sie nun gebadet oder nicht? Vater ist über allen Zweifel erhaben stets sauber und adrett gewesen, Mutter habe ich nur lieblich duftend in der Nase ... Aber ist das Beweis genug? Zum Glück gibt es ihre Briefe, und besonders den vom Juni 1929 an die »madre«.

... Das Boxberger Badezimmer ist wunderschön, aber glaub mir, madre, unser Kuschliner Waschhäuschen ist auch nicht zu verachten. Wenn die Kinder schlafen und die Mädchen in ihrem Zimmer sind, baden wir beide bei Kerzenschein. Hinterher gehen wir noch durch den Garten und hören die Nachtigall singen und schauen hinauf zu den Sternen. Dann zeigt mir Paul-Gerhard immer den »großen Wagen«, weil dies das einzige Sternbild ist, das er kennt. Ich denke dann besonders innig an Dich und den Papa. Ach, wenn doch der Weg nicht so weit wäre und wenn's diese Grenze nicht gäbe ...

Nach dem Baden winkte ein zweites Sonnabendvergnügen, das Abendessen im Bett. Mutter richtete für jeden einen Teller mit köstlichen Broten. Sie wußte genau, was jeder von uns besonders schätzte, dünne Schnitten, dicke Schnitten, weiß oder schwarz, Wurst darauf oder Käse, verziert mit Gurke, Radieschen oder Ei. Lag man brav im Bett, das Buch zum Lesen unter dem Kopfkissen verborgen, dann kam sie und brachte ein Tablett mit dem bewußten Teller und einem Glas Kirschsaft.

»Laß dir's schmecken! Schön aufpassen! Nichts verkleckern!«

Dieser Samstagabendbrauch hielt sich über Brand und Flucht hinweg lebendig, auch wenn die Brote in Ermangelung von Besserem nur mit Schnittlauch bestreut waren.

So lag man denn in schönster Behaglichkeit, aß und trank und hörte zu, wie Mutter den Sonntag »einspielte«. Sie hatte alle Türen im Haus weit aufgemacht, saß im Eßzimmer am Klavier und spielte Choräle. Es waren Weihnachtslieder oder solche zur Passion, zu Ostern oder Pfingsten und zum Schluß immer:

»Tut mir auf die schöne Pforte,
führt in Gottes Haus mich ein;
ach wie wird an diesem Orte

meine Seele fröhlich sein!
Hier ist Gottes Angesicht,
hier ist lauter Trost und Licht.«

Damit hatte sie zum Sonntag übergeleitet. Der Klavierdeckel klappte zu. Teller klirrten. Sie lief geschäftig hin und her und deckte den Frühstückstisch für den Sonntag. Nichts durfte fehlen, vom Leuchter bis zu den frischen Servietten.

Einer von unseren hilfreichen Kernsprüchen empfiehlt: *Geh erst ins Bett, wenn alles nett.*

»*Alles*« konnte Unfrieden bedeuten, ungemachte Hausaufgaben, unaufgeräumte Zimmer, ungespültes Geschirr, lauter greuliche »Un«s.

Dieser Kernspruch sitzt mir noch heute im Blut. Wenn unsere Gäste spätabends Abschied nehmen, Unordnung hinterlassen und schmutziges Geschirr, dann würde es mir nicht im Traum einfallen, dies alles liegenzulassen und ins Bett zu sinken. Erst muß alles wieder nett sein und ordentlich, vorher kann ich nicht einschlafen.

»Es könnte geschehen, daß du in der Nacht abberufen wirst«, hatte Großmama gesprochen und den Finger mahnend erhoben. »Willst du dann so schlampig vor deinen himmlischen Richter treten?«

Nein, das will ich nicht, und also räume ich auf und bereite vor und mache mir und meinen Lieben damit das Leben schwer.

War der Frühstückstisch gedeckt und alles fertig und festlich, dann kam Mutter noch zum Abendgebet und Abendkuß ans Bett.

»Freu dich!« sagte sie. »Morgen ist Sonntag!«

Auch Vater kam, selten heiter, meistens mit kummervollem Gesicht. Dann wußten wir, daß es mit der Predigt noch nicht zum Besten stand. Ach, diese Predigt! Wie schön, dachte ich oft, wie schön könnte ein Sonnabend ohne Predigt sein!

Die wandelnde Glocke
und das arme welsche Teufli

Der Sonntag verlief nach genau festgesetzten Regeln. Schon morgens um sieben Uhr saß Mutter am Klavier und spielte ›Morgenglanz der Ewigkeit‹ oder ›Nun lob mein Seel den Herren‹. Doch so lieb mir die Abendchoräle waren, so wenig erfreuten die sonntäglichen Lobgesänge mein morgenmuffeliges Herz, waren sie doch der Weckruf und das Signal zum Aufstehen. Mir wurde ganz schwach vor lauter Müdigkeit. Es half nichts, ich mußte heraus aus dem Bett und hinein in die kratzenden Strümpfe. Das Sonntagsfrühstück ging in Stille und ohne Vater vor sich. Ihm wurde das Frühstück im Studierzimmer serviert, damit er nicht aus seinen Gedanken gerissen und abgelenkt werde.

Wir saßen am festlich gedeckten Tisch und aßen Hefezopf. In guten Zeiten gab es Butter und Marmelade dazu, in schlechten Zeiten nichts. Das Eintauchen in Kaffee oder Kakao war undenkbar, in den vollen Mund trinken auch.

Ich weiß noch, wie Brüderchen fassungslos zu Onkel Wilhelm hinüberstarrte, der auf seiner jährlichen Besuchsreise auch bei uns in Kuschlin hereinschaute. Dieser Onkel nahm am Frühstückstisch ein Stück Hefekranz und tunkte es ohne jegliche Hemmung, frei und froh in die Kaffeetasse. Er ließ es dort eine Weile, bückte sich dann zur Tasse hinunter und sog das braune, weiche, bedenklich wabbelnde und tropfende Stück in den Mund.

»Darf der das?« flüsterte Brüderchen.

»Ja, mein Kind«, antwortete Mutter. »Und wir wollen jetzt ganz brav auf unseren eigenen Teller schauen.«

Onkel Wilhelm tunkte weiter, tropfte und schlürfte. Brüderchens Blick wurde immer eindringlicher.

»Was hat das Kind?« fragte Onkel Wilhelm.

»Es lächelt dich an, Wilhelm«, sprach Mutter und zu Brüderchen hin mit deutlicher Mahnung: »Nicht wahr, Brüderchen?«

»Ja, Mutterle, aber warum taucht denn der Onkel Wilhelm sein ...«

»Ach, das meinst du!« rief der Onkel. »Weil's eingetunkt viel besser schmeckt. Du mußt es mal probieren!«

Mutter hob abwehrend beide Hände.

»Nein, Wilhelm, das nicht! Ich glaube, Brüderchen hat jetzt genug gegessen und will aufstehen.«

Bei uns Kindern hieß der Hefekranz »Stopfer«, denn vor großen Kaffee-Einladungen pflegte uns Mutter mit Hefekranz abzufüttern. Wir aßen ihn gern und kamen satt und zufrieden bei unseren

Gastgebern an. Die anderen Kinder stürzten sich auf die Kuchen, vertilgten ein Stück ums andere und hinterließen einen negativen Eindruck. Wir nicht! Wir aßen gesittet und immer nur ein Stück. Wir brachten einfach nichts mehr hinunter.

In meiner Kindheit endete das Sonntagsfrühstück meist plötzlich und mit hysterischem Aufschrei: »Erbarmung! Es jeht schon auf neun!«

Dann sprangen Martha und Else auf, rissen uns das Geschirr aus den Händen und trugen es mitsamt dem »Stopfer« in die Küche hinaus. Auch hier galt das Gebot: »Gehe nicht in die Kirche, bevor nicht alles in Ordnung ist!« Das Geschirr mußte gespült, der Braten aufgesetzt und der Mittagstisch gedeckt werden.

Vater kam aus dem Studierzimmer. Er zog den Talar über. Mutter band ihm das Beffchen und versteckte die Bändel unter dem Kragen. Dann küßten sich die beiden. Er lächelte uns zu und ging durch den Pfarrgarten hinüber zur Kirche.

Mutter musterte das Häuflein ihrer Lieben. Ich nahm allen Mut zusammen. Einmal mußte es doch gelingen.

»Mutterle, ich hab' Bauchweh!«

»Ach ja, Pickdewick, vielleicht hast du zuviel gegessen. In der Kirche wird es sicher besser werden!«

»Aber mir ist ganz schlecht!«

»Tatsächlich? Ja, was machen wir denn da? Ich

denke, wir gehen erst einmal in die Kirche, dann sehen wir weiter.«

»Vielleicht muß ich mich übergeben.«

»Das wäre natürlich schlimm, Pickdewick. Aber ich glaube, es wird nicht soweit kommen.«

Damit wandte sie sich wieder der Allgemeinheit zu.

»Also, Freunde, merkt euch die Reihenfolge! Erst geht Martha in die Bank, dann Beate, dann Else und Pickdewick, zum Schluß Brüderchen, Michael und ich. Ist alles klar?«

Ja, völlig klar! Die Glocken läuteten, der Kirchgang konnte beginnen. Mein schwacher Versuch, mich zu drücken, war wieder einmal fehlgeschlagen. Unser Einzug geschah in Würde und war eine Freude für die Gemeinde. Gemäß der mütterlichen Anordnung traten wir in die Kirche, zwei und zwei, schritten den Mittelgang entlang, und wenn wir an die Pfarrbank kamen, brauste die Orgel auf, denn auch Herr Lehrer Stranzel wußte, was er dem Augenblick schuldig war. Wir schoben uns in die Bank, ohne unziemliches Gedränge, in der vorgeschriebenen Reihenfolge, standen noch mit gesenktem Kopf und gefalteten Händen zum stillen Gebet und setzten uns erst, wenn Mutter Platz genommen hatte.

»Mutterle, was betest du denn?« fragte ich sie einmal.

»Ich bete, daß es ein schöner Gottesdienst wird

und daß die Predigt zum Herzen der Menschen spricht und daß der Herr uns alle behüten möge, besonders die Großmama.«

So ähnlich betete ich auch. Nur ließ ich die Großmama aus und setzte Frau Bressel an ihre Stelle.

Lehrer Stranzel intonierte sich an das Eingangslied heran. Es war ›Jesus meine Freude‹, ein Lied, das Vater besonders gern mochte und deshalb oft singen ließ.

Mutter schreibt dazu:

Kuschlin, im April 1934
Liebe Maria!
... Gestern hat mir die Maria in der Kirche schwer zugesetzt. Sie saß genau hinter mir und schrie mit schriller Stimme in meine Ohren, daß Jesus ihre Freude sei. Ich hätte es auch so geglaubt, dazu hätte sie nicht so brüllen müssen! Ach, Maria, es ist ein rechtes Kreuz mit mir, daß ich in der Kirche soviel zum Lachen finde! Wirklich, ich schäme mich sehr! Beim Mittagessen hat Pickdewick gesagt: »*Habt ihr gehört, heute hat wieder die Trompete hinter uns gesessen!*«

Seitdem heißt die Gute bei uns »*Marientrompete*« ...

War das Lied gesungen und die Eingangsliturgie gehalten, dann nahte die Predigt und mit ihr angstvolles Lauschen und sorgloses Träumen. Plätscherte Vaters Stimme gleichmäßig von der Kanzel herab, dann überließ ich mich meinen Träumen. Stockte aber der Redefluß, dann wachte ich schleunigst auf, um mir Sorgen zu machen. Ging's schlecht mit der Predigt? Wußte Vater nicht weiter? Ich schaute zur Kanzel hinauf und zu Mutter hinüber. Erst wenn sie sich wieder zurücklehnte und er oben weitersprach, atmete ich auf und verschwand wieder in meiner Traumwelt. Das »Amen« aber entging mir nie. Es klang lieblich in meine Ohren und war das Schönste vom ganzen Gottesdienst. Auch Michael schnaufte beglückt, und Brüderchen erwachte und rieb sich die Augen.

»Isch's aus?« fragte er dringlich, und wenn ich nickte, dann verklärte sich sein Gesicht. »Dott sei Dank«, flüsterte er und sprach damit aus, was wir alle dachten.

Lied, Vaterunser und Abkündigungen rauschten vorbei, und dann war es überstanden.

Auf dem Kirchplatz warteten die Kutschen der Bauern aus den entfernten Gehöften und die Droschken und Landauer der Rittergutsbesitzer. Den Pferden hatte man einen Hafersack umgehängt. Die Kutscher standen beieinander, rauchten oder tranken einen Schnaps im Wirtshaus gegenüber. Vor dem Kirchenportal hielt Mutter hof:

Um sie herum schwatzten und lachten die Frauen. In ihren Handtaschen lag immer etwas Gutes für uns, aber ich verzichtete auf die Karamelbonbons und Schokoladenplätzchen. Bevor nämlich die Handtaschen geöffnet wurden, mußte man knicksen und freundlich lächeln und auf ihre Fragen antworten und sagen: »Ja, es geht mir gut … Ja, ich bin schon in der Schule … Ja, ich kann lesen.« Nein danke! Lieber keine Karamelbonbons. Ich kroch durch das Loch im Zaun und freute mich, daß die Kirche aus war.

Jeden Sonntag versuchte ich mich vor dem Kirchgang zu drücken. Es war mir schon zur lieben Gewohnheit geworden. Daß die Versuche aussichtslos waren, wußte ich längst und hatte mich damit zufriedengegeben. Wie erschrak ich deshalb, als Großmama an einem ganz gewöhnlichen Sonntag freundlich zu mir herunterblickte und sprach: »Was, dein Bauch tut weh? Das ist ja ganz schlimm! Da mußt du natürlich zu Hause bleiben.«

Mir wurde ganz schwindlig vor Schreck. Mutter strich über meine Haare.

»Du siehst richtig blaß aus, Pickdewick. Leg dich ein bißchen aufs Sofa und mach es dir gemütlich. Wir sind ja bald wieder da.«

Die Glocken läuteten, und sie gingen zwei und zwei durch den Garten, so wie immer. Ich stand am Eßzimmerfenster, sah ihnen nach und dachte, wie glücklich ich doch wäre, daß ich nicht in die Kirche gehen müßte und tun dürfte, was ich wollte. Nein, in die Küche wagte ich mich nicht hinein wegen der Pumpe. Michael hatte zwar gesagt, der verzauberte Wassermann sei ein Märchen und zum Totlachen, aber ich hatte trotzdem keine Lust, in die Küche zu gehen. Das Studierzimmer mit den vielen Büchern und ohne Vater wirkte dunkel und bedrohlich. Ich schlug die Tür gleich wieder zu. Auch in Mutters Zimmer schaute ich nur kurz hinein. Was sollte ich da alleine sitzen?

Also begab ich mich ins Kinderzimmer zu meinen Puppen und den Spielsachen und Bilderbüchern. Die Bücher, die mir gehörten, hatte ich schon viele Male angeschaut und gelesen, aber da, in dem anderen Regal, standen Beates Bücher, unbekannt, verlockend und verboten.

»Laß sie stehn!« schrie Beate jedesmal, wenn ich nur einen unschuldigen Blick auf ihr Regal warf. »Du machst sie dreckig und Eselsohren rein!«

Aber jetzt war meine Stunde gekommen! Ich holte heraus, soviel ich nur tragen konnte, schleppte den Packen zum Tisch, schaute an und buchstabierte.

Schon das dritte Buch nahm mich gefangen. Es war ein Bilderbuch mit einer Glocke drauf. Ich kannte Glocken. Oben in unserem Kirchturm hingen drei. Ich hatte zugesehen, wie Herr Scheuner das Seil packte und läutete.

Die Glocke auf Beates Buch aber hatte Beine und ein bitterböses Gesicht. Sie lief hinter einem kleinen Mädchen her mit einer weißen Schürze und Zöpfen wie ich. Das Mädchen rannte und hielt die Hände in die Höhe. Das Buch hieß ›Die wandelnde Glocke‹.

Diese Glocke auf dem Umschlag gefiel mir gar nicht, aber ich konnte nicht anders, ich mußte das Buch aufschlagen und zu lesen anfangen.

»Es war ein Kind, das wollte nie
Zur Kirche sich bequemen,
Und sonntags fand es stets ein Wie,
Den Weg ins Feld zu nehmen.«

Auf dem Bild stand das kleine Mädchen auf einer Wiese und pflückte Blumen. Ganz hinten konnte man die Kirche sehen mit dem hohen Kirchturm, genau wie unserer.

»Die Mutter sprach: ›Die Glocke tönt,
Und so ist dir's befohlen,
Und hast du dich nicht hingewöhnt,
Sie kommt und wird dich holen!‹«

Auf dem Bild stand die Mutter und hielt den Finger hoch und zeigte auf den Kirchturm. Oben aus dem Turmfenster sprang die Glocke heraus. Schon an dieser Stelle wurde es mir ganz wind und weh. Schreckliches Buch! Ich wollte es nicht zu Ende lesen, aber da saß ich und blätterte und las:

>»Die Glocke, Glocke tönt nicht mehr,
>Die Mutter hat gefackelt.
>Doch welch ein Schrecken! Hinterher
>Die Glocke kommt gewackelt.«

Da raste die Glocke auf die Wiese zu und machte einen richtigen Hopser. Das kleine Mädchen ließ den Blumenstrauß fallen und riß den Mund weit auf, als ob es schreien würde.

>»Sie wackelt schnell, man glaubt es kaum,
>Das arme Kind im Schrecken.
>Es läuft, es kommt als wie im Traum;
>Die Glocke wird es decken.«

Da war ich schon aus dem Zimmer, lief die Stufen zur Eingangstür hinunter. Sie war abgeschlossen. Ich rannte zur Küche, zum Hintereingang. Pah, der Wassermann! Der war ja ein Klacks, der war ja gar nichts gegen diese fürchterliche Glocke. Unsere Glocke läutete nicht mehr. Wahrscheinlich war sie schon unterwegs. Ich mußte in die Kirche, schnell, schnell. Die Hintertür stand offen. Ich raste durch den Garten wie das kleine Mädchen im

Buch. Mir war so, als schnaufte die Glocke schon ganz in meiner Nähe. Jetzt durch das Loch im Zaun und da war schon die Sakristeitür. Ich hängte mich an die Klinke, zog und zerrte in Todesangst. Sie ging auf, einen Spaltbreit nur. Ich zwängte mich hinein und war gerettet. Vater stand da im Talar und fing mich auf. Er blieb bei mir, bis die Leute das Lied zu Ende gesungen hatten. Dann stellte er einen Stuhl an die Tür zur Kirche und hob mich hinauf. Die Tür ließ er weit offen stehen. Ich konnte ihn hören, wie er predigte. Das Zittern hörte auf. Ich saß und fühlte mich geborgen. Von nun an ging ich in die Kirche ohne Klage und Widerstand und stand bereits fix und fertig an der Haustür, wenn die anderen noch ihr Gesangbuch suchten.

Nach dem sonntäglichen Mittagessen fuhr Vater zum Gottesdienst nach Duschnik in seine zweite Predigtstelle. Punkt zwei Uhr knallte der Krischan draußen mit der Peitsche. Vater stieg ein, das Talarköfferchen in der Hand, und manchmal durften wir mit. Ich erinnere mich an schöne, warme Sommerfahrten, und daß wir in Duschnik nicht in die Kirche mußten, denn »einmal am Tag reicht!« meinte Mutter. Also spielten wir draußen im Sand zwischen den Kiefern, und Onkel Justus saß bei uns und erzählte Geschichten oder malte. Onkel Justus war Wanderlehrer und wohnte in

Duschnik. Er malte schöne, bunte Bilder, aber in die Kirche wollte er nicht.

»Warum gehst du nicht mit, Justus?« fragte Mutter. »Was stört dich?«

»Daß ich nicht neben dir sitzen darf!« entgegnete der Onkel.

Ich konnte ihn gut verstehn. Ich saß auch lieber neben Mutterle als neben einem anderen Menschen. Sie duftete süß nach Veilchen und niemals nach Rotkraut und Braten wie Else oder nach Mottenkugeln wie Onkel Heribert.

»Du weißt, daß ich Orgel spielen muß, Justus.«

»Ja eben! Ich kann neben dir sitzen und Register ziehen.«

»Das besorgt schon die Paula Zimke.«

»Dann dreh' ich Noten um.«

»Das macht sie auch.«

»Dann spielen wir einfach zu zweit. Du mit den Händen und ich mit den Füßen. Na, wär' das was?«

»Justus, du bist einfach unmöglich!«

So sprachen sie miteinander. Ich stand dabei und fand die Idee gut und den Onkel Justus nett, daß er ihr so helfen wollte mit den Füßen.

Ein anderes Mal saß der Onkel in unserem Garten und malte die Rabatte. Mutter und ich standen hinter ihm und schauten zu.

»Dein Mann kann mich nicht leiden«, knurrte er.

»Ach wo«, sagte Mutter, »das bildest du dir ein.«

Aber es stimmte. Ich hatte das auch schon bemerkt. Immer wenn Onkel Justus kam, zu Fuß über die Wiesen, seine Malutensilien unter dem Arm, dann zog Vater ein verdrießliches Gesicht und murrte: »Schon wieder! Hat er denn nichts anderes zu tun, als zu malen?«

Seine Bilder fand er zu bunt und seine Geschichten nicht gut für die Kinder. Aber der Onkel ließ sich zum Glück nicht verjagen.

Nach dem Gottesdienst in Duschnik machten die Eltern Besuche rundum in den Bauernhäusern. Es gab Kaffee und Kuchen, und weil wir vorher nicht abgefüttert worden waren, genossen wir alles mit gesundem Appetit. Auch die Heimfahrt war schön. Eines Abends war ich so glücklich, daß ich unter der Wagendecke die ärgerlich drückenden Schuhe auszog und die piekenden Strümpfe und alles unbemerkt zur Kutsche hinauswarf. Nun, so hoffte ich, würde es mir vergönnt sein, barfuß zu laufen wie die Polenkinder in Kuschlin. Doch dieser Hoffnung ward keine Erfüllung beschieden, und der Abend endete nicht so beglückend, wie er begonnen hatte.

Ich stieg aus, ohne Schuhe und Strümpfe. Mutter sah es sofort.

»Hast du wieder deine Schuhe ausgezogen, Pickdewick?«

»Ja, und die Strümpfe auch, Mutterle.«

»Dann zieh sie ganz schnell wieder an.«

»Ich hab' keine mehr.«

»Du hast keine mehr? Wieso?«

Vater war schon ein paar Stufen die Treppe hinaufgegangen. Jetzt kam er zurück.

»Hast du sie verloren?«

»Nein, nicht verloren...« Sie starrten mich alle an, fassungslos, erschreckt. Langsam dämmerte es mir, daß sie mich nicht verstehen würden.

»Sie sind rausgefallen«, sagte ich, um den Tatbestand zu mildern.

»Rausgefallen, von alleine? Das gibt's doch nicht! Sei ehrlich, Pickdewick, du hast sie rausgeworfen. Wo?«

Ich wußte es nicht... Vielleicht im Wald, als wir sangen: ›Ich armes welsches Teufli‹ und Vater zu mir sagte: »Wie hübsch du singst, Pickdewick!«... oder auf der Straße durch die Wiesen, bei den Störchen... Irgendwo, an einer schönen Stelle, wo ich glücklich war...

Der Krischan wendete. Wir fuhren zurück. Aber da lag kein Schuh und kein Strumpf. Ich weinte und konnte mir nicht erklären, was für ein Teufel in mich gefahren war. Daß es ein Teufel gewesen sein mußte, hatte ich inzwischen erkannt. Als wir heimkamen, war es dunkel geworden.

Auf unserer Polenreise kamen wir auch nach Duschnik. Es hatte sich in vierzig Jahren vom Dorf zum Städtchen gemausert. Schöner war es dadurch nicht geworden. Wir suchten das kleine Häuschen im Garten, in dem Onkel Justus gewohnt hatte, aber wir konnten es nicht finden. Dafür sahen wir die rote Backsteinkirche mit dem hohen Turm. Frohgemut stiegen wir aus dem Auto und strebten der Kirche zu. Aber wie das Leben so spielt – früher als Kinder hatten wir nicht hineingewollt, und jetzt als Erwachsene konnten wir's nicht mehr. Das Portal war zugemauert, Turm und Sakristeitür auch.

»Ja, ist es denn die Möglichkeit!« schimpfte Florian. »Eine Kirche einfach zuzumauern?«

Es war die Möglichkeit.

Wir fuhren weiter von Duschnik nach Kuschlin. Hier war es passiert, hier hatte ich Schuhe und Strümpfe aus der Kutsche geworfen.

Der Kuschliner Kirchturm grüßte uns damals wie heute schon von weitem. Er ragte aus einem dichten Wald von Lindenbäumen. Auch in meiner Kindheit gab es Lindenbäume im Kirchgarten. Else, Martha und Herr Scheuner standen auf langen Leitern, rupften Lindenblüten und steckten sie in Leinensäcke. Beate und ich sammelten Blüten aus dem Gras. Michael und Pauli schleppten die vollen Säcke ins Haus. Dort wurden sie in einer Dachkammer zum Trocknen ausgebreitet. Das ganze Haus duftete nach Lindenblüten...

König für einen Tag
und gemischter Jungfrauenverein

Mutter liebte Feste, und sie ergriff jede Gelegenheit zum Feiern. Da boten sich im Familienkreis die Taufen an. Sie erzählt ihrer Freundin in Heidelberg von Brüderchens Taufe:

Kuschlin, im wunderschönen Monat Mai 1932
Liebste Linde!
Du hast so liebevoll an unseren Festtag gedacht! Hab Dank! Wir haben unser goldigs Brüderchen schon am Dienstag getauft, weil der Großvater Lassahn am nächsten Tag abreisen mußte. Die Taufe war einzig schön, obgleich wir ganz allein feierten. Die Paten leben ja alle so himmelweit weg. Sie konnten einfach nicht kommen, auch wegen der Grenze... Voran zog Großvater Lassahn, würdigen Schrittes im Ornat, dann wir, das stolze Elternpaar. Ich hielt das Büblein auf dem Arm. Es lag im alten Familientragkissen, in dem ich schon getauft worden bin. Der Spitzenschleier wehte leise hin und her. Unsere liebe Schwester Dorothee hatte ihn mit lauter kleinen Vergißmeinnichtsträußchen besteckt.
Hinter uns kam die Großmama mit ihrem Enkel Michael. Schwester Dorothee hielt die beiden

kleinen Mädchen an der Hand, Beate und Pickdewick, und den Schluß machten die dienstbaren Geister. In der Kirche saßen wir um den Taufstein herum und sangen mit mächtigen Stimmen, dem kleinen Täufling und dem großen Gott zu Ehren. Wir sangen: ›Hirte nimm dein Schäflein an...‹ Danach ging ich mit dem Kind auf dem Arm an den Altar und kniete dort nieder, um Gott für seine Bewahrung zu danken und für mich und mein Haus den Segen Gottes zu empfangen. Das ist hier im Land eine wunderschöne Sitte...

Alle Mahlzeiten, vom Morgenkaffee an, standen unter dem Zeichen des Festefeierns. Lach nicht, Linde! Ich hab' natürlich nicht gekocht! Eine richtige Kochfrau war da, die immer zu mir kommt, wenn ich Gäste habe, und auf die ich mich verlassen kann. Der Garten schenkte uns Blumen in Hülle und Fülle. Nach dem Essen kam was ganz Feines! Mit zwei Kutschen fuhren wir in die Wälder. Wir sangen wie die Nachtigallen. Unser Täufling wurde derweilen von einem alten Kirchengemeinderatsmütterchen treu bewacht. Abends gab es dann die vorzügliche Waldmeisterbowle, die der Hausherr selbst zubereitet hatte, wobei zu bemerken war, die Hauptsache bei der kunstgerechten Zubereitung ist das: Immer tapfer drauflos probieren. Davon hängt alles ab! Merk es Dir, Linde!...

Glücklich der Mensch, der bei uns Geburtstag hatte! Er wurde verwöhnt vom frühen Morgen bis zur Mitternacht. Morgens sang die Familie vor seiner Zimmertür ›Lobet den Herren‹, und abends durfte er spielen und lesen, bis er todmüde vom Stuhle sank.

Ich lag am nächsten Tag meist krank im Bett. Nicht, weil ich zuviel gegessen oder getrunken hätte, nein, einfach aus Trauer, daß der schöne Tag vorüber war und daß er ein ganzes langes Jahr nicht wiederkommen würde.

Das Geburtstagskind war König des Tages. Sein Leibgericht wurde gekocht, seine Lieblingsspiele gespielt, und seine Freunde wurden eingeladen. Vor allem aber stand am Geburtstag der mächtige Theaterschrank in der linken Dachkammer offen. In diesem Schrank hingen lange und kurze Kleider, Hosen und Westen bunt durcheinander. Es gab Schleier, Ketten und Federn, Hüte und Schuhe und was sich sonst an seltsamer Kledasche im Laufe der Jahre angesammelt hatte.

Wer am Geburtstag Lust dazu hatte, der konnte sich und andere ausstaffieren und so verkleidet durchs Haus ziehen, oder in Mutters Zimmer vor Publikum Theater spielen.

Ich hatte das große Glück, daß an all meinen Geburtstagen Tante Meta anreiste. Es war Februar und Fasching.

»Lausige Zeiten für Hebammen«, belehrte sie uns. »Wirklich, ich nage am Hungertuch.«
Mutter lachte.
»Dafür siehst du aber noch ganz ordentlich aus.«
»Gut, daß du gekommen bist, Tante Meta!« sagte ich und drückte ihre Hand. »Unsre Speisekammer ist ganz voll mit Essen.«
»Danke, mein Kind! Dann werde ich es dieses Jahr noch überleben. Wißt ihr, in neun Monaten ist es anders, da hab' ich alle Hände voll zu tun, da leb' ich wie die Made im Speck!«
»Warum lebst du da wie die Made im Speck, Tante Meta?«
Beate riß mich zur Seite.
»Es ist meine Patentante, du brauchst sie nicht dauernd zu fragen!«
Tante Meta konnte sich in alles verwandeln, was man ihr sagte. Sie blieb ein Weilchen oben in der Dachkammer beim Theaterschrank, und dann kam sie herunter als Engel oder Teufel, Bettler oder König, Feuervogel oder Tanzbär.
An einem Geburtstag spielten wir das Märchen vom Froschkönig. Ich war die Prinzessin und sie der Frosch. Sie kam ganz in Grün, sprang herum und quakte. Sie setzte sich sogar auf Mutters Schoß und schmatzte ihr einen Kuß ins Gesicht.
»Mir auch!« rief Onkel Justus, der uns an Geburtstagen immer besuchte und diesmal den treu-

en Heinrich spielte. Aber der Frosch quakte nur und sprang zu mir hin. Ich schubste ihn an die Wand, denn so stand es im Märchen, und da wurde aus dem Frosch ein Königssohn. Man konnte zuschauen, wie er sich verwandelte. Erst die Füße, dann die Hände und schließlich der Kopf.

»Sie sind eine große Künstlerin, Fräulein Meta!« sprach Onkel Justus. Auch Else und Martha zeigten sich tief beeindruckt.

»Man mecht's nich jlauben«, sagte Else nachher in der Küche zu Martha, »was das Fräulein Meta nich alles kann. Kinder bringt se zur Welt, und man jarnich schlecht, singen kann se wie 'ne Nachtigall, aba wenn se 'nen Frosch macht, also das geht einem ans Herze. Dir auch, Martha?«

»Ja, das kannste laut sajen!« bestätigte die.

Mutter und Vater spielten niemals mit. Sie waren Publikum oder Schiedsrichter, und ich fand das gut und richtig so. Aber Tante Meta gefiel es gar nicht.

»Könnt ihr nicht oder wollt ihr nicht?« fragte sie.

»Sie schwebt lieber darüber«, bemerkte Onkel Justus und schaute zu Mutter hinüber. »Sie läßt sich auf nichts ein. Und er«, nun warf er einen Blick auf Vater. »Er ist Pfarrer vom Scheitel bis zur Sohle. Da gibt es keine Nebenrollen!«

Vater sprang auf. »Ich muß an die Arbeit!« stieß er hervor.

»Aber doch nicht an Pickdewicks Geburtstag!« sagte Mutter.

Im Sommer wurde in unserem Garten das große Gemeindefest gefeiert. Mutter schreibt an Freundin Maria:

Kuschlin, im Juli 1933
Liebe Maria!
... Am nächsten Sonntag feiern wir in unserem Garten das große Sommerfest. Die ganze Jugend und die Frauen sind daran beteiligt, auch all unsre Chöre. Das ist viel Arbeit! Du denkst jetzt vielleicht: was für äußere Dinge! O nein, für uns hier sind solche Feste eine dringende Notwendigkeit! Da kommen von allen Seiten die Deutschen her, um einmal ganz unter sich zu sein, zu spüren, daß sie eine Gemeinde sind. Kannst Du Dir vorstellen: Paul-Gerhard hat vier Predigtstellen und 28 Gemeinden zu betreuen! Die kommen dann alle zum Gemeindefest. Im vergangenen Jahr hatte ich eine ganz geschwollene Hand vom vielen Händedrükken. Solch eine Bauernfaust ist kräftig. Verstehst Du nun, daß solch ein Gemeindefest wichtig ist?...

Bei den Vorbereitungen zu diesem Fest geriet das ganze Dorf in Bewegung. Die Männer bauten ein Podium vor die Haselnußhecke für die Theateraufführung und stellten lange Tische und Bänke auf die Wiese. Die Frauen buken Kuchen und Torten und brachten ihre Köstlichkeiten zu uns ins Pfarrhaus. Im Eßzimmer standen Tische und lange Bretter bereit, die Herrlichkeiten aufzunehmen. Es war uns Kindern nicht ausdrücklich verboten, dieses Zimmer zu betreten und etwa gar einen Finger in die verlockenden Cremes zu bohren. Wir wußten jedoch, daß man es nicht tat, auch wenn kein Verbot ausgesprochen wurde. Wenn sich aber die Gelegenheit ergab und die Tür offenstand, dann konnte es schon geschehen, daß man mit dem Gebet auf den Lippen: »Bitte, lieber Gott, mach doch, daß mich keiner sieht!« hereinkam, um mit leicht gekrümmtem Finger ein Stück Verzierung von der Buttercremetorte zu streichen. Man mußte nur, um einer Entdeckung vorzubeugen, die Verzierung symmetrisch abbauen.

Zum Gemeindefest erschienen auch die Damen von den Gütern und Schlössern ringsum. Sie standen in weißen Schürzen hinter den Tischen und verkauften Kuchen. Die piekfeine Frau Oblinka brachte sogar ihre Eismaschine mit, die gefüllt war mit glasigen Eisstücken. Mittendrin, verschlossen in einer Kapsel, steckte das gute Vanilleeis, es wurde von einem Koch unermüdlich gedreht. Ab und zu öffnete er die Kapsel und probierte, ob das Eis schon hart genug sei. Dieses Eis schmeckte wundervoll, und jeder wollte etwas davon haben. Frau Oblinka verteilte es nach Gutdünken, und wenn die Kapsel leer war und die Leute traurige Gesichter machten, weil sie nichts bekommen hatten, dann lachte sie und sprach französisch mit ihrer Freundin, der Frau von Wagen. Das ärgerte die Leute sehr, denn: »Warum spricht sie nicht deutsch, daß wir es auch verstehen können?« brummten sie.

Aber Mutter kam, lächelte, und sprach schönes Hochdeutsch mit lieblich badischem Akzent, bis alles wieder freundlich gestimmt war. Dann legte sie ihre Arme um die Frauen, die am meisten geschimpft hatten, und fragte, ob sie ihr nicht helfen könnten, Kuchen zu schneiden. Den Männern rief sie zu, daß jetzt gleich das große Seilziehen begänne und ob sie nicht mitmachen wollten oder wenigstens zusehen. Eines von beiden wollten sie und marschierten gleich los und hatten ihren Ärger vergessen. Der Höhepunkt des Festes aber nahte, wenn das Klingelzeichen ertönte und die Theateraufführung begann.

Der gemischte Jugendkreis probte schon seit Wochen, ja Monaten. Dieser Kreis war Mutters Schöpfung und für damalige Zeiten eine völlige Unmöglichkeit. Mutter hatte bei ihrem Einzug in Kuschlin einen Jungfrauenverein vorgefunden, in welchem Vater vor seiner Heirat im Segen gewirkt hatte und den sie nun übernehmen sollte. Aber sie wollte nicht! Sie wehrte sich mit Händen und Füßen, das heißt, wohl eher mit Tränen und Diplomatie.

»Nein, Jungfrauen allein kommen überhaupt nicht in Frage! Das hab' ich im Diakonissenhaus zur Genüge kennengelernt. Das mach' ich nicht mit, und wenn ihr euch auf den Kopf stellt!« So rief sie am Frühstückstisch und blitzte ganz zornig zu Vater hinüber. »Ich will einen gemischten Kreis zum Singen und Theaterspielen und zum Gute-Gespräche-Führen! Sag ihnen das, Paul-Gerhard! Du mußt mir helfen!«

Vater trug es im Kirchengemeinderat vor. Die Kirchengemeinderäte wiegten bedenklich den Kopf und meinten: »Zum Singen und Theaterspielen und Gute-Gespräche-Führen brauchen die Jungfrauen keine Männer, das können sie auch alleine besorgen.«

Worauf Mutter durch Vater bestellen ließ, in dem Falle müsse sie es ablehnen, den Jungfrauenverein zu halten, denn es wäre nicht zu verantworten, daß die Jungfrauen nachts allein und ohne männlichen Schutz nach Hause gingen...

Das sahen die Kirchenältesten ein. Nur der fromme Johannes Justen wiegte den Kopf und tat bedächtig und rückte schließlich heraus, er könne es nicht gutheißen, denn so etwas habe es im Dorf noch nie gegeben und es wäre eine Versuchung.

Vater, der seiner Frau einen positiven Beschluß nach Hause bringen wollte, fragte nach, welche Versuchung genau Johannes Justen meine. Der druckste herum und wollte es nicht aussprechen, denn er hatte zu Hause eine äußerst lebenslustige Tochter namens Gerda. Kein Kirchenältester kam ihm zu Hilfe, man räusperte sich rundum und konnte ein schadenfrohes Lächeln nur schwer unterdrücken. So wurde er denn überstimmt und der gemischte Jugendkreis bewilligt. Nach der Sitzung brachte Vater den guten Bescheid. Er gab sich freudig und zuversichtlich und verschwieg Johannes Justens fromme Bedenken. Es ging ihm aber nah, denn er war es nicht gewohnt, bei seinen Beschlüssen eine Stimmenthaltung hinnehmen zu müssen.

Der Sonntag kam und mit ihm der Gottesdienst und die Predigt und schließlich die Abkündigung des ersten gemischten Jugendkreises. Mutter strahlte in freudiger Erwartung. Es war ein langes Gezerre gewesen, aber schließlich hatte sie gegen all diese störrischen Männer gesiegt! Dies war ein großer Erfolg!
Sie schreibt an ihre Freundin Linde:

Liebe Linde!
… Jetzt hab' ich Dir erzählt, was ich alles vorhabe, aber oft steht solch ein sturer Mann dazwi-

schen. So bin ich zu einigen ganz hartnäckigen Männern hingegangen. Zuerst frage ich sie nach ihrer Landwirtschaft, wenn nötig sogar nach diesem lieblich stinkenden Misthaufen, neben dem wir stehen, bis ihre Herzen weit offen sind, und dann geh' ich aufs Ziel los, und der Schluß, liebe Linde, ist immer ein Sieg!!! Ich bin froh, daß mir Gott ein bißle Schlauheit mitgegeben hat...

Wir saßen also freudig erregt und warteten auf die Abkündigung, und da kam sie auch schon.

»Am Montagabend um acht Uhr«, so sprach Vater, »findet im Pfarrhaus der erste gemischte Jungfrauenkreis statt...« Er schaute hoch in die verdutzten Gesichter, meinte, man hätte ihn nicht richtig verstanden und wiederholte lächelnd: »Ja, liebe Gemeinde, wir haben jetzt einen gemischten Jungfrauenkreis!« Tante Blaf zog ihr Spitzentaschentuch hervor und schneuzte sich umständlich. Mutter saß da mit geradem Rücken und bleichem Gesicht. Die Gemeinde scharrte mit den Füßen und verschaffte sich Bewegung. Aber lachen tat niemand.

Der gemischte Jugendkreis gedieh zu ungeahnter Blüte und Größe. Die gesamte Jugend der Gemeinde war dort versammelt, sogar die Mägde und Fräuleins aus den Rittergütern. Sie trafen sich alle zwei Wochen in unserem Wohnzimmer, denn ein

Gemeindehaus gab es in Kuschlin nicht. Die drangvolle Enge nahmen sie gern in Kauf und rühmten die Wärme und Dichte der Atmosphäre. Else und Martha gehörten natürlich auch dazu, und Else lernte dort ihren Adolf kennen und lieben. Weil sie nun aber nach dem gemischten Jugendkreis bereits zu Hause war und nicht dorthin gebracht werden konnte wie alle anderen Mädchen, so fehlte diesen beiden Liebesleuten die nötige Ruhe zu guten Gesprächen. Deswegen lustwandelten sie hinterher über unsere Gartenwege, gingen zwischen den Rabatten, um das Rondell herum und landeten schließlich in der Gartenlaube.

Einmal, in einer kalten Nacht, kamen sie dort nicht mehr heraus. Ich stand am Fenster, wartete und machte mir die größten Sorgen. Ich dachte, sie seien vielleicht erfroren, wie der Bettler Ruschnik, der im Straßengraben vor dem Dorf gelegen hatte. Also entschloß ich mich, sie zu retten, schlüpfte durch die Küchentür nach draußen, voll Angst und Bangen, der Wassermann könne mich erwischen, und rannte an den Rabatten entlang bis zur Laube. Dort drinnen war es dunkel und still, aber ich konnte doch erkennen, daß die beiden auf der Bank saßen.

»Seid ihr erfroren?« fragte ich mit zitternder Stimme.

»Nein«, antwortete der Adolf aus der Finsternis. »Wir wärmen uns schon.«

Die Else, sonst so zornmütig und lärmend, flüsterte eindringlich: »Jeh ins Bett! Jasda! Prentko!* Morjen kriegste Kuchen!«

Am nächsten Morgen bekam ich wirklich ein Stück Kuchen von ihr. Warum, war mir nicht klar. Schließlich kam ich auf die Idee, sie wolle mich belohnen, weil ich so tapfer im Dunkeln nach ihr gesucht hatte.

Seitdem wachte ich sorgsam über das Wohlergehen der beiden. Nach dem gemischten Jugendkreis erwartete ich sie schon auf der untersten Treppenstufe, heftete mich an ihre Fersen und ließ sie nicht aus den Augen. Als Else mich schließlich wütend verscheuchte, mir auch keinen Kuchen mehr zusteckte, überließ ich sie ihrem Schicksal. Gut, dann sollten sie eben erfrieren, ich hatte getan, was ich konnte.

---

* Jasda! Prentko!: Schnell!

Theater mit und ohne Bart

Der gemischte Jugendkreis verschönte die Gemeindefeste durch Theateraufführungen. Wir Kinder kannten die Stücke auswendig vom ersten bis zum letzten Wort, erlebten wir die Proben doch mit, oben im Bett vor dem Einschlafen.

Besonders viel Anklang fand das Märchen vom König Drosselbart. Mutter hatte es in Szene gesetzt und jedem aus ihrem Kreis eine Rolle auf den Leib geschrieben. Unsere Märchenprinzessin war schöner als irgendeine Prinzessin auf der Welt. Sie hatte lange, rotblonde Haare und blaue Augen und hieß Ruth. Wenn sie unten im Wohnzimmer klagte:

»Ich arme Jungfer zart,
Ach hätt' ich doch genommen, den König Drosselbart!«

dann ging es mir oben wie ein Stich durchs Herz, und ich warf einen Groll auf den König Drosselbart, der ihr solchen Kummer machte. Nun wurde dieser König auch noch von Elses Adolf gespielt, den ich sowieso nicht leiden konnte. Er paßte wie kein anderer in diese Rolle, denn zu seiner männlichen Arroganz gesellte sich ein Spitzbärtchen am

Kinn. Wenn er den Kopf zurückwarf und lachte, dann stach dieses Bärtchen seltsam grotesk in die Luft. Die schöne Prinzessin sprach mir aus der Seele, wenn sie den Adolf auslachte und rief:

»Ihr Bart sieht aus wie der Drossel ihr Schnabel! Sie müßten König Drosselbart heißen!«

Auf diesen Satz lauerte ich, und drang er zu mir herauf, dann kicherte ich vor Freude und sprang im Bett herum, bis Beate mit unendlicher Verachtung die Worte sprach: »Himmel, bist du blöd!«

Zwar liebte die Else ihren Adolf, der Bart aber war ihr schon lange ein Dorn im Auge, und sie sah in dem Theaterspiel eine Möglichkeit, das lästige Ding loszuwerden. Die Prinzessin nämlich, nachdem sie den König Drosselbart verspottet und abgewiesen hatte, erkennt ihn nicht wieder, als er wenige Minuten später in Bettlerkleidung vor ihr erscheint. Eine seltsame Geschichte und fast nicht zu glauben. Um sie dem Publikum einigermaßen plausibel zu machen, mußte sich der Adolf nach der Pause entscheidend verändert haben. Hier nun hakte Else ein.

»Der Bart muß wech!« flüsterte sie, erst leise, dann immer lauter. Sie blies es der Frau Pastor ins Ohr, der schönen Ruth und allen Mitgliedern des gemischten Jugendkreises, außer dem Adolf.

»Der Bart muß wech! In der Pause muß er'n

abrasiern. Wenn er keen Bart nich mehr hat, erkennt en keener!«

Es kam dem Adolf zu Ohren. Er schrie Zetermordio und wollte es durchaus nicht leiden und lieber auf die Rolle verzichten. Aber die schöne Ruth lächelte ihn an und die Frau Pastor auch und sagte, das wäre natürlich eine feine Sache, wenn er das Opfer bringen würde, besonders, weil er doch so wunderbar reiten könne... Der Adolf spitzte die Ohren. Was sollte das nun wieder bedeuten? Sie habe sich nämlich überlegt, so fuhr die Frau Pastor fort, daß er, der Adolf, hoch zu Roß und in Husarenuniform durchs Hoftor reiten solle, am Publikum vorbei, bis an die Bühne, um dort alle Töpfe und Krüge, die von der Prinzessin feilgeboten würden, zu zertrampeln. Ja, das habe sie sich überlegt, und was denn der Adolf dazu meine? Nun, der Adolf wiegte den Kopf hin und her und fand die Idee nicht ganz abwegig, zumal er auf dem Pferd keine schlechte Figur machte. Da würden die Mädels vom gemischten Jugendkreis staunen, besonders die schöne Ruth und seine widerspenstige Else. Diese Überlegungen sprach der Adolf natürlich nicht aus, sondern bedachte sie nur in seinem Herzen. Danach erklärte er sich bereit, seinen Bart zu opfern.

Das Gemeindefest nahte. Seine Wellen schwappten weit hinein ins Pfarrhaus. Sie drangen bis ins Studierzimmer, wo Vater keine Ruhe finden konnte. Mutter war nervös und dauernd auf dem Weg zum stillen Örtchen. Appetit hatte sie auch keinen. Statt zu essen, rang sie beim Mittagessen die Hände und rief: »Nie wieder mache ich so etwas! Das ist das allerletzte Mal!«

»Ja, Ameile, wir wissen es!« sprach dann Vater mit mühsam gewahrtem Gleichmut. »Es wird sicher ein wunderbares Fest!«

»Nein, wie kannst du nur so etwas sagen? Diesmal wird es nichts! Die Frauen werden keinen Kuchen bringen! Die Bühne wird zusammenbrechen, und es wird regnen, in Strömen...«

»Nein, das wird es nicht!« tröstete er. »Wir werden dieses Fest mit Gottes Hilfe überstehen. Du hast ja alles so gut geprobt und vorbereitet!«

»Nein, eben nicht! Das ist es ja!« Sie schob ihren Teller beiseite und brach in Tränen aus. »Wie wird das mit dem Adolf klappen und seinem Bart? Das haben wir nie geprobt!«

»Ja, das war ja nu man nich die Mechlichkeet!« ließ sich Else vom unteren Teil des Tisches vernehmen. »Wenn er ab is, isser ab! Aba rasiern kann er sich, der Adolf, un ich helf' ihm ja och!«

»Und die Szene mit dem Pferd!« schluchzte Mutter. »Die haben wir auch nie geprobt!«

»Reiten tut er wie der Deubel!« versicherte die Else. »Da braucht Frau Paster keene Bange nich zu haben!«

Aber sie hatte welche, und zu Recht.

Zwar stand in unserer Küche alles bereit: Spiegel, warmes Wasser, Seife und Rasiermesser. Nur hatte niemand bedacht, daß auch der starke Adolf Nerven hatte und noch ganz benommen war von dem ersten Akt und dem Lächeln der wunderschönen Prinzessin und dem Applaus der Zuschauer. Er stürzte in die Küche, stand da mit hängenden Armen und schien vergessen zu haben, was man von ihm erwartete. Aber die Else brachte ihn schnell wieder auf die Erde zurück. Sie schob ihn zum Stuhl. Sie drückte ihn nieder.

»Mensch, Adolf! Mach los!« schrie sie in sein Ohr. »Was nusselste* rum! Beeil dich!«

Da griff er zum Messer. Seine Finger zitterten, sein Gesicht zuckte. Er schnitt sich kreuz und quer ins Kinn. Das Blut floß, und Else neben ihm rang die Hände.

»Mei bosche kochanje! Wie siehste bloß aus!«

Das war zuviel. Der Adolf sah rot.

»Dumme Kuh, dumme! Wer hat denn wollen, daß ich den Bart rasier'?«

Er hängte noch einen kräftigen polnischen Fluch an und stürmte davon mit blutendem Gesicht, Zeitungsfetzen zur Stillung des Blutes auf den schlimmsten Wunden. Als er auf der Bühne erschien, stöhnte das Publikum vor Grausen.

---

* nusseln heißt: etwas sehr langsam tun (Umgangsdeutsch unserer Else).

»Mein Jott, der Adolf! Nu kuckt euch bloß den Adolf an!«

All das ärgerte den Adolf so sehr, daß er bei seinem Husarenritt weit über die Stränge schlug. Er galoppierte durchs Hoftor, mitten hinein in Mutters blaues Springbrunnenbeet, setzte über die Rabatte und schwang die Peitsche. Aber so wild er sich auch gebärdete, sein Pferd wollte die Töpfe und Krüge nicht zertrampeln. Es scheute, es wich zur Seite aus. Oben auf der Bühne stand die wunderschöne Prinzessin, rang ihre weißen Hände und zischte dem wilden Reiter zu, er solle gefälligst Scherben hinterlassen. Da sah der Adolf zum zweitenmal rot. Er ritt nah heran, riß die Ahnungslose zu sich aufs Roß und galoppierte davon. So stand es nicht in seiner Rolle. Das Stück stockte. Mutter verbarg ihr Gesicht in den Händen. Brüderchen brüllte angstvoll. Aber das Publikum tobte! Was für eine Szene! So etwas hatte man noch nie erlebt! Das konnte sich ja mit dem Theater in Posen messen! Nein, es war besser, viel besser! Jetzt preschte der Adolf mit seiner Beute zum Tor hinaus.

Es währte nicht lange, da kehrte er zurück mit verkniffenem Gesicht und verhängtem Zügel. Offenbar hatte die Prinzessin seine Eskapade nicht gutgeheißen. Er setzte sie beim Podium ab und ritt davon.

Die Zuschauer sprangen auf, klatschten und

schwenkten die Hüte. Solche Ovationen war das brave Pferd nicht gewohnt. Es verdrehte die Augen und stieg kerzengerade in die Höhe, so daß der Adolf bei all seiner Reitkunst Schwierigkeiten hatte, sich im Sattel zu halten. Nachdem er endlich mitsamt dem Gaul draußen war und das Volk sich beruhigt hatte, ging das Stück weiter, seinem glücklichen Ende zu.

Man sprach tage-, ja wochenlang über nichts anderes im Dorf. Frau Pastor und der Adolf wurden hochgeehrt. Sie, weil sie alles so wunderbar eingeübt hatte mit der Entführung und so, und er, weil er geritten war wie der Teufel höchstpersönlich und besser als der feinste Pinkel aus dem Schloß. Ein wunderbares Stück! Ein gelungenes Gemeindefest!

Die piekfeine Frau Oblinka erschien am nächsten Tag bei uns im Pfarrhaus. Sie brachte für Mutter Rosen mit und für uns Kinder Vanilleeis, und sie lobte das Stück und die Darsteller.

»Es war eine reife Leistung«, sprach sie. »Wie wäre es denn, liebe Pastorin, wenn wir den ›König Drosselbart‹ bei uns im Park aufführen würden? Am Abend der großen Jagd zum Beispiel. Das wäre doch einmal etwas anderes. Es soll mir nicht darauf ankommen. Sie kennen mich ja! Ich dachte an eine größere Spende für den gemischten Jugendkreis...«

Mutter saß da und sprach kein Wort, und die

piekfeine Frau Oblinka redete und redete: »Es sind doch alles so prachtvolle junge Menschen! Sportlich und deutsch bis ins Mark. Diese blonde Schönheit, dieser drahtige Adolf...« Dann verstummte sie.

»Nein!« sagte Mutter. »Bitte verstehen Sie mich. Ein solches Stück kann man nicht wiederholen. Es ist absolut einmalig!«

»Schade!« Die piekfeine Frau Oblinka streifte ihre Handschuhe über. »Meine Leute hätten sich krankgelacht!«

»Ein Grund mehr, es zu lassen!« erwiderte Mutter.

Es dauerte lange, bis Else und Adolf wieder zusammenfanden. So lange, wie ein Bart braucht, um aus den Stoppeln herauszuwachsen, wieder einigermaßen adrett zu wirken. So lange auch, wie ein liebendes Frauenherz blutet, wenn der Freund und heimliche Verlobte sich derartige Seitensprünge erlaubt, noch dazu vor allen Dorf- und Schloßbewohnern und hoch zu Roß. Erst versuchten die Eltern versöhnend einzugreifen, aber sie bewirkten nur stärkere Verstockung.

»Das Aas soll mir nur kommen!« schrie Else und griff nach dem Besen. »Den wer ick schon rasieren. Mit dem hab' ich nuscht nich mehr im Sinn!«

»Aber Else!« Vater hatte sich für diese Unterredung sogar in die Küche getraut, allerdings führte er Brüderchen und mich als Hilfstruppen mit sich. »Aber Else! Ein Christ muß verzeihen können!«

»Denn bin ick eben keener!« knurrte sie trotzig, schoß in die Speisekammer und schlug die Tür hinter sich zu. Vater stand noch ein Weilchen, schaute betreten vor sich hin und seufzte.

»Kommt, Kinder!« sprach er dann. »Des Menschen Zorn tut nicht, was vor Gott recht ist.«

Wir gingen. Kaum hatten wir die Küchentür hinter uns geschlossen, da hörten wir, wie Else aus der Speisekammer stürmte und die Ofenringe auf den Herd schlug, daß es nur so knallte.

Der Adolf ließ sich wohlweislich nicht mehr im Pfarrhaus blicken, und der gemischte Jugendkreis mußte ohne die beiden Liebesleute auskommen. Wir gewöhnten uns daran, daß angebranntes und versalzenes Essen auf den Tisch kam und daß Else mit rotgeweinten Augen herumlief. Es war eine schwere Zeit.

Zum Glück gab es Frau Bressel und ihre Mohrenküsse! Sie stand hinter dem Ladentisch und blickte mir freundlich entgegen, dann holte sie den Karton mit den Mohrenküssen herbei.

»Ham se dir wieda jeärjert?«

»Nein, nicht geärgert. Aber, Frau Bressel, die Else will den Adolf totmachen!«

»So, will se das?«

»Ja, wenn er kommt, dann will sie ihm die Rübe abrasieren, hat sie gesagt. Denk dir, Frau Bressel, bei uns im Haus!«

»Haste Angst?«

»Ja, wegen Mutterles Geburtstag. Der ist doch bald. Und wenn der gemischte Jugendkreis kommt und singt, und der Adolf ist dabei, dann rasiert sie ihm die Rübe ab, und der ganze Geburtstag ist kaputt!«

Ich schluchzte. Der Gedanke, daß Mutters Geburtstag, dieser herrlichste aller Tage, so grausam entweiht werden sollte, machte mich ganz krank. Zwar konnte ich den Adolf nicht leiden, aber an Mutters Geburtstag brauchte er nicht totrasiert zu werden.

»Zwei Wochen sind das noch hin, wie?«

»Ja, zwei Wochen! Und ich hab' ihr so ein schönes Bild gemalt zum Geburtstag!«

Wieder überkam mich mein Elend, und ich schluchzte.

»Nu Kindchen, da brauchste dir nich aufzurejen! In zwei Wochen is die Sache erledigt! Morjen is doch wieda jemischter Jugendkreis?«

»Ja, stimmt. Meinst du, da kommt er?«

»Sollt' mich wundern, wenn nich!«

»Und dann rasiert sie ihm die Rübe ab, und wir können Mutterles Geburtstag in Ruhe feiern?«

»Wenn ich dir's saje! Aber totschlajen wird

sie ihn nich, da kannste Jift drauf nehmen! Paß auf, was morjen passiert!«

Ich paßte auf, saß oben im dunklen Treppenflur und steckte den Kopf durch das Geländer. Die Leute vom gemischten Jugendkreis strömten herein. Der Adolf war bei den ersten und hatte sein Bärtchen wieder am Kinn und lachte mit dem Gustav Weiderich, als ob er keine Ahnung davon hätte, daß ihm demnächst die Rübe abrasiert werden sollte.

Else kam ganz zum Schluß. Sie trug ihr blaues Sonntagskleid. Die Haare hatte sie sich auch gewaschen und war den ganzen Nachmittag mit einem scheußlichen braunen Tuch um den Kopf herumgelaufen. Jetzt sah sie aus wie der reinste Engel und kicherte mit der Martha, dabei hatten sie sich heute schon fürchterlich gestritten. Als letzte ging Mutter ins Wohnzimmer. Vor der Tür seufzte sie noch einmal tief auf, aber das machte sie immer vor dem gemischten Jugendkreis. Erst einmal übte sie mit ihnen ›Stern, auf den ich schaue...‹ Dann lasen sie aus der Bibel und sprachen lange darüber. Ich schlief ein und wachte erst wieder auf, als sie sangen: ›So legt euch denn ihr Brüder...‹ Das war immer ihr Schlußlied.

Ich stellte mich oben ans Schlafzimmerfenster und wartete. Der Mond schien, und man konnte ganz genau sehen, wie sie alle heimgingen. Else und Adolf wanderten viele Male um das Rondell herum, dann verschwanden sie in der Laube. Ich wartete und wartete, aber sie kamen nicht wieder. Wahrscheinlich hatte Else ihm schon die Rübe abrasiert und traute sich nicht mehr heraus. Egal, zwei Wochen vor Mutters Geburtstag berührte es mich nicht so tief. Ich ging getröstet zu Bett.

Am nächsten Morgen roch es nicht nach angebrannter Milch. Else brachte warmes Wasser herein und säuselte mit süßer Stimme: »Morjen, ihr beede!«

Dann ging sie und warf nicht einmal die Tür zu.

»Was ist denn jetzt wieder los?« fragte Beate und streckte den Kopf aus den Kissen. Ich lief hinter Else her, um Genaues zu erfahren.

»Hast du jetzt dem Adolf die Rübe abrasiert, Else?«

»Aba wo wer ick denn, Mädchen! Wer kommt auch auf so was?«

So sprach sie und lachte und tat so heilig, als ob sie nichts mehr wüßte von all dem, was sie früher geredet hatte. Ich zog mich an und lief zu Frau Bressel, um ihr die Neuigkeit zu verkünden. Sie war kein bißchen erstaunt. Sie schlug nicht einmal die Hände über dem Kopf zusammen.

»Ja, Kindchen«, sagte sie, »so was verwächst sich.«

**Mutters erster Walzer
und Graupensuppe in Meißner Porzellan**

Kuschlin, im September 1927
Liebe Maria!
... Habe ich Dir schon geschrieben, daß wir fünf große Rittergüter in unserer Gemeinde haben. Wir stehen uns sehr gut mit den »Rittern«, und oft besuchen sie uns oder sie schicken ihre Kutsche, um uns zu holen. Wir sind dankbar für die geistige Anregung, die wir durch diesen Verkehr haben, wenngleich natürlich nicht alle »Ritter« mit besonderen Geistesgaben gesegnet sind ...
Unser lieber Generalsuperintendent, »Vatchen Blau«, sagte neulich zu meinem Paul-Gerhard, daß er ihm eine gefährliche Gemeinde gegeben hätte, die viel Weisheit bräuchte. Er erklärte dann, wie leicht sich ein Pfarrer benebeln ließe von dem wirklich großartigen Leben auf den Schlössern, und sich so stark dorthin gezogen fühle, daß der andere Teil der Gemeinde zu kurz komme. Oder umgekehrt. Mit beiden Möglichkeiten haben sich schon unsere Vorgänger herumgeschlagen. Entweder sie standen auf der Seite der Armen oder auf der Seite der Vornehmen. Wir geben uns große Mühe, den richtigen Weg zu finden, aber es ist nicht leicht, Maria!

Als junges Mädchen, verkannt von der Welt und mir selber herzlich zuwider, entzog ich mich gern der Wirklichkeit und verschwand in einer Traumwelt. Am liebsten sah ich mich als Schloßherrin, schön, aber gefürchtet, wie ich auf geschwungener Freitreppe meinen Gästen entgegentrat, sie durch prachtvolle Gemächer und Ahnengalerien führte, über Treppen und weiche Teppiche, um schließlich im großen Saal unter dem Kronleuchter zu landen und ihre Handküsse entgegenzunehmen. Ich sah mich ein Heer von Dienstboten dirigieren und spät am Abend unter uralten Bäumen im Park lustwandeln, einsam und gedankenschwer, das Puppenhaus zur Rechten und das Mausoleum zur Linken.

Ein schöner Traum, der mich zugleich tröstete und rührte, wohl auch, weil die Kulissen stimmten. Ich kannte das Schloß. Es war Schloß Blawno, das ich in meinen Traum hinübergerettet hatte, das Schloß, unter dessen Schirm und Schatten wir in Kuschlin lebten und das ich von allen Schlössern am besten kannte.

Mutter schreibt im ersten Ehejahr an die »madre«:

Mai 1927
... Denk Dir, madre, Frau von Blawnitz schickte mir die ersten Kohlräbchen, nur um mir eine Freude zu machen ...

September 1927

... Ja, madre, die Taufe auf Blawno war wirklich ein Ereignis! Diese wunderschöne Schloßkapelle mit bunten Herbstblumen geschmückt! Zauberhaft!!! Als mein Liebster Taufpredigt und Tischrede hinter sich gebracht hatte, wurde er richtig vergnügt. Ich hatte Herrn von Kirchhof als Tischherrn, der mich gut unterhielt über seine Soldatenzeit (darüber sprechen sie alle gern, ob in Schloß oder Hütte, das habe ich schon gemerkt), und dann erzählte er noch von dem Konzertsaal in der Kreuzkirche und den Diners früherer Zeiten. Das lange, sehr lange Essen verging mir auf diese Weise sehr schnell. Aber mein armer Liebster! Madre, er hatte die wunderschöne Frau von Abel als Tischdame, schön, aber dumm. Du kennst sie ja. Da hilft das beste Essen nichts... Der kleine Axel hat sich bei der Taufe recht ordentlich benommen, Frau von Blawnitz war richtig stolz auf ihren Enkel. Dein Enkel ist aber auch nicht zu verachten, madre... Kommt Ihr an Weihnachten?

Auf Blawno regierte Frau von Blawnitz, von uns vertraulich »Tante Blaf« genannt. Brüderchen hatte diese Anrede erdacht, weil ihm der volle Name zu schwer über die Zunge ging. Es gab auch einen Onkel Blaf, der saß beim Essen neben der Tante oben am Tisch. Er hatte kein einziges Haar auf dem Kopf und kein einziges Wort auf den Lippen.

Dafür hatte er Durst. Hinter ihm stand ein Diener und schenkte ihm immer wieder ein. Manchmal bemerkte ich, wie Tante Blaf einen scharfen Blick nach hinten warf und leise »psch« machte und mit der Hand wedelte. Dann verschwand der Diener.

Wenn Brüderchen und ich im Park spazierengingen, weil Mutter und Tante sich unterhalten wollten, dann konnte es wohl geschehen, daß wir Onkel Blaf begegneten, klein und dick unter den hohen Bäumen. Manchmal bemerkte er uns nicht, denn sein Blick ging hoch bis über die Baumkronen. Wenn er uns aber sah, dann zog er seinen Hut, lächelte freundlich und verbeugte sich, wie vor Erwachsenen. Ich knickste, und Brüderchen machte seinen Diener. Dann gingen wir weiter, die Brust geschwellt vor stolzer Freude.

»Onkel Blaf ist nett!« äußerte Brüderchen, und das war auch meine Meinung.

Da war die Tante schon ein anderes Kaliber. Sie marschierte durch den Park wie der alte Fritz höchstpersönlich, ein silbernes Stöckchen in der Hand. Ihre Augen suchten nach Steinen des Anstoßes. Hatte sie etwas entdeckt, ein Unkraut, ein welkes Blatt oder ein Stückchen Papier, dann spießte sie das Ärgernis auf, kommandierte den Gärtner herbei und hielt ihm den Stock unter die Nase. Sie sagte nichts, aber sie schaute ihn so an, daß er immer kleiner und kleiner wurde. Brüderchen und ich hatten Angst vor ihr, wie übrigens jeder im Schloß.

Sie war zart und klein, hatte leuchtend weiße, nach oben getürmte Haare mit einem Perlennetz darüber. Eine funkelnde Kette hing ihr bis auf den Bauch hinunter, und ein Lorgnon baumelte daneben. Sie trug eine Unmenge von Ringen, an manchen Fingern sogar zwei. Manchmal, wenn sie uns die silberne Schale mit den Keksen anbot, vergaß ich zuzugreifen, so sehr entsetzten mich diese welken, beringten Hände.

Tante Blaf hatte ein gnädiges Auge auf Mutter geworfen, nannte sie »kleine Pastorin« oder »mein Unschuldsengel« oder auch »o du anima candida!« Noch besser verstand sie sich allerdings mit Großmama, die mit den Höheren dieser Welt umzugehen wußte und aus dem gleichen Holz geschnitzt war wie sie. Wenn Großmama aus Boxberg anreiste, dann erschien kurz danach auch Tante Blaf bei uns, oder sie schickte ihre Kutsche, um Großmama ins Schloß zu holen. Diese zweite Lösung war mir lieber, kam doch Großmama jedesmal in allerbester Laune und sehr spät aus dem Schloß zurück.

Auch Tante Blaf besuchte die Großmama. Mutter schreibt an Freundin Maria:

... Frau von Blawnitz und Frau von Wagen fahren übermorgen nach Mergentheim, um ihre win-

terlichen Gallen aufzuforsten. Dabei besuchen sie auch die Eltern in Boxberg und werden sicher aus den Goldtassen Kaffee trinken ...

Zwischen Tante Blaf und Vater bestand kein herzliches Einvernehmen. Die beiden waren sich, wie Tante Meta bemerkte, »nicht ganz grün«. Sie hielt ihn für einen schwierigen jungen Mann, zu fromm und zu ernsthaft. Er fand sie unweiblich und frivol und fürchtete ihren Einfluß auf seine Frau.

Fanden Feste im Schloß statt, dann wurden auch der Pastor und seine Frau geladen. Egal, was es zu feiern gab, Vater trug immer seinen Lutherrock, zugeknöpft bis obenhin, ganz Geistlicher. Mutter dagegen kam in Weiß, und wenn sie vor solchen Festen noch zu uns ins Schlafzimmer wehte und Gute-Nacht-Küsse verteilte, duftend und strahlend, dann starrten wir genauso verzaubert hinter ihr her wie vermutlich die Herren im Schloß. Sie war gut anzusehen und sprach dieses weiche Hochdeutsch mit lieblich badischem Akzent. Es stach wohltuend ab gegen das zackig preußische Deutsch der von Blawnitz' und ihrer Freunde.

Am Morgen nach den Festen erfuhren wir dann, wie es gewesen und was geboten war. Wir vernahmen es mit Mutters jubelndem Sopran und Vaters grollendem Tiefbaß. Das hörte sich dann etwa so an:

Mutter: »Das Konzert war einfach wundervoll! Denkt euch, die Feuerwerksmusik von Händel auf der Terrasse, mit lauter erstklassigen Musikern aus Posen...«

Vater: »Nun ja, erstklassig waren sie gerade nicht! Manchmal ging es schon hart daneben...«

Mutter: »Der Park war mit Fackeln beleuchtet, und hinterher gab es ein Feuerwerk, so wundervoll und romantisch...«

Vater: »Ja, wenn es nicht so geknallt hätte! Und die meisten Raketen sind überhaupt nicht losgegangen...«

Mutter: »Aber schön war es doch! Du darfst es nicht immer schlechtmachen, Paul-Gerhard! Sei nicht so negativ!«

Vater: »Gut, das Konzert war schon etwas Besonderes. Aber diese Knallerei! Was werden sich die Vögel gedacht haben?«

Mutter: »Das ist mir doch egal, was sie sich gedacht haben! Es kommt ja selten genug vor!«

Vater: »Eben! Sie sind es nicht gewöhnt! Da ist der Schreck um so größer.«

So machte er sich zum Fürsprecher der Vogelwelt und suchte doch nur nach einer Möglichkeit, das schlechte Gefühl loszuwerden, das ihn jedesmal nach den Festen auf Blawno befiel.

Besonders heftig entbrannte sein Zorn gegen die Theateraufführungen im Schloß. Es gab dort nämlich einen prachtvollen Theatersaal mit Bühne und Loge und allem Drum und Dran. Wenn sich ein geeigneter Anlaß ergab, engagierte Tante Blaf Musiker aus Posen, Ballettgruppen oder Wanderschauspieler, damit sie auf Blawno agierten.

Mutter sang und jubilierte schon Tage vor solchen Ereignissen. Vater stieß einen Seufzer nach dem anderen aus und machte ein bedenkliches Gesicht.

»Sollen wir gehen?« fragte er sich und Mutter und uns alle beim Mittagessen. »Müssen wir es?«

»Ja, wir müssen!« rief Mutter. »Es bleibt uns gar nichts anderes übrig, wenn es uns auch noch so schwer fällt! Was hast du für eine Entschuldigung? Willst du Frau von Blawnitz vor den Kopf stoßen? Denk daran, was sie alles für die Gemeinde tut!«

»Ja, daran denke ich!« sprach er. »Aber warum kann sie nicht einmal ein wertvolles Stück spielen, die ›Jungfrau von Orleans‹ oder ›Fidelio‹? Es gibt doch wahrhaftig genug ernsthafte Sachen!«

»Sie hat eben einen anderen Geschmack! Sei doch nicht so kleinlich, Paul-Gerhard! Ich meine, ich höre deinen Bruder Heribert sprechen.«

Damit hatte sie einen Volltreffer gelandet. Vater atmete schwer und brachte nur mit Mühe das Dankgebet über die Lippen. Sie fuhren zu der Theateraufführung wie zu einer Beerdigung. Wir sahen ihnen traurig nach und wurden morgens mit Freuden gewahr, daß zwischen den Eltern wieder alles stimmte, wenn auch Vater Kopfschmerzen hatte und eine leichte Migräne. Er lächelte wehmütig und sagte, wir sollten uns keine Sorgen machen, bis Mittag wäre es sicher vorbei. Dann ging er in sein Studierzimmer. Mutter schloß die Fensterläden und legte ein nasses Tuch auf seinen Kopf.

Später erfuhr ich dann, wie dieser Theaterabend verlaufen war. Man gab ›Die lustige Witwe‹, und sie war nicht das, was Vater gern sah und hörte. Also machte er sich in der Dunkelheit davon, was leicht zu bewerkstelligen war, weil Pastors in der letzten Reihe saßen und auf den Außenstühlen. Er schlüpfte hinaus, schlich durch Gänge und Gemächer und kam schließlich in die Bibliothek, wo er ein gutes Buch zu lesen gedachte, aber den Hausherren hinter einer Flasche Wein sitzend vorfand. Herr von Blawnitz hob den Kopf und freute sich. Er mochte den jungen Pastor gern, auch wenn er seine Gottesdienste nur selten besuchte. Er bot ihm einen Sessel an und ein Glas voll köstlichen Rotweins. So saßen sie denn und saßen immer noch, als Mutter und Tante angstvoll suchend von einem Gemach ins andere eilten. Die lustige Witwe war vorbeigerauscht und die Gäste bereits im Abschied begriffen. Beide Herren sangen Studentenlieder und waren vergnügten Mutes, jedoch schwach auf den Beinen.

»So etwas ist ihm noch nie passiert!« beteuerte Mutter.

Tante Blaf warf einen scharfen Blick auf ihren Gatten. »Blawnitz!« sprach sie. »Verdirb mir nicht den Pastor!«

Irgendwie gelangte Vater in die Kutsche und verschlief an Mutters Schulter die Fahrt von Blawno nach Kuschlin. Singend schwankte er zu Bett, und am nächsten Morgen erinnerte er sich an nichts und hatte eine leichte Migräne.

Bei allen größeren Festen im Schloß wurde getanzt. Das war ganz selbstverständlich und gehörte dazu. Ebenso selbstverständlich verabschiedeten sich die Eltern, sobald die Tafel aufgehoben wurde und die Kapelle im Saal zu spielen begann. Mutter war leicht zu Fuß. Sie wäre sicher eine behende Tänzerin geworden, jedoch übers Tanzen wurde nicht diskutiert. Es lag jenseits aller Möglichkeiten im Boxberger Dekanat und im pietistischen Elternhaus meines Vaters. Aber einen Zauber übten sie doch aus, diese Tanzfeste im Schloß, zumindest auf meine Mutter.

Einmal ließ sie sich verlocken. Sie waren schon im Aufbruch. Vater stand noch in der Tür des Herrenzimmers und unterhielt sich. Mutter wollte nur schnell einen Blick in den Saal werfen, wirklich nur einen einzigen. Da kam der junge Baron von Blawnitz daher und bat um den Tanz und lächelte recht verführerisch. Sie wehrte ab.

»Nein leider... Mein Mann wartet... Ich muß gleich weg... Und überhaupt kann ich nicht tanzen!«

»Dann wird es aber höchste Zeit, daß Sie es lernen, Gnädigste! Ich bringe es Ihnen bei!«

Er glühte vor heiligem Eifer. Sie wollte nicht unhöflich sein, so tanzte sie den ersten Walzer ihres Lebens.

Er zählte leise: »Eins, zwei drei! Eins, zwei drei!« Dann flüsterte er ihr ins Ohr: »Nicht auf die Füße schauen! Kopf hoch, und sehen Sie mir in die Augen! So ist's recht!«

Nach diesem ersten Tanz entfloh sie. So jedenfalls hat sie es uns erzählt. In ihren Briefen an die »madre«, an Linde und Maria ist dieses Erlebnis nicht erwähnt. Da schreibt sie über ihre Kinder und die Gemeindearbeit und die Farbenpracht im Garten. Vom Tanzen ist nicht die Rede... Zu uns aber hat sie gesagt: »Es war ganz unbeschreiblich, Kinder! Wirklich, wie im Traum!«

Dann stand Vater im Saal und holte sie mit einem traurig-verwunderten Lächeln in die Wirklichkeit zurück. Am nächsten Morgen ging es ihr wie mit der ersten Zigarette, die sie den Damen aus dem Schloß nachrauchen wollte. Es bekam ihr nicht. Sie mußte zwar nicht würgen und brechen und ins »stille Örtchen« laufen, aber sie saß in der Laube und sah wehmütig über die Rabatten weg zum Vergißmeinnicht-Springbrunnen hinüber.

Und wie sie damals nach der ersten Zigarette dem Rauchen entsagte, so hielt sie's auch nach dem ersten Walzer mit dem Tanzen.

Tante Blaf gehörte zu den fleißigen Kirchgängerinnen. Sie saß rechts auf der Seitenbank neben der Kanzel und musterte mit ihrem Lorgnon die Konfirmanden, uns in der Pfarrbank und sogar die Männer auf der Empore. Meist hatte sie ihre dicke Gesellschafterin bei sich, das Fräulein von Haldewang. Tante Blaf aber sagte immer nur »Haldewang« zu ihr. Manchmal kamen auch »die schöne Helena« mit und Charlotta, Tante Blafs Enkeltöchter. »Die schöne Helena« mit ihren fünfzehn Jahren fühlte sich bereits erwachsen und hocherhaben über »das grüne Gemüse«, womit sie Brüderchen und mich, aber zu unserer Genugtuung auch Michael und Beate meinte. Charlotta, ihre jüngere Schwester, roch immer nach Stall und sprach nur von Pferden. Sie fand mich »irrwitzig blöd«, weil ich nur mit Brüderchen herumlatschte, überall hinein- und hinunterfiel und davonraste, sobald ich etwas Bedrohliches erblickte.

Mit Beate aber war sie dick befreundet, denn auch Beate liebte Pferde und kannte nichts Schöneres, als auf ihnen zu reiten und sie zu streicheln und zu striegeln.

Tante Blaf war eine lustige Frau. Sie lachte gern, besonders über andere. Brüderchen und ich, beide bedächtig langsame Esser, bekamen ihren Humor empfindlich zu spüren, denn wir standen so hungrig von der Tafel auf, wie wir uns daran niedergelassen hatten. Mit dem Servieren wurde nämlich oben angefangen, wo die Hausherrin thronte und die feineren Gäste. Wir Kinder saßen mit der Haldewang ganz unten. Bis die Diener mit den Schüsseln zu uns kamen, war man oben bereits fertig und saß vor leeren Tellern. Sobald nun Tante Blaf das Besteck niederlegte, wurde abgeräumt, die leeren und die vollen Teller.

Brüderchen hielt seinen Teller fest, und auch ich wollte meinen nicht hergeben, hatte ich doch erst drei Löffel Suppe zum Munde geführt. Aber Mutter schüttelte den Kopf, und so ließen wir die Suppe dahinfahren, um von dem nächsten Gang auch nur drei Gabeln zu erwischen.

Tante Blaf sah dies alles von oben her beifällig an und hatte ihre Freude daran.

»Eßt halt schneller, Kinderle«, sagte Mutter hinterher in der Kutsche.

»Ich denk', ich hör' nicht recht!« murrte Michael. »Zu Hause sagst du, wir sollen nicht schlingen! Du sagst, laßt euch Zeit, es nimmt euch niemand was weg!«

»So spricht man nicht mit seiner Mutter!« tadelte Vater, fuhr dann aber mit sanfter Stimme fort:

»Im Grunde hat er recht, Liebste, findest du nicht auch, daß es nicht konsequent ist?«

»Ja, und zu Hause dürfen wir immer erst anfangen, wenn alle was haben!« rief Beate dazwischen.

»Und ›Komm Herr Jesu‹ beten sie auch nicht!« piepste Brüderchen mit seinem schönsten Märtyrerblick.

»Da hast du recht, mein Sohn!« Vater strich über das fromm geneigte Köpfchen. »Auch ich vermisse das Tischgebet schmerzlich.«

»Aber dein Appetit leidet offenbar nicht darunter«, bemerkte Mutter. »Weißt du, was Tante Blaf kürzlich zu mir gesagt hat?«

»Was wird sie schon gesagt haben? Sicher nichts von bleibendem Wert.«

»Sie hat gesagt, Pfarrer machen immer so einen hungrigen Eindruck! Es war mir sehr peinlich! Das kannst du mir glauben!«

Unter so angenehmen Gesprächen fuhren wir heimwärts, und wäre Tante Blaf dabeigewesen, sie hätte ihre helle Freude daran gehabt.

Die gute Tante spaßte aber nicht nur mit kleinen Leuten, nein, sie führte auch die Großen mit Hochgenuß an der Nase herum. Einmal, wir steckten schon tief im Krieg, es mag im Jahr 1943 gewesen sein, verbrachten Beate und ich die Ferien auf Blawno. Eines Morgens klirrte eine Gruppe von Herren in Parteiuniform die Schloßtreppe hinauf, beehrte die Tante mit zackigem Gruß und verteilte sich dann in Schloß, Hof und Ställen, um Verbotenes zu entdecken. Man fand sich schließlich ohne Resultat an festlich gedeckter Mittagstafel wieder. Maria und Januschka, in schwarzen Kleidern und weißen Schürzen, servierten Graupensuppe. Graublau und milchig trüb blickte sie aus dem Meißner Porzellan. Die Herren betrachteten sie mit ähnlich trüben Blicken.

»Wir sind im Krieg«, sagte Tante Blaf, als ob sie damit eine Neuigkeit verkünde. »Und leider haben Sie versäumt, sich anzumelden. Also gibt es nur das Übliche.«

»Genau das ist es, was wir wollen«, antwortete der Sprecher der Gruppe und rührte lustlos in seiner Suppe. Zum Glück gab es hinterher noch eine Nachspeise. Sie ging den Herren lieblich durch die Kehle und schmeckte wie reine Schlagsahne. Wahrhaftig, ein unverhofftes Vergnügen! Die Stimmung hob sich mit jedem köstlichen Bissen. Auch Obst wurde hereingetragen und kleine Schälchen mit Wasser verteilt. Die Herren griffen rasch danach, denn wenn es auch nur Wasser war, so löschte es doch den Durst. Die Schloßherrin aber schälte in Seelenruhe eine Birne, tauchte die Finger mit Eleganz ins Schälchen, spülte sie ab und trocknete sie mit der Serviette. Dabei verzog sie keine Miene. Die Herren knirschten mit den Zähnen und fühlten sich stark beeinträchtigt in ihrer Würde und Wichtigkeit.

Endlich räusperte sich der Sprecher und fragte, ob es Frau von Blawnitz bekannt sei, daß man sich im Krieg befände und alle Sahne abliefern müsse für das Gemeinwohl und die Nation und den Endsieg?

»Es ist mir bekannt«, sprach die Tante. »Es wäre wahrhaftig unverantwortlich in diesen Zeiten, Sahne auf den Tisch zu bringen. Wer tut denn auch so etwas?!«

»Sie!« donnerte der Herr. »Sie haben eine Sahnecreme serviert. Bei jedem Bissen ist es mir klarer geworden, und ich habe nur weiter gegessen, um ganz sicher zu gehen.«

»Kommen Sie mit!« Tante Blaf erhob sich und führte die Herren in die Küche. Dort schlug die polnische Köchin aus dem magersten Magerquark eine Speise so schaumig und leicht, daß die Feinschmecker aus der Partei nichts dawider haben konnten, so gerne sie es auch gewollt hätten. Sie verschwanden aus der Küche mit langen Gesichtern und ohne der stolzen Dame die Peinlichkeit mit den Wasserschalen zurückgezahlt zu haben.

Tante Blaf lachte noch lange über diesen Scherz. Sie mußte hinterher viele Schikanen erdulden, aber das sei ihr die Sache wert gewesen, meinte sie.

»Eine bemerkenswerte Dame, trotz allem!« sagte Vater, als ich diese Geschichte zu Hause erzählte.

Ein Jagdunfall und die Sache mit der Seele

So bemerkenswert wie Tante Blaf war auch ihr Weihnachtsbaum. Ich sah ihn zum ersten Mal noch grün und ungeputzt im großen Saal stehen. Mutter kam mit uns Kindern, um den wöchentlichen Besuch abzustatten. Aber Tante Blaf empfing uns nicht wie gewohnt im warmen Salon, nein, wir wurden in den großen Saal geführt. Dort stand die mächtige Tanne. Oben, neben der Spitze, auf einer Leiter schwebte wie ein Weihnachtsengel die Tante. Sie schmückte den Baum. Auf jedes noch so kleine Ästchen hängte sie ein silbernes Lamettahaar. Nur eines durfte es sein, und es mußte auf beiden Seiten gleichlang herunterhängen. Im Saal herrschte Grabeskälte, denn vor Weihnachten wurde nicht geheizt, damit die Tanne frisch blieb. Tante Blaf trug einen dicken Pelzmantel. Die Haldewang unten hatte sich in wärmende Schals gewickelt und las vor. Ihre Zähne klapperten dabei wie Kastagnetten.

»Klappern Sie nicht, Haldewang!« kommandierte die Tante von oben. »Reißen Sie sich zusammen und lesen Sie verständlich!«

Dann sah sie uns unten stehen, winkte einen Willkomm und arbeitete weiter, bis der Lamettastrang in ihrer linken Hand verbraucht war und ein kleines Stückchen der Tannenspitze geschmückt. Nun endlich stieg sie herunter, gravitätisch und kerzengerade, und reichte uns eine eiskalte Hand. Mutter rieb die kalten Finger und drückte sie in ihren warmen Händen.

»Sie werden sich noch den Tod holen, Tante Blaf.«

»Den braucht man nicht zu holen, der kommt von allein.«

»Aber diese Arbeit! Das dauert ja Tage!«

»Es lohnt sich«, sagte die Tante mit Bestimmtheit. »Sie werden es sehen.«

Und wir sahen es, standen am zweiten Weihnachtsfeiertag vor dem Baum und schlossen geblendet die Augen. Die silberne Tanne glitzerte im Kerzenlicht so kalt und grausam schön, daß Brüderchen und mich die große Furcht ankam.

»Naus! Naus!« flüsterte er, und auch ich drängte zur Tür und sehnte mich nach unserem heimatlichen Baum. Wie er damals geschmückt war, weiß ich nicht mehr. Aber es lagen gewiß keine Wattebäusche auf den Zweigen wie bei Bauer Justen, und es hingen keine Zuckerkringel dran wie an dem Bäumchen auf Frau Bressels Ladentisch, aber er war bunt und lustig anzuschauen. Damit war es nun endgültig vorbei. Im nächsten Jahr hielt der kalte Glitzerbaum vom Schloß bei uns Einzug. Wie Tante Blaf, so arbeitete nun auch Mutter viele Stunden daran, dem Baum das silberne Lamettakleid umzuhängen, und niemand durfte ihr dabei helfen, nicht einmal Vater.

»Es soll eine Überraschung für euch werden«, sagte sie. Eine Überraschung wurde es dann auch, aber sie war teuer erkauft. Über den ganzen 23. Dezember blieb Mutter verschwunden. Das Gartenzimmer hieß nun Weihnachtszimmer und war für jedermann verschlossen. Else hatte den strengen Befehl, keinen Menschen vorzulassen, mochte passieren, was da wolle.

»Laß mich rein, Else! Emma-Luise ist verschwunden!« Emma-Luise war meine liebste Puppe.

»Du wirst se schon finden, und wenn nich, isses och keen Schade!«

»Brüderchen ist die Treppe runtergefallen!«

Ich hatte ihm einen leichten Stoß versetzen müssen, um das harte Mutterherz zu erweichen. Aber die Tür zum Weihnachtszimmer blieb verschlossen, so jämmerlich Brüderchen auch schluchzte. Es blieb mir nichts übrig, als mit ihm hinüber zu Frau Bressel zu gehen, obwohl ich es nicht gerne sah, daß er meine Privilegien für sich in Anspruch nahm. Ich wachte denn auch scharf darüber, daß er nur einen Mohrenkuß bekam und nicht etwa zwei. Als er Anstalten machte, unter dem Ladentisch hindurch zu Frau Bressel zu kriechen, zog ich ihn zurück und aus dem Laden hinaus.

Auch Vater stand vor verschlossener Tür, klopfte und wurde nicht eingelassen.

»Soll ich ›Stille Nacht‹ singen lassen oder ›O du fröhliche‹?« brüllte er, und zwar so ärgerlich, daß Mutter Wiesche, die in der Küche unsere Weihnachtsgans rupfte, ganz entsetzt um sich blickte und fragte: »Was issen mit em Paster? Isser krank oder wie?«

»Laß sie alle beide singen!« rief Mutter aus dem Weihnachtszimmer. »Mit sämtlichen Strophen und das Ganze im Stehen. Das mögen sie, das ist feierlich. Und Paul-Gerhard, denk dran: Nur eine kurze Predigt, gell!«

Er entfernte sich mißmutig.

Nein, dieser 23. war kein beglückender Tag. Aus der Küche wurden wir hinausgetrieben, sobald wir nur einen unschuldigen Fuß hineinsetzten. Wo wir uns auch hinstellten, standen wir einem Erwachsenen im Weg. An manchem 23. mußten wir sogar ohne mütterlichen Gutenachtkuß ins Bett gehen! Und warum das alles? Nur wegen Tante Blafs schaurig-schönem Glitzerbaum, der Mutters Herz vom ersten Blick an verhext hatte.

Dieser Baum stand noch im Saal, als Onkel Blaf gen Himmel fuhr.

»Onkel Blaf ist im Himmel!« Mutter schluchzte es heraus und war ganz aufgelöst. Sie rang sogar die Hände.

»Wie ist das nur möglich? Wie konnte das passieren? Paul-Gerhard, sag es mir!«

Aber Vater sagte nichts. Er saß an seinem Schreibtisch, den Kopf in den Händen verborgen.

Später fuhren die Eltern ins Schloß, schwarz gekleidet und mit einem heißen Ziegelstein auf dem Schoß. Viele Kuschliner Schlitten folgten ihnen, und wenn sie den Pferden die Glocken nicht abgenommen hätten, es wäre eine richtig schöne Schlittenfahrt gewesen. Ich hauchte ein Loch in die Eisblumen am Flurfenster, schaute ihnen nach und war traurig. Warum mußte gerade dieser freundliche Onkel Blaf im Himmel sein? Da hätte ich andere gewußt, die mir lieber gewesen wären! Wer würde nun den Hut vor mir ziehen und dabei freundlich lächeln? Niemand auf der großen weiten Welt! Ich brach in Tränen aus.

»Es war ein Jagdunfall«, sagte Mutter, als sie wieder heimkamen.

»Wieso ein Jagdunfall?« fragte Beate. »Was ist denn das?«

»Jemand hat gedacht, Onkel Blaf wär' ein Hase!« sagte der böse Michael. Schwapp, da hatte er schon eine Ohrfeige, eine saftige von Vater, so daß er nun auch traurig war und laut heulte.

Seitdem trug Tante Blaf nur noch schwarze Kleider zu ihren Ringen und Ketten. Wenn sie zur Kirche kam, versteckte sie ihr Gesicht hinter einem schwarzen Schleier. Ich fragte Frau Bressel, warum wohl Tante Blaf einen so großen, schwarzen Schleier vor dem Gesicht hätte.

»Meinst du, sie hat ihn, damit man nicht sieht, wenn sie weint?«

»Weinen? Die? Da kannste lange warten!« knurrte Frau Bressel und schnob durch die Nase.

Im Frühling, als die Sonne warm schien, wanderte Mutter mit uns durch den Schloßpark. Die Tür des Mausoleums stand weit auf. Das hatte ich noch nie gesehen.

»Endlich ist die Kirche offen!« rief ich.

»Es ist keine Kirche, Pickdewick!« erklärte Mutter. »Es ist die Begräbnisstätte von Blawno. Da liegt auch Onkel Blaf.«

»Was, da?« schrie ich entsetzt. »Du hast doch gesagt, er ist im Himmel!«

»Ja natürlich, seine Seele ist im Himmel!«

»Warum denn nur seine Seele?«

Tante Blaf erschien in der Tür des Mausoleums und kam die Treppe herunter. Sie gab uns allen die Hand und Mutter einen Kuß.

»Ich habe ihm Veilchen gebracht. Er liebte Veilchen.«

»Aber er ist doch im Himmel! Warum bringst du ihm die Veilchen hierher, Tante Blaf?«

Sie antwortete mir nicht und ließ den Schleier wieder über ihr Gesicht fallen.

Die Sache mit der Seele beschäftigte mich sehr. Also ging ich zu Frau Bressel.

»Frau Bressel, was ist denn einem seine Seele?«

»Achjott, achjott!« seufzte Frau Bressel und gab mir einen Mohrenkuß und noch einen und noch einen, so lange mußte sie überlegen. Endlich, als mir schon ganz schlecht war, fing sie an.

»Was haste bei deiner Mutter am liebsten?«

Da brauchte ich nicht lange zu überlegen.

»Wenn sie lustig ist und Geschichten erzählt.«

»Siehste, Kindchen, das ist ihre Seele! Und was magste beim Vater?«

Das war schon schwieriger, aber nach kurzem Überlegen wußte ich es.

»Wenn er mir über den Kopf streichelt und sagt, ›du bist mein Töchting*‹.«

»Das ist seine Seele! Und beim Brüderchen, was magste bei dem?«

Beim Brüderchen mochte ich eigentlich alles. Es fiel mir schwer, mich zu entscheiden.

»Wenn er seine Händle hochhebt und will, daß ich ihn auf den Arm nehm'. Das mag ich am allerliebsten, Frau Bressel.«

»Siehste, Kindchen, und das ist dem Brüderchen seine Seele. Vastehste jetzt, was eine Seele ist?«

Ich nickte und meinte, ich hätte es verstanden.

Dann kam ich nach Hause. Da hatte unser kleiner Bernhardiner Tell etwas Falsches gefressen, saß in seiner Kiste, spuckte und jaulte.

---

* Plattdeutsch: Tochter.

»Der kotzt sich noch die Seele aus dem Leib!« sagte Martha zu Else.

Ich sah das liegen, was er ausgespuckt hatte, und wandte mich schaudernd ab. Der muß aber bös sein, dachte ich bei mir, mit solch einer scheußlichen Seele.

Zehn Jahre später, im Sommer 1945, hörten wir, daß Tante Blaf gestorben war. Sie hatte die Flucht im Winter gut überstanden, hatte die ganze Familie und alle Pferde in den Westen hinübergerettet. Sie starb, als es eigentlich keinen Grund mehr zum Sterben gab.

Sie wollte nicht mehr leben, schrieb die schöne Helena an Mutter. *Sie hat ihre Seele auf Blawno gelassen.*

Unsere Polenreise führte uns auch nach Blawno. Wir freuten uns darauf, unseren Männern all die Pracht und Herrlichkeit vorzuführen. Schloß und Springbrunnen, Freitreppe und Park. Nach dem häßlichen Pfarrhaus, den zugemauerten Kirchen, sollte wenigstens das Schloß Staunen und Bewunderung wecken.

»Ist es das?« fragte Florian und hielt vor der Freitreppe.

Wie niedrig die Treppe war! Die Stufen ausgetreten und abgebröckelt, in den Ritzen wuchs Gras.

»Der Springbrunnen!« Beate trat beherzt zwischen die Gänse, die auf der Wiese vor dem Schloß weideten. Graue Steine, Reste vom Bassin, das war alles, was von dem Springbrunnen übriggeblieben war, der Mutter damals so bezaubert hatte, daß sie im Pfarrgarten einen Vergißmeinnichtbrunnen anlegte. Ich zog Manfred fort von Wiese und Gänsen und der enttäuschenden Vorderansicht des Schlosses.

»Die hintere Terrasse ist schöner, die Treppe wunderbar geschwungen.«

Ich dachte an die Feste, die wir dort gefeiert hatten, an Konzerte und Lampions im dunklen Park. Aber es gab keine hintere Terrasse mehr und keine geschwungene Treppe. Die Flügeltür war zugemauert.

Im Schloß ging es laut und lustig zu. Kinder sangen, ein Radio quäkte, Blawno war zum Kindererholungsheim geworden.

Unsere Herren drängten zurück zum Vordereingang.

»Kommt schon, ihr beiden! Jetzt zeigt uns mal den großen Saal und das Theater!« Sie stiegen die Stufen hinauf, als ob sie sich auskennten, als ob es ihr Schloß gewesen wäre.

Beate schüttelte den Kopf. Nein, sie wollte die Treppe nicht hinaufgehen. Ich auch nicht. Eine Woge von Kindern brach aus der Schloßtür und schwemmte Manfred und Florian mit hinunter.

Beate und ich waren schon auf dem Weg zum Park. Sie folgten uns murrend.

»Warum sind wir eigentlich nach Polen gefahren, wenn ihr doch nichts anseht! Wenn ihr immer nur vor den Häusern rumsteht und nicht hineingeht!«

Der Park war zusammengeschrumpft. Die hohen Bäume abgeholzt. Und in diesem Minipark hatten Brüderchen und ich uns verlaufen!

»Wirklich, eine reife Leistung!« lobte Manfred, als ich ihm erzählte, wie Brüderchen und ich hier herumgeirrt waren und uns wie Hänsel und Gretel gefühlt hatten, ausgesetzt und von aller Welt verlassen.

An dem Mausoleum wären wir beinahe vorbeigegangen, so gut hatte es sich in die Landschaft eingefügt, grau und bemoost, die Treppe verfallen, das Tor zugemauert.

Blawno war eine Enttäuschung. Es gab nichts, womit wir unseren Männern hätten imponieren können.

»Ach, geht mir doch weg mit euren polnischen Traumschlössern!« brummte Florian. »Da lob' ich mir Ludwigsburg oder Schwetzingen! Wo willst du denn jetzt noch hin, Beate?«

»Zum Hof!« rief sie. »In die Ställe!«

Das war nun etwas, was ich überhaupt nicht wollte! Nicht auf den Hof und nicht in die Ställe! Dort lag für mich ein Berg von unangenehmen

Erinnerungen, mindestens so hoch wie der mächtige Misthaufen. Hier auf dem Hof hatte Beate das Reiten gelernt. Hier war sie mit Charlotta von Stall zu Stall marschiert und hatte Kälber und Ferkel gestreichelt, während Brüderchen und ich uns nirgendwo hintrauten, im Hof herumstolperten und Angst hatten. Jetzt stand sie vor dem Pferdestall mit leuchtenden Augen, breitete die Arme aus und tat so verklärt wie ein Kind im Weihnachtszimmer. Ich konnte gar nicht hinschauen, so sehr verdroß es mich.

»Gehn wir!« rief ich. »Was soll'n wir hier in dem Dreck?«

Sofort erwachte Beate aus ihrer Verklärung.

»Nein!« schrie sie. »Ich will hier bleiben! Es ist schön und noch wie früher!«

»Hier ist es dreckig! Ich will nicht wieder von einem Stier gejagt werden wie damals!«

»Von einem Stier! Ich lach' mich tot! Von einem süßen kleinen Kälbchen!«

»Ein süßes kleines Kälbchen stampft nicht, daß der Boden zittert!«

»Nur du hast gezittert, sonst niemand!«

»Du brauchtest nicht zu zittern, du warst ja oben auf dem Heuwagen.« Mir wurde ganz heiß vor Zorn.

Die alten Geschichten. Hier im Gutshof von Blawno wurden sie wieder lebendig...

War es der scharfe Gestank aus der Jauchegrube? Er stieg mir in die Nase und in den Kopf und machte mich ganz wild.

»Du hast damals gelacht, als ich in die Jauche fiel!«

»Es war auch zum Lachen! Immer seid ihr überall reingestolpert, Brüderchen und du! Immer hattet ihr Angst! Man mußte sich schämen mit euch!«

Hätten uns unsere Ehemänner nicht gepackt, wir wären aufeinander losgegangen, mitten auf dem Gutshof, ein vergnügliches Schauspiel für die versammelten Gutsarbeiter. Manfred und Florian, wie vom Donner gerührt, aber doch noch aktionsfähig, drängten uns zum Hof hinaus, hin zum Teich. In diesem Teich wurden früher die Pferde getränkt und gewaschen. Beate, Michael und Charlotta ritten dann mit hinein, während Brüderchen und ich wehklagend am Ufer herumliefen und Angst um sie hatten. Aber sie kümmerten sich nicht um unsere Gluckhennengefühle, spritzten höchstens und warfen mit Dreck.

Nun standen Beate und ich vor dem Teich, jede mit ihrer Erinnerung. Der Boden war schlammig. Ich kam ins Rutschen, versuchte mich an Beate zu klammern, aber sie hatte genau wie ich keinen guten Halt auf dem abschüssigen Ufer. So rutschten wir gemeinsam in den Teich hinein, der mit den Jahren auch nicht sauberer geworden war. Manfred und Florian nach kurzer Schrecksekunde reichten liebevolle Hände und zogen uns wieder an Land. Sie sagten nicht, wie ich erwartet hatte: »Das kommt davon!« oder »Himmel, seht ihr aus!« Nein, sie gingen ohne Kommentar zu einem sonnigen Kiefernwäldchen. Dort fanden sie ihre Sprache wieder.

Manfred räusperte sich und sprach: »Wir holen euch was zum Anziehen aus dem Auto.«

Florian fügte hinzu: »Und was zum Essen bringen wir auch noch mit.«

Sie gingen und schauten sich nicht einmal um.

Wir zogen uns aus und hängten die nassen Sachen über Kiefern und Heidekraut.

Später aßen wir Brot und Tomaten und tranken Kirschsaft dazu. Dann schüttelten wir den Sand aus Haaren und Schuhen, liefen über den Gutshof, am Schloß vorbei und an der einst so gepflegten Auffahrt, zurück zum Auto.

Blawno, der Glanzpunkt unserer Reise, war damit abgehakt.

Sommerferien in Kolberg
und naßgeweinte Schürzen

So ist es nun einmal im Pfarrersleben, egal ob in Polen oder in Deutschland, ob 1936 oder fünfzig Jahre später. Immer dann, wenn der Pfarrer seine Gemeinde richtig kennt, wenn die Kinder Freunde gewonnen haben, wenn Garten und Gemeindekreise unter der Pflege der Pfarrfrau gedeihen, dann will es die Weisheit des Oberkirchenrates, daß der Pfarrer sein Bündel schnürt und des Weges zieht in einen neuen Wirkungskreis. Dieser Auszug findet etwa alle zehn Jahre statt. Er sorgt dafür, daß Pfarrer und Pfarrerskinder nirgends tiefe Wurzeln schlagen und daß sie, nach ihrer Heimat befragt, zu stottern anfangen und nicht recht wissen, welche Heimat sie jetzt nehmen sollen. Es bleibt ihnen der Hinweis auf das geistliche Lied: »... Die Heimat der Seele ist droben im Licht!« Aber wer kennt schon dieses Lied, und wem fällt es im rechten Augenblick ein?

Eingeleitet werden die Umzugswirren etwa ein Jahr davor mit einer zarten Anfrage des zuständigen Herrn im Oberkirchenrat. Das klingt dann ungefähr so:

»Na, wie wär's denn, lieber Amtsbruder? Dachten Sie schon an eine mögliche Veränderung?

Nein, nicht? Aber da ist gerade Krotoschin freigeworden ... Kein Interesse? Und die vierte Stelle an Paulus? Auch nicht? Nun, bedenken Sie es in Ruhe!«

Der Amtsbruder bedenkt's und verhält sich still. Ein Weilchen läßt man ihm Zeit, dann geht es wieder los, jetzt mit verstärktem Druck und leichtem Vorwurf:

»Nun sind Sie schon zehn Jahre auf dem Dorf! Sollten Sie jetzt nicht einmal in die Stadt? Denken Sie an Ihre Kinder und die schulischen Verhältnisse. Wir hätten da gerade ein paar sehr schöne freie Stellen ...«

Dann folgt die Aufzählung der sehr schönen freien Stellen. Bei näherer Betrachtung sind sie mit allerlei Mängeln behaftet, mit wurmstichigen Häusern an verkehrsreichen Straßen, mit Streit im Kirchengemeinderat und anstehendem Bau eines Gemeindehauses. Unbeliebte Stellen also, auf die sich niemand freiwillig begeben will. Aber schließlich wird auch der widerborstigste Pfarrer zahm, bewirbt sich und erhält eine solche Stelle ohne Schwierigkeiten und lästigen Mitbewerber. Er denkt bei sich und tröstet damit seine weinende Gattin: »Es sind ja nur zehn Jahre! Und dann, mein Herz, dann suchen wir uns was ganz Schönes! Ein Traumhaus mit Fliedergebüsch im Garten und mit vielen netten Leuten in der Gemeinde. Gell du, das machen wir!«

»Ja«, schnieft sie. »Wenn nur die zehn Jahre schon rum wären!« Vater bekam ein solches Traumhaus und die schönste Stelle, die er sich wünschen konnte. Nach zehn Jahren im Dorf Kuschlin wurde ihm die Lutherkirche in Bromberg-Schwedenhöhe angeboten. Er kannte Pfarrhaus, Kirche und Gemeinde. Er brauchte nur in seines Vaters Fußstapfen zu treten, die waren zwar etwas groß für den Sohn, aber das bedrückte ihn offenbar wenig.

Vor dem Umzug schreibt Mutter an ihre Freundin Linde:

Kuschlin, im Mai 1937
Liebste Linde!
Halleluja! Wir kommen nach Bromberg-Schwedenhöhe! Alle Lichter in meinem Herzen sind angezündet! O Linde, ich kenne dieses Haus! Es ist ganz unbeschreiblich schön. Als Braut war ich dort und habe mich gleich wohl gefühlt. Oh, diese Glasveranda! Wie werden meine Kinder und Kakteen darin blühen und gedeihen! Dazu fließendes Wasser im ganzen Haus, ein richtiges Badezimmer mit einer großen weißen Wanne auf geschweiften Füßen und, Linde, halt Dich fest, jetzt kommt der Clou: zwei Locüsse, einer oben und einer unten! Na, was sagst Du dazu? Ist das ein Luxus oder nicht? Und in diesen Palast ziehen wir demnächst ein! Du wirst gut daran tun, uns bald zu besuchen.

Ich weiß, Linde, Du überschreitest nicht gerne Grenzen, aber in dem Fall lohnt es sich ...

Zwanzig Jahre lang hatte Großvater Lassahn auf dem Bromberger Schwedenberg im Segen gewirkt. Er hatte einen Blaukreuzverein gegründet, hatte die Armenfürsorge organisiert, *Hand in Hand mit Frau Sanitätsrat Dietz,* so steht es in der ›Deutschen Rundschau‹. Er baute ein Altenheim und schließlich im Kirchgarten, hinter der Kirche, ein Gemeindehaus.

Großvater Lassahn war nicht der Mensch, den ein zuständiger Herr vom Konsistorium nach zehn Jahren hätte weiterdrängen können. Er blieb in Bromberg-Schwedenhöhe bis zu seinem Ruhestand.

... Wir verlieren mit ihm eine wahrhaft priesterliche Gestalt, einen Mann mit hoher Bildung und tiefinnerlicher Bescheidenheit... schrieb der Chefredakteur der ›Deutschen Rundschau‹ in Bromberg zur Verabschiedung im September 1931.

Großvater zog weit fort von der Stätte seines Wirkens, nach Kolberg an den Ostseestrand zu Nettelbeck und Gneisenau. Mit ihm zog seine unverheiratete Tochter Johanna, um dem Vater den Haushalt zu führen. Über die eigene Person hat er nie gesprochen, jedenfalls nicht zu uns Kindern. Darum weiß ich nicht, wie er den Umzug aus dem

Großvater Lassahn mit seinem Enkel Christoph 1940

Bromberger Pfarrhaus in die Kolberger Wohnung verkraftet hat, wie die große Wende vom ausgefüllten Pfarrersleben zur stillen Zweisamkeit mit der schwierigen Tante Johanna. »Mit Gottes Hilfe«? Nein! Für einen so laxen Ausdruck war Großvater viel zu fromm. Es könnte sein, daß ihn die gute Seeluft nach Kolberg gezogen hat. Vielleicht war es aber auch der feine weiße Sand und der lange Strand, der sanft ins Meer abfiel. Beides trefflich geeignet zum Baden und Spielen für kleine und große Enkelkinder.

Es gab Gastzimmer genug in der Kolberger Wohnung, und jedes Jahr in den Sommerferien fuhren wir Kinder zu Großvater und Tante Johanna. Wir badeten und bauten Burgen im Sand. Großvater im schwarzen Anzug, schwarzer Krawatte und weißem Hemd, spazierte auf der Uferpromenade, schwenkte seinen Hut in unsere Richtung und kehrte dann wieder in die Wohnung zurück zu seinen Büchern.

Großvater hatte zwei Leidenschaften. Er las gern und er spielte gern Schach. Lesen konnte er für sich allein. Schachspielen eigentlich auch, aber es machte ihm keinen Spaß, sich selber zu bekriegen. Am Donnerstagabend, Schlag sieben Uhr, kam der alte Medizinalrat Boor, auch er im schwarzen Anzug, schwarzer Krawatte und weißem Hemd. Da saßen sie dann und spielten, schweigend und unentwegt, bis Tante Johanna ins

Zimmer fegte, die Fenster aufriß, die Standuhr aufzog und deutlich kundtat, daß die Stunde vorgerückt und die Zeit zum Abschied gekommen sei. Leider! Da seufzten die beiden Herren und gaben es auf bis zum nächsten Donnerstag. Großvater trachtete nun danach, die lange Durststrecke zu verkürzen. Er richtete dazu einen nachdenklichen Blick auf seine Enkel und erwählte schließlich mich als Spielgefährtin und Partnerin. Wen hätte er auch sonst nehmen sollen? Michael und Beate strebten nach draußen zu ihren Freunden. Brüderchen war noch zu klein, obgleich er gerne mit dem Großvater gespielt hätte. Ich allein blieb übrig und war noch immer besser als niemand. Mit unendlicher Geduld brachte er mir die Spielregeln bei und freute sich königlich, wenn ich einen vernünftigen Zug tat. Diese Spiele dehnten sich in unerträgliche Länge, denn Großvater überlegte ausgiebig nicht nur seine Züge, sondern auch meine. Deshalb versuchte ich, der Sache ein Ende zu machen, und warf ihm eine Figur zum Fraße vor. Aber er nahm das Opfer nicht an, schüttelte traurig den Kopf, stellte die Figur wieder an ihren Platz zurück und sagte: »Komm, Pickdewick, das wollen wir uns noch einmal überlegen!«

Mutter fuhr nie nach Kolberg. Vater nur, wenn er uns abholte. Da sah ich ihn zum ersten Mal im Badeanzug. Es war ein schwarzes schlabbeliges

Kleidungsstück vom Schenkel hoch bis zu den Schultern. Tante Johanna sagte: »Sehr sportlich!« Aber ich wendete meine Augen ab und fand ihn im Lutherrock schöner.

Die Eltern fuhren in den Ferien nach Oliva oder Zoppot. Aber länger als eine Woche blieben sie nie fort. Da war die Gemeinde, da war der Garten, und alle zwei Jahre erwartete Mutter ein Kind.

Sie schreibt an die »madre«, und ich denke, daß ich sie schon richtig verstehe.

Kuschlin, im August 1935
Herzallerliebste madre!
... Ich nehme eben glücklicherweise etwas ab, kann mich aber nicht restlos dran freuen, weil das bei mir immer der Vorbote vom großen Zunehmen ist ... Ach madre!

Großvater gewöhnte sich an Kolberg und lebte gerne dort. Ich habe ihn nie verdrießlich erlebt.

Warum er im kalten Winter 1945 auf die Flucht gehen sollte, sah er nicht ein. Aber Tante Johanna drängte und packte zwei Reisetaschen und bat ihn und flehte, er solle sich fertigmachen, schnell, schnell, es wäre keine Zeit zu verlieren.

Als sie kam, ihn zu holen, saß er mit Hut und Mantel in seinem Lehnstuhl und hatte sich bereits auf die Reise begeben. Vor ihm auf dem Schreibtisch lag seine aufgeschlagene Bibel. Tante Johanna in ihrer Traurigkeit las den Vers, den Großvater rot angestrichen hatte: *Haltet mich nicht auf, denn der Herr hat Gnade zu meiner Reise gegeben.*

Im Mai 1937 befanden wir uns auch im Aufbruch. Der große Umzug von Kuschlin nach Bromberg stand ins Haus.

Mutter schreibt Ende April an ihre Freundin:

Kuschlin, Ende April 1937
Liebe Maria!
... Wir waren hier in Kuschlin sehr glücklich und wären gerne noch länger geblieben, doch war einfach unsere Zeit hier vorüber. Unsere Kinder müssen auf die höhere Schule, und wir wollen nicht, daß sie Fahrschüler oder Internatsschüler werden. In der Gemeinde ist Trauer, daß nun unsere Wege auseinandergehen. Wir wußten nicht, wie sehr beliebt Paul-Gerhard war, bei arm und reich, hoch und niedrig ... Der Abschied fällt uns sehr schwer! Arbeit gibt es jetzt viele! Es soll alles tadellos verlassen werden, auch in den kleinen Dingen. Hoffentlich treibt die liebe Sonne meine Pflanzen und Stauden noch ein wenig heraus, damit unsere Else, die mit uns nach Bromberg zieht, von jeder Sorte ein bis zwei Pflanzen mitnehmen kann. Das hat sie sich ausbedungen. Wir haben soviel in den Garten hineingesteckt, daß wir auch etwas mitnehmen dürfen. In seinen Rabatten buddeln, wenn das

Heimweh kommt, glaub mir, Maria, das hilft. Ich hab's ausprobiert...

Am 1. Juni 1937 stand dann der unheimliche Wagen vor unserer Haustreppe. Es war der scheußlichste Umzug meines Lebens, denn Brüderchen und ich wurden ausgeschlossen und durften nicht dabeisein. Wir sahen, wie die Männer Möbel aus dem Haus schleppten und alles in dem Wagen verstauten, was uns lieb und teuer war, meine Puppe, Brüderchens Bett und sein »Thrönchen«. Emma-Luise hatte ich zwar gerettet und hielt sie fest an mich gepreßt, aber was war schon Emma-Luise, wenn das Chaos über uns hereinbrach? Zu allem hin fuhr noch Tante Blafs Kutsche die Einfahrt herauf. Tante Blaf mit ihrem silbernen Stöckchen stieg aus, legte die beringte Hand auf meinen Kopf und sagte: »Kommt nur, Kinderchen!«

Aber wir wollten nicht kommen! Wir wollten den Untergang zusammen mit unseren Lieben erleben. Wenn schon alles in diesem unheimlichen Wagen verschwand, dann wollten wir da auch hinein. Mutter kam, schob uns vorwärts, der Kutsche zu, und sprach liebevoll besänftigende Worte.

»Kommt, Pickdewick und Brüderchen! Ihr dürft jetzt ein paar Tage zu Tante Blaf. Da könnt ihr im Puppenhaus spielen...«

Aber wir brüllten wie die Löwen und mußten mit Gewalt in die Kutsche gesteckt werden. Tante

Blaf schrie dem Kutscher zu, er solle, zum Teufel noch mal, losfahren. Das tat er denn auch, fuhr wie der Teufel, und so wurde es eine rechte Höllenfahrt. Bei Tante Blaf angekommen, hörten wir auf zu weinen. Nun hatte es ja doch keinen Zweck mehr.

Wir wandelten still und sorgenvoll um den Springbrunnen herum, hatten keine Lust zum Spielen und keine zum Essen. Im Park spazierengehen wollten wir auch nicht. Ja, wenn Onkel Blaf des Weges gekommen wäre, seinen Hut gezogen und sich verbeugt hätte, dann wäre vielleicht das Band um unsere Herzen gesprungen. Wir hätten ihm unser Leid geklagt und uns besser gefühlt. So aber schlichen unsere Tage dahin, und ein Morgen war schwärzer als der andere. Da fiel mir Frau Bressel ein. Wie hatte ich sie nur vergessen können, sie und ihre trostreichen Mohrenküsse?

»Brüderchen, wir gehen zu Frau Bressel!«
»Ja gut! Gehn wir!«

Sein Gesicht strahlte auf. An Frau Bressel und ihren Mohrenkuß erinnerte er sich gern. Wir mußten lange suchen, bis wir Tante Blaf fanden. Sie saß in der Bibliothek hinter dem Schreibtisch und schrieb.

»Tante Blaf, wir gehn jetzt zu Frau Bressel!«
»Aha! Tut ihr das?«

Sie hob ihr Lorgnon vor die Augen und betrachtete uns, wie wir blaß und winzig vor dem mächtigen Schreibtisch standen.

»Was wollt ihr bei Frau Bressel!«

»Sie soll uns trösten.«

»Kann sie das?«

»Ja!« Wir nickten beide, denn wenn etwas sicher war, dann das.

Tante Blaf ließ ihr Lorgnon fallen und drückte auf den Klingelknopf.

Die Maruschka kam und knickste.

»Stefanek soll die Kutsche anspannen und vorfahren! Aber schnell, wenn ich bitten darf!«

Die Maruschka knickste und verschwand.

»Setzt euch!« sagte Tante Blaf und zeigte auf die Ledersessel. »Es wird ein Weilchen dauern.«

Wir schoben uns beide auf den gleichen Sessel. So vereint fühlten wir uns stärker.

»Frau Bressel kann euch also trösten?«

»Ja!«

»Wie macht sie das?«

»Mit Mohrenküssen!«

»Ach, so ist das!« Tante Blaf lachte auf, aber nicht freundlich.

»Mohrenküsse habe ich auch. Dazu braucht ihr nicht nach Kuschlin zu fahren.«

Sie zog die oberste Schublade auf, holte ein silbernes Kästchen heraus, öffnete es und schob es über den Schreibtisch zu uns hin.

»Da, bedient euch und seid getröstet!«

Wir schüttelten den Kopf und zogen uns tiefer in den Sessel zurück.

»Na was? Ich dachte, Mohrenküsse könnten euch trösten?«

»Nur der Frau Bressel ihre!« piepste Brüderchen, und weil Tante Blaf ein Gesicht machte, als ob sie es nicht verstanden hätte, fügte ich hinzu: »Sie redet auch.«

»Was redet sie denn?«

»Sie fragt, wer einen geärgert hat.«

»Ah ja, und wer hat euch geärgert?«

»Alle!« heulte Brüderchen, und »Vaterle und Mutterle!« schluchzte ich hinterher.

»Wieso haben sie euch geärgert?«

»Sie ham uns einfach in deine Kutsche gestopft!«

»Aber, sie ziehen doch um... und haben viel Arbeit... und können sich nicht kümmern... das müßt ihr verstehen... In vier Tagen bringe ich euch zu ihnen, nach Bromberg...«

Tante Blaf kritzelte auf ihrem Schreibtisch herum.

»Sie ham uns einfach bei dir gelassen«, schniefte Brüderchen.

»Aber sie richten alles schön ein, damit es fertig ist, wenn ihr kommt.«

»Wir wollten aber dabeisein dürfen.«

»Der Michael und die Beate durften auch.«

Wieder brach der ganze Jammer über uns herein. Wir hoben unsere Schürzen vors Gesicht und weinten.

»Ihr habt recht, ihr beiden.« Tante Blaf lehnte sich über den Schreibtisch. »Sie hätten euch mitnehmen müssen.«

Wir hielten den Atem an hinter unseren Schürzen.

»Sie haben es falsch gemacht.«

»Ja!«, das war auch unsere Meinung.

»Aber sie haben euch lieb. Ganz bestimmt. Da könnt ihr sicher sein.«

Tante Blaf sprach es mit ihrer Kommandostimme, und wenn sie die hatte, dann gab es keinen Zweifel, dann konnte man wirklich sicher sein. Es war vorbei mit der Traurigkeit. Das Band um unsere Herzen sprang. Wir ließen die Schürzen sinken.

»Na, wie wär's mit einem Mohrenkuß?«

Tante Blaf kam hinter dem Schreibtisch hervor und hielt uns das silberne Kästchen hin. Wir bedienten uns gerne. So saßen wir gemütlich und aßen, bis die Maruschka kam und meldete, daß die Kutsche vorgefahren wäre.

»Also ihr beiden!« Tante Blaf nickte uns zu. »Alles ist bereit, ihr könnt fahren!«

Wir saßen wie festgewachsen.

»Habt ihr euch schon von Frau Bressel verabschiedet?«

Ach das war mal eine schöne / rührende Familienszene (Wilhelm Busch). – Letzte Tage in Kuschlin

Nein, das hatten wir natürlich nicht. Wir waren ja in die Kutsche geschoben worden. Wir hatten ja keine Zeit gehabt.

»Ich würde vorschlagen«, sagte Tante Blaf, »ihr fahrt jetzt nach Kuschlin und sagt der Frau Bressel auf Wiedersehn. Dann bringt euch der Stefanek wieder zu mir. Machen wir's so?«

Ja, so wollten wir es machen. Tante Blaf zog uns die naßgeweinten Schürzen aus und brachte uns zur Kutsche. Sie winkte sogar. So fuhren wir ganz allein, nur mit dem Stefanek auf dem Kutschbock, nach Kuschlin. Wir lehnten uns in die Polster zurück oder schauten aus dem Fenster und fühlten uns groß und so, als wären wir Onkel Blaf im Park begegnet, als hätte er den Hut gezogen und sich verbeugt. Als wir am Pfarrhaus vorbeikamen, guckten wir beide nicht hin. Wir schauten auf die andere Seite zu Scheuners hinüber. Der Pauli stand vor der Tür und bohrte in der Nase. Wir winkten ihm gnädig zu.

Aber als Frau Bressel hinter dem Ladentisch hervorgewatschelt kam und uns über den Kopf streichelte, da mußte ich doch wieder weinen.

»Der Herr behüte euch, Kinderchen!« sagte sie. »Und da jibt's noch 'ne Schachtel Mohrenküsse für euch.«

Hexen in der Flundergasse und Köpfe im Tor

Umzug und Empfang in Bromberg hatten Brüderchen und ich leider nicht miterleben dürfen. Wir saßen ja in Blawno und weinten in unsere Schürzen. Nachdem Tante Blaf uns aber getröstet und zu Frau Bressel geschickt hatte, gaben wir uns zufrieden, aßen mit Appetit und spielten im Puppenhaus, bis sie uns nach Bromberg brachte. Wir fuhren nicht mit der Kutsche und nicht mit der Eisenbahn. Nein, vor der Freitreppe stand ein blitzendes, schwarzes Auto. Ein Chauffeur in grauer Uniform hielt die Tür vor uns auf. Wir fühlten uns wie König und Königin, reckten die Brust heraus und taten sehr hoheitsvoll.

»Na, ist das eine Überraschung?« fragte Tante Blaf.

Wir nickten stumm. Es gab einfach keine Worte, unser Entzücken auszudrücken. Die Fahrt mit diesem Wunderwerk der Technik war so überaus erhebend und beglückend, daß die Ankunft im neuen Haus dagegen verblaßte.

Natürlich nahmen wir es gerne hin, daß Mutter uns in die Arme schloß und rief: »Ach, bin ich froh, daß ihr wieder bei uns seid!«

Natürlich war es erfreulich, daß Vater mich

hochhob und sagte: »Pickdewick, du hast mir gefehlt!«

Aber nach der Fahrt in einem solchen Auto mit Chauffeur und blitzendem Rückspiegel, mit Hupe und scheuenden Pferden ringsum, konnten wir uns nicht leicht für etwas anderes begeistern. Lächelnd betrachteten wir Michael und Beate, die um unser Auto und unseren Chauffeur herumliefen und sich nicht sattsehen konnten. Gut, sie hatten beim Umzug dabeisein dürfen, wir aber waren mit dem Auto gefahren, und mit was für einem! Michael schluckte und warf einen neidischen Blick auf uns.

»Was, da seid ihr dringesessen?«

»Ja! Und der Chauffeur hat die Tür vor uns aufgehalten, und dann sind wir viele Stunden gefahren, natürlich furchtbar schnell ...«

»Und extra wegen uns hat sie's gekauft!« prahlte Brüderchen. »Daß wir eine Überraschung haben!«

Brüderchen und ich sprachen noch oft von dieser genußreichen Autofahrt, besonders, wenn Michael und Beate in der Nähe waren und zuhören konnten.

Dreißig Jahre waren Kirche, Haus und Garten alt, als wir in Bromberg einzogen. Heckenrosen wucherten über Zaun und Gartenpforte, Jasmin, Flieder und Tamarisken blühten, wilder Wein kletter-

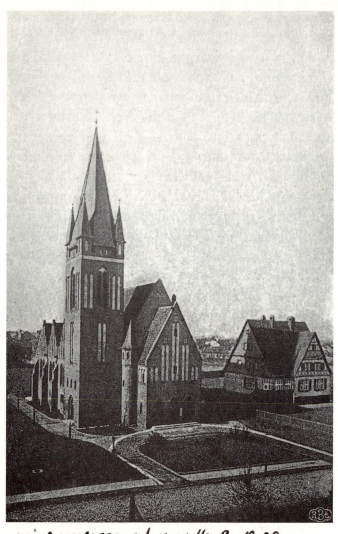
Lutherkirche und Pfarrhaus in Bromberg-Schwedenhöhe

te an der Hauswand hoch und schaute durchs Fenster in Elses Zimmer oben unter dem Dach. Vor dem Haus rauschte auch hier eine mächtige Tanne, so daß es mir nachts vorkam, als wäre ich noch in Kuschlin. Rund um das Haus spendeten Bäume Schatten. Großvater hatte sich mit Vorliebe als Gärtner betätigt.

»Alles war voll hoher Bäume und Sträucher, herrlich!« So stand es in Mutters spitzer Sütterlinschrift auf einer frühen Fotografie von Kirche und Pfarrhaus. Tante Tildchen schickte dieses Bild wieder an uns zurück, als wir nach der Flucht in den Westen ohne alle Bilder und schriftliche Erinnerungen leben mußten. Damals hatte Mutter geschrieben:

Schweigern, im Mai 1945
Liebstes Tildchen!
... Wirklich, ich komme mir vor wie Peter Schlemihl höchstpersönlich, ohne Hintergrund und ohne Schatten. Da schreibe ich mir seit zwanzig Jahren die Finger wund, schreibe Hunderte von Briefen und dazu für jedes Kind ein Buch ... Die ersten sind verbrannt, und die zweiten blieben in Polen zurück mitsamt den Alben und allen Bildern ... Ist es nicht zum Weinen? Nein, ich will nicht klagen! Wir sind zweimal wunderbar errettet worden. Aber ein bißle traurig ist's doch. Könntet Ihr ... Hättet Ihr ...?

Sie konnten und sie hatten! Tante Meta und Tante Tildchen zogen ihre Schubladen auf und holten hervor, was sie aufgehoben hatten. Dank ihrer Fürsorge wuchsen uns wieder »Hintergrund und Schatten« zu. In der lila Schachtel schlummerten Mutters Briefe ihrer Entdeckung entgegen.

Garten und Haus in Bromberg erschienen mir so unermeßlich groß, daß ich sie nur langsam, Tag für Tag ein Stückchen erkunden konnte. Ich tat's mit beiden Armen voller Puppen und immer auf der Suche nach einer Bleibe für mich und sie. Vor dem Hauseingang stand eine Trauerweide. Ihre Zweige hingen so tief herunter, daß sie den Boden berührten und eine geheimnisvolle, grüne Höhle bildeten. Ein wahrhaft königliches Puppenhaus! Aber wie alles Schöne in dieser Welt, so hatte auch dieses Königreich seine Mängel. Oben in den Ästen turnten Michael und Beate herum und störten unsere Ruhe, und den Weidenstamm entlang krochen Raupen, dick, rot und furchterregend. Also begab ich mich wieder auf die Wanderschaft und suchte nach einem besseren Unterschlupf für mich und meine sechs Puppenkinder. Hinter einem schrägstehenden Schrank im Gastzimmer hätte es mir gut gefallen, aber unaufhörlich rückten Gäste an, besetzten mein Reich und trieben mich freundlich lächelnd hinaus, so laut ich auch protestierte.

So zog ich denn ruhelos durch das Haus und suchte nach einem Ort, wo ich mich hätte niederlassen und zu Hause fühlen können. Daß ich zur gleichen Zeit im Dregerschen Privatlyzeum eingeschult wurde, nahm ich nur verschwommen zur Kenntnis. Wir kamen in die gleiche Klasse, Beate und ich. Warum, weiß ich nicht. Vielleicht wollten die Eltern uns lieber zu zweit auf dem Schulweg wissen. Wir trugen auch die gleichen Kleider. Mutter fand das so entzückend.

»Sehen sie nicht aus wie ein Zwillingspärchen?«

Aber wir waren nun einmal keine Zwillinge, sondern zwei Jahre auseinander und auch sonst sehr verschieden. Als wir nach der Flucht in andere Klassen kamen, verschiedene Kleider trugen und eigene Freunde gewannen, atmeten wir auf.

Unser Lehrer hieß Herr Liebermann. Er war wirklich ein lieber Mann, denn er las uns jeden Tag eine Geschichte vor. Sein Buch hieß ›Das alte Haus‹ und handelte vom Kartoffelkönig und vom Beerenfräulein. Weil ich die Kleinste und Dümmste war, durfte ich beim Vorlesen auf seinem Schoß sitzen. Das war eine hohe Ehre für mich, und vor lauter Glück wagte ich kaum zu atmen. Aber es gab leider nicht nur den Herrn Lehrer Liebermann in dem Dregerschen Privatlyzeum, es gab auch den Herrn Lehrer Schatz mit seiner Tochter Rita. Er hatte in der Jackentasche ein großes, rotes Taschentuch, in das er laut hineintrompetete, wenn er seine Nase putzte. Mit diesem Tuch wischte er auch die Zahlen auf der Tafel aus. Er war unser Rechenlehrer. Seine Tochter Rita saß in der Bank vor mir. Einmal, als es wieder sehr langweilig für mich war, denn ich konnte nicht rechnen, spielte ich ein bißchen an ihren Schürzenbändern herum. Sie drehte sich nicht um und sagte auch nicht: »Laß das!« Sie hob nur ihren Finger in die Luft, ruhig und gesittet.

Der Herr Lehrer Schatz sah es gleich und fragte mit zuckersüßer Stimme: »Nu Ritachen, was ist denn?«

»Die Amei hat mein Schürzenbändel aufgeknöpft!« plärrte sie. Er stürzte sich auf mich.

»Was denn? Was denn? Einfach aufgeknöpft! Ja, schämst du dich denn nicht? Marsch in den Papierkorb!«

O Schande! O Schmach! Es half nichts, ich mußte in den schmutzigen hölzernen Papierkorb klettern. Er stand vorne an der Tafel, für jedermann sichtbar. Ich drehte mich zur Wand und blieb so eine Ewigkeit lang stehen, bis ich plötzlich Beates Stimme hörte.

»Was ist mit meiner Amei? Soll sie da immer noch stehen wegen dem blöden Schürzenbändel von der Rita?«

Der Herr Lehrer Schatz gehörte nicht zu der freundlichen Sorte Mensch, Beate wußte das, und wie er einem sein Rechenbuch um die Ohren hauen konnte, wußte sie auch, und trotzdem sagte sie: »Wegen dem blöden Schürzenbändel von der Rita!« Es war eine große Tat. Ich drehte mich um und sah, wie sie neben der Bank stand und hochschaute zu dem Herrn Lehrer Schatz. Jetzt passiert's, dachte ich und fing schon an zu zittern. Aber er wandte sich weg von Beate und schrie zu mir herüber: »Raus jetzt! Und laß die Rita zufrieden!«

»Im-Papierkorb-Stehen« galt als eine der schmählichsten Strafen im Dregerschen Privatlyzeum. Ganz gebrochen und ohne nach rechts und links zu schauen, wankte ich hinaus auf den Hof. Plötzlich faßte eine Hand nach meiner.

»Geh aufrecht, Pickdewick!« mahnte Beate, genau wie Mutter zu Hause. »Geh aufrecht, und laß dir nichts anmerken!«

Ich straffte die Schultern und hob den Kopf. Wir gingen Hand in Hand zu dem Baum, an dem Rita lehnte und an einem Apfel knurpste.

»Petze!« sprach Beate. »Du wirst nie mehr eingeladen!«

»Bäh!« machte Rita und streckte ihre Zunge heraus. »Ich will gar nicht eingeladen werden!« Sie wollte aber doch, denn unsere Feste waren berühmt in der ganzen Klasse. Es gab Kakao und Kuchen, Mutter spielte mit uns die tollsten Spiele, und als Preise lockten lauter schöne Sachen, Radiergummis und Brausepulver. Aber wenn Beate sagte, du wirst nie mehr eingeladen, dann wurde sie's auch nie mehr, das wußte jeder in der Klasse. Rita ließ ihren Apfel fallen, streckte noch mal die Zunge raus und ging weg. Ich war sehr stolz, daß ich eine so große Schwester hatte.

Jeden Montagmorgen besuchte uns der Herr Direktor, und mit ihm kamen drei oder vier polnische Herren. Sobald wir sie auf dem Gang hörten, verfielen wir in Polnisch, und wenn sie die Tür öffneten, sprangen wir auf und sangen die polnische Nationalhymne mit demselben Eifer wie zwei Jahre später die deutsche.

Nach der Schule trotteten wir drei wieder den Schwedenberg hinauf, Michael voran, Beate und ich hinterdrein. Auf der Mitte des Berges stand eine Wasserpumpe. An manchen Tagen war Michael gnädig gesinnt und pumpte, so daß Beate und ich nur zu trinken brauchten. Das geschah aber äußerst selten. Meistens pumpten Beate und ich, während Michael trank und uns zum Dank bespritzte. Wie atmeten wir auf, wenn Leute aus der Gemeinde vorüberkamen und zu Michael sagten: »Ja, schämst du dich denn nicht, deine kleinen Schwestern zu bespritzen?«

Wir wußten, daß er sich nicht schämte, aber er hörte wenigstens auf zu spritzen, ging weiter und brummte: »Mit euch ist man gestraft!« So als ob wir ihn bespritzt hätten und nicht er uns! Aber so machte er es immer! Wir waren es schon gewohnt.

Unser Schulweg hätte uns eigentlich durch die Flundergasse geführt, aber Tante Auguste, eine Vandsburger Diakonisse, warnte uns davor: »Geht nicht durch die Flundergasse, Kinderchen! Da gibt es Hexen und gefährliches Gesindel!«

Wir hielten uns an ihr Gebot und nahmen die fünf Minuten Umweg in Kauf, bis Michael eines Tages der Hafer stach.

»A bah, Hexen!« rief er. »Soll nur eine kommen, mit der werd' ich schon fertig!«

Er steuerte auf die Flundergasse zu. Beate und ich zögerten. Aber alleine wollten wir ihn auch nicht zu den Hexen lassen, und so liefen wir hinter ihm her, angstvoll und eilig. Wir trafen keine Hexe, nicht einmal, wie ich insgeheim gehofft hatte, ein Pfefferkuchenhäuschen mit süßen und verbotenen Leckereien. Die Flundergasse sah aus wie alle Straßen in der Stadt, und von den Frauen, die da herumliefen, glich keine einer Hexe mit Warze auf der Nase und langen Zähnen.

»Na«, schnaufte Michael, als wir keuchend auf dem Wollmarkt standen. »Habt ihr vielleicht eine Hexe gesehen?«

»Nein!«

»Diese Tante Auguste hat uns was vorgeflunkert!« schimpfte er. »Aber trotzdem, ihr Mädchen, sagen wir lieber nichts von der Flundergasse. Man weiß nie, wie sie es aufnehmen.«

Wir nickten und schwiegen. Michael zog Erkundigungen ein.

»Hört zu, ihr beiden! Ich weiß jetzt, was mit der Flundergasse los ist!« verkündete er eines Tages. »Da hat's keine Hexen, da hat's Huren, damit ihr's nur wißt. Na, was sagt ihr dazu?«

»Schrecklich!« rief ich. »Was ist das?«

»Himmel, nicht einmal das weiß sie!« seufzte Beate und rollte die Augen gen Himmel. Michael rang nach einer Erklärung.

»Nu ja, so Weiber halt! Ach, das verstehst du nicht, dumme Pute!«

Seitdem tat ich so, als ob mir die Flundergasse völlig egal wäre. Sie war's aber nicht. In Alpträumen fand ich mich dort wieder, verfolgt von »Hexen und gefährlichem Gesindel«, und konnte nicht weglaufen, sondern stand wie angewurzelt.

Nachts befand ich mich also in der Flundergasse, und tagsüber ging ich in die Schule und zog hinterher mit meinen Puppen um. Wir landeten schließlich in der Glasveranda neben dem Eßzimmer. Dies war ein ganz besonders schönes Plätzchen, sonnig und warm. Auf den Fensterbänken standen Mutters Kakteen als treue Wächter. Dort blieben wir und ließen uns durch nichts und niemanden vertreiben. Bis dann dieser Septembersonntag kam und ich meine Puppen im Stich lassen mußte, weil Else mich packte und in den Keller riß. Wir waren kaum fort, da schlugen sie oben schon die Fenster ein und drängten über die Treppe in die Glasveranda hinein. Unten im Keller mußte ich mit anhören, wie sie meine Puppen an die Wand warfen. Ich schrie und hielt mir die Ohren zu.

»Komm, Pickdewick!« sagte Mutter, als ich meinen Kopf in ihren Schoß bohrte. »Du brauchst nicht zu weinen. Du kriegst neue!«

Aber ich wollte keine neuen haben. Ich hörte auf, mit Puppen zu spielen.

Hinten im Garten wuchsen vier prachtvolle Birnbäume. Sie trugen zuckersüße, saftige Birnen in Fülle, und im Herbst marschierte die ganze Gemeinde, Körbe am Arm und Dankesworte auf den Lippen, durch den Garten. Mutter stand unter den Bäumen und teilte aus. Wir Kinder durften helfen und fühlten uns gut und edel dabei. Diese Birnbäume überstanden sogar den Brand. Ein Jahr lang trauerten sie, ließen Birnen und Blätter fallen. Aber im nächsten Jahr konnten wir wieder ernten und austeilen.

Zwischen Haus und Birnbäumen war der Hundezwinger für Barry, den Bernhardiner. Mutter und Vater hatten zu meinem Leidwesen eine Vorliebe für Bernhardiner, so groß wie Kälber. Im Übermaß der Liebe und im Ungestüm rasten diese

Tiere daher und warfen jeden um, der klein war und sich nicht schon vorher auf den Boden gesetzt hatte. Michael und Beate standen fest auf ihren Füßen, aber Brüderchen, das kleine Fränzchen und ich hätten gern auf solche gesichtsschleckende, bellende und umwerfende Zuneigung verzichtet. Wir rannten schreiend davon, und Barry spielfreudig und gewalttätig hinterher.

»Aber Kinderle«, sagte dann Mutter, »wer wird denn solche Angst haben! Er tut euch doch nichts! Er liebt Kinder! Er beschützt euch!«

Und dann erzählte sie wieder einmal die Geschichte von ihrer wundersamen Errettung in Kälbertshausen durch Barry, den großelterlichen Bernhardiner. Diese Geschichte und noch manch andere Saga von Bernhardinern, die den Großeltern Unglück vorausbellten oder sie an gähnenden Abgründen vorbeileiteten, machten mir Hunde und vor allem Bernhardiner nicht lieber.

Unseren Barry allerdings bat ich hinterher noch um Vergebung, daß ich ihn so wenig geliebt hatte, und legte Blumen auf sein Grab. Er war nach dem Brand aus seinem Zwinger entkommen, war dann auf den rauchenden Trümmern herumgelaufen, hatte sich die Pfoten verbrannt und mußte hinterher erschossen werden. Guter Barry! So treu war er gewesen. Ich beschloß, den nächsten Bernhardiner, komme, was da wolle, herzlich zu lieben. Es kam aber keiner mehr.

Mutter schreibt an ihre Freundin Maria:

Bromberg, im Dezember 1937
Liebe Maria!
Es ist schade, daß unser Briefwechsel nicht mehr so rege sein kann, aber ich bin hier in einen Strudel von Arbeit gezogen worden. Eine Arbeit, die so ganz anders ist als die auf dem Lande oder bei Euch in den deutschen Städten ... Wir sind sehr glücklich hier in Bromberg und haben auch schon einen Kreis von Menschen gefunden, zu denen wir gehören. Das ist hier eine Lebensnotwendigkeit ...
Zu Schutz und Plaisir haben wir uns jetzt einen teuren, aber ganz reinrassigen, vom Probst geweihten Bernhardiner angeschafft. Er steckt noch in allererster Erziehung. Pickdewick ist immer ganz entsetzt, wenn Barry zu spät an die frische Luft gesetzt wurde, und Angst hat sie leider auch vor ihm ...

Der Kirchgarten, begrenzt von Liguster- und Haselnußhecken, hatte hinten beim Gemeindehaus ein großes Tor mit senkrecht laufenden Eisenstäben. Dieses Tor war meistens verschlossen. Es zog uns Kinder an wie ein Magnet. Man wollte nur einen besseren Blick nach draußen haben, den Duft der Freiheit um die Nase fühlen, und schon saß der Kopf fest zwischen den Eisenstäben. Da steckte er, wollte nicht vor und nicht zurück, so wild man auch zappeln und schreien mochte. Glücklich derjenige, der noch jemanden bei sich hatte, der nach Hause lief und Hilfe holte.

Kurz darauf stürzte alles herbei, was im Pfarrhaus Beine hatte: Else, Vater, Mutter und die Kleinen. Sie scharten sich um den heulenden Gefangenen, und ihren vereinten Kräften gelang es schließlich, den eingesperrten Kopf zu befreien. Doch bevor es soweit war, hatte man viel an Schimpf und Schande zu erdulden. Besonders Else teilte freigiebig Knüffe und Schelte aus. Nicht einmal Vaters Gegenwart konnte ihren Zorn dämmen.

»Ja, isses denn die Mechlichkeet? Steckt doch das Blag den Kopf zwischen dem Jitter! Was jibt's draußen zu sehen? Nuscht! Aba der Kopp muß durch!«

An einem schönen Sonntagmorgen hatte sich Mutter besondere Mühe mit meiner Frisur gegeben und die Zöpfe als Schnecken über die Ohren gesteckt. Ich fand mich sehr schön mit dieser Frisur und wandelte, fromme Lieder singend, durch den Kirchgarten, Brüderchen, wie immer, an meiner Hand. Plötzlich standen wir vor dem Eisentor. Ach, wie gern hätte ich den Leuten draußen auf der Straße meine Schnecken gezeigt. Aber das Tor war verschlossen, und so stand ich in all meiner Schönheit, und niemand war da, der sie bewundern konnte. Die Schnecken machten keine

Schwierigkeiten, als ich den Kopf zwischen die Stäbe steckte, aber sie verbauten den Rückweg, sie sperrten. Ich heulte los, Brüderchen auch und zerrte verzweifelt an meinen Beinen. Als das nichts helfen wollte, rannte er schreiend davon: »Zu Hilfe! Zu Hilfe! Pickdewick steckt!«

Sie kamen, leider wieder mit Else an der Spitze. Schon von ferne hörte ich ihr Zetern:

»Jetzt bleibste drin, bis de Wurzeln schlägst! Na warte, wir schneidn die Kladdern ab...« Sie hätte sicher noch viel mehr gesagt, aber Vater schnitt ihr die Rede ab.

»Ich muß dich bitten, den Mund zu halten, Else! Es ist Sonntag, und wir wollen freundlich zueinander sein!«

Dann schloß er das Tor auf. Nun konnten sie von beiden Seiten arbeiten. Mutter ließ die Schnecken herunter und flocht die Zöpfe auf. Ihre zarten Finger, Barrys Gebell in nächster Nähe und Vaters nüchterne Feststellung: »Was reingegangen ist, muß auch rausgehen!« Das waren die wichtigsten Faktoren meiner Befreiung. Der Kopf zwischen den Eisenstäben bewegte sich und rutschte langsam nach hinten in die Freiheit. Da stand ich denn mit wackligen Knien, knallroten Ohren und war gerettet.

»Warum macht ihr das bloß immer?« fragte Vater. »Was denkt ihr euch dabei?«

»Nichts«, antwortete Michael für uns alle. »Wir

wolln halt rausgucken und probieren, ob's noch geht.«

»Bei mir geht's immer!« rief Brüderchen und näherte sich dem Tor.

»Willste wohl!« schrie Else, aber da war sein Kopf schon zwischen zwei Stäben und ging nicht mehr zurück, so wild Brüderchen auch strampelte und schrie.

»Ich verstick! Ich verstick!«

Er fing an zu röcheln und zu schnaufen. Selbst Else verschlug es die Sprache. Da kniete Mutter sich zu ihm hinunter, nahm seinen Kopf in ihre Hände und lachte.

»Ach Brüderchen, bei dir geht's doch immer!«

Er klappte den Mund zu, hob den Kopf, schon war er draußen.

»Paßt auf, Kinder!« sprach Vater und schloß das Tor wieder ab. »Ich will das nicht noch einmal erleben! Habt ihr verstanden?«

Ja, wir hatten verstanden und wollten es nie wieder tun. Es dauerte dann auch länger als je zuvor, bis der nächste Kopf zwischen den Stäben steckte und befreit werden mußte.

Zwischen Pfarrgarten und Kirchhof, direkt auf der Grenze, gab es eine unheimliche Räumlichkeit, nämlich das Gemeindeklo. Vom Kirchgarten aus ging man hinein wie in ein Labyrinth, erst links herum, dann rechts um eine Planke, und dann stand man vor zwei grünschwarzen Türen. Auf der einen stand HERREN und auf der anderen DAMEN.

»Bei DAMEN kannst du rein«, sagte Beate zu mir. »Das ist erlaubt, auch wenn du keine Dame bist.«

Aber ich wollte gar nicht hinein. Ich graulte mich vor dieser grünschwarzen Angelegenheit, meinte, es wären Schlangennester darin, Spinnen oder gräßliches Ungeziefer und hielt mich fern. Michael und Beate krochen auf dem Dach herum und machten Mutsprünge herunter auf die weiche Gartenerde oder auf den Rasen im Kirchgarten.

Am Sonntag nach dem Gottesdienst lagen wir drei Großen auf der Lauer und guckten, ob jemand das Gemeindeklo aufsuchte. Viel Andrang war nie, aber manchmal kam doch einer. Dann drückten wir uns aneinander vor Schreck und Grauen, und warteten, ob er lebendig wieder zum Vorschein kam. Tat er das, und dies war eigentlich immer der Fall, dann atmeten wir auf und sagten: »Gerettet!« Wir liefen sogar um die Kirche herum, damit wir dem Helden begegnen und ihn genau betrachten konnten, ihn, der das Schreckliche gewagt hatte, in dieses Gemeindeklo zu gehen. Einmal, wir konnten es nicht fassen, war es sogar das »eine Fräulein Krams«! Wir kannten das »eine Fräulein Krams« gut, gehörte sie doch, samt ihrer Schwester, dem

»anderen Fräulein Krams«, zu Vaters Filialgemeinde Cielle. Die beiden besaßen einen großen Bauernhof und luden uns oft am Sonntag zum Kaffee ein. Das »eine Fräulein Krams« ging, ohne mit der Wimper zu zucken, ganzen Herden von Gänsen entgegen, kutschierte und trieb die Kühe in den Stall, aber daß sie so tapfer war, allein in das Gemeindeklo zu gehen, das hatte niemand von uns für möglich gehalten. Als sie wieder lebendig hinter der Planke hervortrat, tat ich einen dankbaren Juchzer, ergriff ihre Hand und schüttelte sie. Auch Michael und Beate kamen, um sich an der Wiedergeschenkten zu erfreuen. Wäre sie im Gemeindeklo für immer verschwunden, wer hätte uns die wunderbare Pfingsttorte backen sollen, mit Buttercreme und dem Heiligen Geist darauf? Ich durfte gar nicht daran denken!

»Fräulein Krams«, sagte ich, um späteres Unheil abzuwenden, »bei uns im Haus sind zwei. Eins oben im Badezimmer und eins unten neben der Küche, ganz arg schön und ungefährlich, da kannst du immer drauf gehen. Du brauchst nie in das Gemeindeklo...«

»Aber Kindchen«, sagte Fräulein Krams und genierte sich, »wo werd' ich denn bei Ihnen...«

»Komm mit, ich zeig' dir's!« drängte ich, damit sie nie wieder derartige Dummheiten mache, aber sie wehrte mit beiden Händen ab.

»Nein, nein, Kindchen! Ich war ja nu schon jewesen!«

Dann riß sie sich aus unserer Mitte und lief davon wie gejagt.

Nach dem Brand und den Ereignissen am »Blutsonntag« vermuteten wir in allen dunklen Ecken Räuber und Gespenster. Im Gemeindeklo vor der Tür mit HERREN sahen wir Blut, rot und unheimlich leuchtend. Wir rannten davon, heulend, zitternd und kamen mit Erwachsenen wieder, die uns fest an der Hand hielten. Da war es aber kein Blut mehr, sondern Moos, das rot blühte und in der Abendsonne so seltsam geleuchtet hatte. Später wuchs dieses Moos auch im Kirchenraum und sah aus wie ein großer roter Teppich, der alles zudeckte.

Unser »stilles Örtchen« neben der Küche war mollig warm und mit ungeheurem Luxus ausgestattet. Der Boden blau, die Wände weiß gekachelt, und eine Kanne Wasser zum Spülen stand auch bereit.

Ich war sehr stolz darauf und zeigte es allen Gästen und Besuchern, egal, ob sie wollten oder nicht. Sobald ich die Türglocke hörte, sauste ich herbei, öffnete die Haustür und führte die Ankömmlinge vorbei an Vaters Studierzimmer zum »stillen Örtchen«. Dort riß ich die Tür auf und ließ sie eintreten, damit sie es so richtig genießen könnten. Ganz betreten von all der Pracht, kamen sie wieder heraus und wurden von Vater empfangen.

»Komm, Pickdewick«, sagte der schließlich, »laß das! Es ist ganz wunderschön bei uns, aber du brauchst es nicht allen zu zeigen. Du bist doch mein großes Töchting, gell! Und jetzt geh brav raus zu Mutterle und hilf ihr ein bißchen!«

Mutter arbeitete gerne draußen und verwandelte den verwahrlosten Bromberger Garten in ein Paradies.

Im September 39, als der Krieg ausbrach und viele Deutsche aus Polen ins »Reich« flohen oder ihre Häuser verrammelten, pflanzte sie hinten im Gemüsegarten Erdbeeren und steckte so viele Tulpen- und Narzissenzwiebeln in die Rabatten wie noch nie. Brüderchen und ich standen ihr dabei im Weg herum und hörten zu, wie sie vom nächsten Frühling erzählte, und wie schön bunt dann alles aussehen würde und daß wir uns jetzt schon darauf freuen könnten.

Der breite und der schmale Weg
und nächtliche Motorradfahrt im Kirchgarten

Auch in Bromberg hatte Vater eine Filialgemeinde. Zur polnischen Zeit hieß sie »Cielle« und zur deutschen »Schellen«. Rittergüter und Schlösser gab es dort nicht, aber große Bauernhöfe lagen weit verstreut in den Feldern. Die rote Backsteinkirche ragte aus einem Kiefernwäldchen, das Schulhaus stand dicht daneben. Auch hier hielt Vater an jedem Sonntagnachmittag Gottesdienst. Pünktlich um 14 Uhr stand eine Ciellener Kutsche vor der Gartenpforte. Vater stieg ein, und wir drei Großen durften mit. Weil aber das Brüderchen immer hinter mir herlief und sein allertraurigstes Gesicht machte, ließ man ihn auch mitfahren.

»Gebt acht auf Brüderchen!« rief Mutter hinter uns her. Sie stand mit dem Baby, das Franziska hieß, unter den Heckenrosen und winkte. »Seid lieb zu Brüderchen!« rief sie noch, aber da waren wir schon um die Ecke. Nur Brüderchen hatte es natürlich gehört und maulte während der ganzen Fahrt: »Ihr sollt lieb zu mir sein! Habt ihr verstanden?«

So fuhren wir aus der Stadt hinaus in die Kiefernwälder hinein. Die Räder mahlten durch den Sand. Am Wegrand blühte Heidekraut. Nach fünf

Kilometern tauchten Kirche und Schule vor uns auf. Wir stiegen aus und marschierten in die Schule hinein. Gleich rechts neben der Haustür befand sich das Amtszimmer des Pfarrers. Hier hielt Vater Religions- und Konfirmandenunterricht. Hier empfing er auch die Paare, die heiraten wollten, und führte Taufgespräche. Ich freute mich jedesmal auf dieses Amtszimmer, denn da gab es merkwürdige Dinge zu betrachten. Nachdem Vater die Tür aufgeschlossen hatte, fiel mein erster Blick auf den Tisch mit der Wachstuchdecke und auf das grüne Plüschsofa dahinter. Über dem Sofa hing ein Bild mit einem Kranz von blauen Vergißmeinnicht. Über dem Kranz schwebte ein Engel mit goldenen Flügeln und einer Trompete im Mund. Aus der Trompete kam das Wort »Gloria« heraus. In dem Vergißmeinnichtkranz aber stand ein Spruch, der mir viel zu denken gab:

>Ein Pfarrer muss sein
>ganz gross und ganz klein...

Er ging noch weiter, aber schon diese beiden Zeilen genügten, um mich nachdenklich zu machen. Warum, so fragte ich mich, muß ein Pfarrer so sein? Wie soll er das anstellen? Entweder er ist groß oder er ist klein, aber beides? Arms Vaterle! Er war nur groß, klein hatte ich ihn noch nie gesehen. Ich fragte Herrn Wandel, den Küster, einen frommen und superklugen Mann. So jedenfalls hatte Vater zu Mutter gesagt, und ich hatte es mir gemerkt.

»Herr Wandel«, so hatte er gesagt, »ist einer von den ganz Frommen und Superklugen im Land!« Dann hatte er geseufzt, und Mutter hatte seinen Arm gestreichelt und gemeint: »Ach du Armer!«

Ich fragte also den frommen und klugen Herrn Wandel. Der las den Spruch und kratzte sich am Kopf.

»Ja, wenn das da steht«, brachte er schließlich heraus, »dann wird das schon so sein. Man muß es glauben!«

»Aber Herr Wandel, er kann doch nicht groß sein *und* klein. Wie soll er's denn machen?«

»Bei Gott ist kein Ding unmöglich!« sprach Herr Wandel und machte, daß er wegkam. An der Tür aber blieb er noch einmal stehen, wandte sich zu mir zurück, erhob seinen Finger und sprach die Worte: »Selig sind, die nicht sehen und doch glauben!« Dann klappte die Tür hinter ihm zu.

Noch ein anderes Kunstwerk hing in diesem Amtszimmer. Es hieß: ›Der breite und der schmale Weg‹ und war ein besonders eindrucksvolles Gemälde. Bei jedem Besuch in Cielle rückte ich mir einen Stuhl davor und stieg hinauf, um dieses Werk in allen Einzelheiten betrachten zu können.

Zum breiten Weg kommt man durch ein pracht-

Gehet ein durch die enge Pforte! Denn die Pforte ist weit, und der Weg ist breit, der zur Verdammnis abführt; und ihrer sind viele, die darauf wandeln. Und die Pforte ist eng, und der Weg ist schmal, der zum Leben führt; und wenige sind ihrer, die ihn finden.
Matth. 7, 13. 14.

volles Tor. Darüber steht: WILLKOMMEN! Viele Leute gehen hinein mit hübschen Kleidern und Hüten und Sonnenschirmen. Manche reiten oder fahren mit der Kutsche. Neben dem Weg sieht man schöne Häuser. Auf dem einen steht: THEATER und auf dem gegenüber: BALLSAAL. Vom Balkon hängt eine lange Fahne herab mit dem Wort WELTSINN drauf. Weiter hinten kommt eine SPIELHÖLLE. Ein Mann klettert an einer Leiter hoch, und ein Stückchen weiter hängt einer an einem Strick zum Fenster hinaus. Leider sind beide Männer sehr klein, so daß man sie fast nicht erkennen kann, aber schrecklich ist es trotzdem. Die Leute auf dem Weg schauen nicht hin und sehen richtig vergnügt aus. Manche streiten sich, und manche sitzen und trinken ein Gläschen. Aber am Ende kann man sehen, wie es ausgeht. Der breite Weg führt nämlich schnurstracks in die Hölle hinein, wo Feuer und Teufel warten und die Häuser umfallen. Eigentlich hätten die Leute es schon am Anfang merken müssen, denn vor dem Tor kriecht eine abscheuliche Schlange herum und auf dem Wegweiser steht: TOD UND VERDAMMNIS. Vielleicht haben sie sich gedacht, es wird schon nicht so schlimm sein. Aber da haben sie sich getäuscht.

Zu dem schmalen Weg führt nur ein winziges Pförtchen in einer Mauer. Zum Glück steht ein Pfarrer davor im Lutherrock und fuchtelt mit den Händen. Wenn Vater das auf der Kanzel macht, dann sagt Mutter nachher beim Mittagessen: »Paul-Gerhard, du hast wieder gefuchtelt! Das macht einen so unruhigen Eindruck!« Dann lacht er und sagt: »Wenn ich dich nicht hätte!«

Der Pfarrer an der kleinen Pforte aber muß schon fuchteln, damit ihn die Leute auch sehen. Es sind ja nur zwei Männer, eine Frau und ein Kind, die da kommen. Einer sitzt auf der Bank und wischt sich den Schweiß von der Stirn, und ein anderer kommt daher mit einem Bündel auf dem Rücken. Hinter der Pforte geht es eine steile Treppe hinauf, an einer Kirche vorbei, auf der es zehn vor zwölf ist, dann über eine Brücke, immer den Berg rauf. Nach einer Weile kommt man links an ein Haus, ganz nett, aber lange nicht so schön wie der BALLSAAL und die SPIELHÖLLE. Auf der Hauswand kann man lesen: KINDER-RETTUNGS-ANSTALT. Bei diesem Haus führt eine kleine Brücke über den Graben vom breiten zum schmalen Weg hinüber. Es ist aber kein Mensch drauf. Dann kommt man noch an einem Diakonissenhaus vorbei, hinter dem ein Löwe herumläuft. Zum Schluß sind nur noch drei Menschen übrig, Vater, Mutter und Kind. Die steigen und steigen immer den Berg rauf und landen schließlich im Himmel. Zehn Engel trompeten. Auf jeder Seite fünf, und ein Regenbogen ist ausgespannt.

Dies alles betrachtete ich mit Interesse und fand jedesmal etwas Neues zum Nachdenken. Wenn ich dann vom Stuhl stieg, tat ich es mit dem festen Entschluß, auf keinen Fall den breiten Weg zu gehen und so schrecklich in der Hölle zu enden.

Außerdem gab es in dem Ciellener Amtszimmer noch einen Schreibtisch und einen Schrank. In dem Schrank hing Vaters zweiter Talar. Sein Beffchen brachte er jeden Sonntag frisch gewaschen und gestärkt von zu Hause mit. Mutter hatte es in seine Agende gelegt, damit es schön glatt bleibe. »Das Beffchen ist die Visitenkarte der Pfarrfrau!« So hatte es die »madre« an ihre Tochter weitergegeben, und die Tochter hielt sich daran.

Sobald Küster Wandel unsere Kutsche in den Kirchweg einbiegen sah, hängte er sich an das Glockenseil und läutete. Vater zog den Talar über, knöpfte das Beffchen ein, ermahnte uns, brav zu sein und nicht rauszugehen, und schritt hinüber in die Kirche.

»Ihr sollt lieb zu mir sein!« quengelte das Brüderchen.

»Er hat uns eingeschlossen!« stellte Michael fest, ohne weiter auf Brüderchens Liebesbedürfnis einzugehen.

»Nein!« Da waren Beate und ich uns einig. »Nein, das macht er nicht.« Nun hätten wir ja zur Tür gehen können und ausprobieren, wie es um sie stand, aber keiner ging.

»Wenn ich's euch sage, er hat uns eingeschlossen«, beharrte Michael, »und deshalb spring' ich jetzt zum Fenster raus!«

Es war keine große Heldentat, aus dem Fenster zu springen. Das Amtszimmer lag ebenerdig. Man mußte nur auf die Fensterbank klettern, sich fallen lassen, und schon war man draußen.

Michael rannte bereits im Wäldchen herum.

»Hier gibt es Kienäppel* in Massen!« rief er. »Los kommt!«

Schon saß Beate auf der Fensterbank und ließ die Beine nach draußen baumeln. Ich machte einen schwachen Versuch, sie zurückzuhalten.

»Vaterle hat gesagt, wir sollen nicht!«

Schwupp, da war sie schon unten. Brüderchen und ich sahen uns an. Oh, diese Bösen! Immer machten sie solche Sachen und wandelten auf dem breiten Weg!

Wir streckten die Köpfe aus dem Fenster. Hoch war es nicht. »Kommt schon, wir spielen Verstekken!« rief Beate.

»Nein, wir nicht!« schrie ich zornig hinunter. »Wir spielen ›Mensch ärgere dich nicht‹! Komm, Brüderchen!«

Wir nahmen auf dem Sofa Platz und spielten ohne jede Begeisterung.

»›Mensch ärgere dich nicht‹ ist doof!« maulte

---

* Kienäppel: Kiefernzapfen.

Brüderchen, und das war auch meine Meinung. Beide horchten wir nach draußen. Dort war das Leben. Hier ödeste Langeweile.

»Vielleicht ist ihnen schon was passiert«, meinte Brüderchen hoffnungsvoll.

»Ja vielleicht«, sagte ich, aber, um ehrlich zu sein, ich hatte wenig Hoffnung. Michael passierte nie was, und wenn er auf die höchsten Bäume stieg. Beate auch nicht, da war sie viel zu geschickt dazu. Wenn jemandem was passierte, dann immer nur Brüderchen und mir. Hier saßen wir, mutterseelenallein, eingeschlossen!

»Wir müssen raus, Brüderchen!«

»Ja!« Er drückte sich eilig hinter dem Tisch hervor: »Wenn uns Vaterle abgeschlossen hat, dann müssen wir raus!«

Gegen diese Logik war nichts einzuwenden. Wir stiegen in vereintem Bemühen auf die Fensterbank, packten uns an der Hand und sprangen.

»Ist was, Brüderchen?«

Nein, nichts war. Er hatte den Sprung unverletzt überstanden. Aber wo waren Beate und Michael? Weg waren sie! Verschwunden. Wir gingen ein paar Schritte nach rechts und ein paar nach links. Wir sammelten Kienäppel in unsere Schürzen, es bereitete uns jedoch keine Freude. Der Duft der Freiheit fächelte um unsere Nasen, aber wir konnten ihn nicht genießen. Wir sehnten uns nach Wärme und Geborgenheit. Es war nicht so schön draußen, wie wir gedacht hatten.

»Ich will wieder rein!« Brüderchens Stimme klang schon verdächtig zittrig. »Ich will wieder rein! Huh!«

»Gut, gehn wir wieder rein!«

Das war allerdings leichter gesagt als getan. Wir standen vor dem Fenster und konnten ins Zimmer sehen, aber wie sollten wir hineinkommen? Ach, wie schön war es drinnen gewesen, wie sicher und gemütlich. Was drohten hier draußen für Gefahren? Ein Hund konnte um die Ecke biegen, ein Räuber...

»Ich will rein!« heulte Brüderchen. Gleich würde die Verzweiflung über ihm zusammenschlagen und er so laut brüllen wie ein Löwe, so laut, daß man es bis in die Kirche hören könnte.

»Ich nehm' dich auf den Arm, und dann krabbelst du rein!«

Gut, er war es zufrieden und machte sich recht schwer, so daß ich ihn nur mit äußerster Mühe hochbekam.

»Jetzt stell dich auf meine Schultern!«

Er stellte sich, wenn auch mit viel Stöhnen und Püffen.

»So, und jetzt krabbel rein!«

Er krabbelte. Ich schob noch etwas nach, ein schriller Schrei, ein Gepolter, dann war er verschwunden.

»Brüderchen, was ist?«

»Mein Kopf! Ich bin auf mein' Kopf gefallen!«

»Zeig mal her!«

Er ächzte, er stöhnte, dann erschien sein Kopf am Fenster, ein jammervolles Gesicht, und auf der Stirn eine Beule, die wuchs.

»Komm rein zu mir! Ich will hier nicht allein sein! Mein Kopf platzt!«

Ich wollte ja gerne kommen, aber wie? Mir half keiner, und von Beate und Michael war nichts zu sehen.

»Du mußt jetzt ein Held sein, Brüderchen. Du mußt mir einen Stuhl rauswerfen!«

»Kann nicht«, erklärte er und fing wieder an: »Huh, mein Kopf, mein Kopf.« Nun war ich auch am Ende meiner Kraft, legte das Haupt auf die Fensterbrüstung und weinte. Das gab dem Brüderchen neue Kräfte. Er rappelte sich auf, drückte und schob. Die Stuhllehne erschien. Ich griff zu, zog, und da fiel mir der Stuhl auch schon auf den Kopf.

»Was ist?« keuchte das Brüderchen. »Hast du ihn?«

»Mein Kopf platzt!«

»Meiner auch! Komm rein!«

Ich nahm alle Kraft zusammen, zerrte den Stuhl unters Fenster, kroch auf die Fensterbank und plumpste ins Zimmer.

Da lagen wir nun beide mit unseren angeschlagenen Köpfen. Schließlich ermannten wir uns, krochen zum Sofa hinüber, kletterten hinauf und saßen starr und steif wie die Ölgötzen unter dem Engel mit Trompete und Gloria. Mein Blick fiel auf das Gemälde neben der Tür. Kein Zweifel, das war der schmale Weg gewesen, den wir da eben gegangen waren, so schwierig und mit zerbeulten Köpfen. Hier saßen wir nun als gute Christen und hatten getan, was Vater wollte und was uns keinen Spaß machte. Die Glocken läuteten. Der Gottesdienst war aus. Gleich würde Vater erscheinen, und die beiden Bösen, die den breiten Weg gegangen waren und sich draußen vergnügten, die würden jetzt endlich ihre gerechte Strafe bekommen!

Im gleichen Augenblick erschien Michaels Kopf vor dem Fenster, verstrubbelt und mit strahlenden Augen. Er stieg auf den Stuhl, auf die Fensterbank und sprang ins Zimmer. Hinter ihm erschien Beate, hüpfte zu uns hinein, zog den Stuhl nach und schloß das Fenster.

»Das mit dem Stuhl war ja nett von euch Kleinen«, brummte Michael, »aber wir wären natürlich auch so reingekommen.«

Im Hausflur wurde gesprochen. Vater erschien mit Küster Wandel. Sie redeten über dies und das und zählten das Opfer.

»Na, war's langweilig?« fragte Vater.

»Nein, überhaupt nicht!« rief Michael, der Freche, und Beate säuselte hinterher: »Es war richtig lustig!«

»Und ward ihr auch brav?«

»'türlich!« tönte das saubere Paar.

»Ja, Brüderchen und ich waren brav!« sprach ich laut und mit Betonung auf »Brüderchen und ich«. Aber Vater schien nicht zu verstehen, was ich ihm auf diese feine Weise mitteilen wollte. Er entdeckte vielmehr Brüderchens Beule.

»Brüderchen, du hast ja eine Beule! Bist du hingefallen?«

»Ja, hingefallen!« heulte das Brüderchen los. »Und keiner war lieb zu mir!«

Da wurde dieses Brüderchen nun getröstet und gedrückt, und ich hatte eine viel größere Beule, nur leider oben auf dem Kopf, unter den Haaren, wo niemand sie sehen konnte. Zu Brüderchen war ich sehr lieb gewesen, hatte mich um ihn gekümmert, und das war der Dank!

Ich beschloß, hinfort den schmalen Weg zu meiden und es doch lieber mit dem breiten zu versuchen. Bei der KINDER-RETTUNGS-ANSTALT konnte ich ja immer noch über die Brücke gehen. Eins war klar, wenn Michael und Beate so weitermachen würden, dann war ihnen das höllische Feuer sicher!

Ich mag sieben Jahre alt gewesen sein, da schaffte sich Vater ein Motorrad an. Er tat es, um leichter nach Cielle und in die entfernten Gehöfte zu kommen. Im Kirchgarten auf den Kieswegen lernte er das Fahren. Wir schauten zu und stoben auseinander, wenn er wieder knatternd um die Ecke bog.

»Na, wie ist es?«

»Toll! Du fährst schon wie 'n Rennfahrer!«

»Laß mich mal hinten draufsitzen!« bettelte Michael und durfte einmal um die Kirche mitfahren. Dann kam Beate an die Reihe, war begeistert und wollte gar nicht mehr absteigen. Schließlich schaute Vater mich an.

»Na, Pickdewick?«

Aber ich befand mich schon auf der Flucht über die Wiese in den Pfarrgarten und zu meinen Puppen in die Glasveranda.

Sein Blick verfolgte mich den ganzen Tag. Ach, daß ich solch ein Angsthase war und mich nicht einmal traute, mit dem eigenen Vater Motorrad zu fahren! Jetzt dachte er gewiß, ich hätte ihn nicht lieb und ich meinte, er könnte nicht gut Motorrad fahren. Nachts im Bett wurden die Vorwürfe ganz unerträglich, und zwischen den mahnenden Stimmen erschien sein trauriges Gesicht. Ich sah ihn am Schreibtisch sitzen, den Kopf in die Hände gestützt, so wie damals, als Onkel Blaf den Jagdunfall hatte. Nein, das konnte aushalten, wer wollte, ich nicht! Ich tappte die Treppe hinunter. Im Flur roch es nach Braten und Rotkraut, und im Eßzimmer klapperten Teller und redeten Menschen. Ach ja, heute war großes Abendessen mit Gästen aus der Stadt. Else hatte nachmittags einen Hasen gebraten und Martha Schlagsahne für die Zitronencreme geschlagen. Mir war's egal! Ob Leute bei uns waren oder nicht, ich mußte loswerden, was mich drückte.

Ich schob die Tür auf. Eine Welle von Parfüm und Bratengeruch schlug mir entgegen. Die Leute saßen zurückgelehnt in ihren Stühlen, vor leergegessenen Tellern, zufrieden und satt. Da stand ich im Nachthemd, barfüßig, zerzaust und mit naßgeweintem Gesicht.

»Ja, Pickdewick, was ist denn?« Das war Mutters Stimme, leicht verärgert. Alle anderen Stimmen verstummten.

»Hast du schlecht geträumt?« Das war Vater. Ich stürzte auf ihn zu und umklammerte seine Knie.

»Vaterle, ich will mit dir Motorradfahren!«

Im Zimmer war es still. Man hörte nichts als mein Schluchzen. Vater legte den Arm um mich.

»Wie wäre es mit einem kleinen Verdauungsspaziergang?« sprach er zu den Gästen. »Es ist eine laue Nacht, und Sie könnten, wenn Sie Lust haben, meine Künste als Motorradfahrer bewundern. Eben hat sich meine Tochter Amei bereit erklärt, den Sozius zu machen.«

Ob sie Lust hatten? Vermutlich nicht. Aber sie hörten den dringlichen Unterton in Vaters Stimme, und so zeigten sie sich erfreut, wollten gerne die laue Nacht genießen und den Garten und das neue Motorrad.

Der Mond schien, es war hell draußen und warm. Vater holte das Motorrad aus dem Holzstall. Wir knatterten dreimal um die Kirche. Immer wenn wir an den Gästen vorbeikamen, klatschten sie und riefen: »Hurra!«

Am 18. Oktober 1937 erscheint das Motorrad zum ersten Mal in Mutters Briefen. Sie schreibt:

Liebe Linde!
... An sich sind 2000 Seelen wohl nicht zuviel für eine volle Arbeitskraft, aber bei dem weiten Kreis, den hier eine Pfarre umfaßt, ist es doch eine schwere Arbeit. Er ist nicht nur tagelang in seiner zweiten Gemeinde Cielle, sondern oft auch nachts. Da liege ich denn im Bett und warte, und erst, wenn ich sein Motorrad rattern höre, kann ich wieder richtig durchatmen. Man hat halt immer Angst. Sprich mir nicht von Gottvertrauen, Linde, das habe ich ja... trotzdem...

Gespenster auf dem Schwedenberg,
Trümmerkampf und Spurensuche

»Störche haben wir nun genug gesehen und Gänse auch!« sagte Manfred. »Kuschlin und Blawno waren nicht gerade ein besonderes Erlebnis und das Hotel in Nowy Tomisl... also ich bin wirklich nicht pingelig, aber diese Maus im Zimmer war schon eine Zumutung!«

»Auf nach Bromberg!« rief Florian und warf sich hinter das Lenkrad. »Steigt ein, Leute!«

Während der Fahrt unterhielten sich die beiden Männer, scherzten und lachten.

Beate und ich saßen schweigend.

»Na, ihr Mädchen, freut ihr euch?« fragte Florian nach hinten.

»Auf was, bitte?« fragte Beate zurück.

»Na, auf ein gutes Abendessen und euer Bromberg!«

»Es ist nicht unser Bromberg!« Das sprachen wir beide einstimmig.

»Aber ihr wart schließlich acht Jahre dort. Von 37 bis 45, stimmt's?«

Beate lachte, es klang nicht fröhlich.

»Er kennt sich in meiner Vergangenheit besser aus als ich.«

Nachmittags um vier Uhr kamen wir in Bromberg an. Das Orbis-Hotel erwartete uns mit zwei prachtvollen Zimmern, aber das von Beate und Florian war größer als unseres, und es stand auch noch ein Klavier darin und eine Palme. Ich registrierte es mit unterdrücktem Groll. Die alten kindisch-kindlichen Gefühle ließen sich hier offenbar schlechter zur Räson bringen als irgendwo sonst. Das Etagenbad, uralt und in zerborstener Pracht, stand zu unserer Verfügung. Die Badefrau ließ Wasser in die Wanne fließen, lächelte mir freundlich zu und setzte sich dann mit ihrem Strickzeug vor die Tür. Frischgebadet machten wir uns auf den Weg, gingen am Theater vorbei über die Brahebrücke, sahen rechts die Insel liegen und links die alten Speicher. Wir steuerten an der Flundergasse vorbei, erzählten unseren Männern nichts von Hexen und Huren und kamen schließlich zum Wollmarkt und zum Schwedenberg. Er lag vor uns, breit und behäbig, und stieg längst nicht so steil auf wie in meiner Erinnerung. Die Häuser rechts und links von der Straße wirkten klein und verkommen. Auf der Mitte des Berges stand immer noch die alte Wasserpumpe. Hier hatte uns Michael mit Wasser bespritzt.

»Los, ihr beiden, stellt euch mal in Pose!« kommandierte Manfred und zückte seinen Fotoapparat. »Eine muß pumpen, die andere trinken. Das gibt ein gutes Bild im Abendlicht!«

Aber wir hatten keine Lust, taten, als hätten wir nichts gehört, und gingen weiter. Die Herren trauerten dem schönen Foto nach, das man hätte machen können, brummten: »Ziemlich miese Gegend!« und: »Lange dürfen wir uns nicht mehr aufhalten!« und schlenderten hinter uns her den Berg hinauf.

»Da hing der Mann.« Beate zeigte auf das letzte Haus an der rechten Straßenseite. »Weißt du noch, wie wir mit den Soldaten runtergingen, und wie er da hing...«

»Was für ein Mann?« fragte Manfred von hinten.

»Weiß nicht!« Ich hielt den Kopf beharrlich gesenkt. »Er hing an einem Balken. Immer, wenn ich früher hier vorbeikam, machte ich die Augen zu oder schaute auf den Boden und zählte die Pflastersteine.«

»Ich hab's auch so gemacht«, bestätigte Beate.

»War's ein Deutscher oder ein Pole?«

Wir zuckten die Achseln.

»Aber so etwas muß man doch wissen! Da kann man nicht einfach auf den Boden gucken!«

»Schon recht, Manfred! Schon recht!«

Beate und ich rannten davon und hielten erst an, als wir oben auf dem Schwedenberg standen vor Blums Laden.

»Was steht ihr da? Was guckt ihr?«

»Blums Laden! Hier haben wir immer Brausepulver gekauft und polnische Gurken. Herr Blum war im Kirchengemeinderat.«

Die Hoftür neben dem Haus stand offen. Wir schoben uns hinein, erst Beate, dann ich, gingen drei Schritte, blieben stehen, schafften noch ein Stückchen und konnten nicht weiter.

»Ich war seitdem nie mehr in Blums Hof...«, flüsterte Beate. »Im Laden ja, aber nicht im Hof!«

»Ich auch nicht! Ich hatte ihn völlig vergessen.«

Wir standen vor dem Hinterhaus und sahen hinauf zu den kleinen blinden Fenstern.

»Hübsch häßlich hier!« Manfred und Florian kamen leichten Schrittes in den Hof hinein, schauten sich um und schüttelten die Köpfe.

»Was gibt es hier Besonderes? Was fasziniert euch?«

Beate und ich lehnten uns an die fleckige Hauswand. Die Abendsonne blendete. Wir kniffen die Augen zu.

»Wo hast du gestanden?« fragte Beate.

Ich rutschte ein Stück von ihr weg.

»Hier etwa. Aber genau weiß ich's nicht mehr.«

»Ganz außen stand Else«, Beate zeigte nach rechts, »dann kam Michael. Ich stand neben ihm und hielt Fränzchen an der Hand, dann kam Mutterle mit Christoph auf dem Arm, dann Brüderchen...«

»Ja, so war's. Ich hielt Brüderchen an der Hand und war die letzte in der Reihe. Ich hätte lieber in der Mitte gestanden!«

»Das ist ein blödes Spiel!« sagte Manfred. »Wie heißt es?«

»An die Wand stellen heißt es«, antwortete ich. »In der Zeitung stand hinterher: *Eine Pfarrfrau rüstet sich mit ihren sechs Kindern zum Sterben.* Mutter hatte uns wirklich gut vorbereitet. Als ich an der Wand stand, hatte ich keine Angst mehr...«

»Ich auch nicht!« sagte Beate. »Den Blutsonntag hatten wir ja schon hinter uns. Wann war das? Am Montagnachmittag...«

»Nein, Montagabend! Der Himmel war so hell vom Feuer. Unser Haus brannte und die Kirche. Es leuchtete rot bis in Blums Hinterhof.«

»Warum wart ihr denn gerade hier?«

»Weil Herr Blum uns aufgenommen und versteckt hat. Zwei Tage saßen wir oben im Dachkämmerchen. Mutter las uns die Leidensgeschichte vor und Psalmen. Christoph war krank und hat immerzu geschrien. Wenn Haussuchungen waren, legte Mutter ihm ein Kissen auf den Mund.«

Ich lehnte an der warmen Hauswand und dachte daran, wie schrecklich es gewesen war, als ich vom Dachfenster aus unser Haus und die Kirche brennen sah, wie Fackeln, hoch bis zum Himmel... Manfred stellte sich neben mich an die Mauer.

»Warum hast du mir nie davon erzählt?«

Eine alte Frau kam aus dem Hinterhaus. Sie

hielt ein kleines Kind auf dem Arm, vielleicht ein Jahr alt, wie unser Christoph damals. Sie lachte aus sämtlichen Zahnlücken und stieß einen Schwall polnischer Worte hervor. Wir verstanden nichts und gingen weg.

Florian, in seiner freundlichen, mitteilsamen Art, hielt dem Kind einen Kaugummi vor die Nase und versuchte, der Frau auf deutsch klarzumachen, daß wir uns hier nur ein wenig umschauen wollten. Sie redeten und redeten, und keiner verstand, was der andere meinte. Florian entfloh. Als er uns auf der Straße erreichte, war er sehr ärgerlich.

»Was für ein Jammer, daß ihr kein Polnisch könnt! Wie soll man denn mit den Leuten warm werden, wenn man sie nicht versteht? Habt ihr denn gar keine Erinnerung?«

»Erinnerungen genug! Nur nicht an polnische Vokabeln!«

Wir hatten zwei Jahre lang im Dregerschen Privatlyzeum Polnisch gelernt, und Nachhilfeunterricht hatten wir auch gehabt.

»Weißt du noch, Beate, wie der Harry kam?«

»Ja, mit einer Aktentasche, und an der Gartenpforte hat er noch einmal in den Spiegel geschaut und sich gekämmt.«

Der Harry gehörte zu unserer Gemeinde und ging schon ins Gymnasium. Er gab sich redliche Mühe mit uns. Aber es klappte nicht mit dem Polnischen. Was mir geblieben ist, das sind die Redensarten der polnischen Köchin Genia, ihre Flüche und Lieder.

Wir wendeten uns nach links und gingen die Straße entlang, die einmal zu Pfarrhaus und Kirche geführt hatte. Früher hatte sie »Leszczinskiego« geheißen, später, in der deutschen Zeit, hieß sie »Frankenstraße«.

Wie klein die Häuser waren, wie grau und ärmlich!

»Was hast du mir bloß erzählt?« Florians Stimme klang vorwurfsvoll. »Du hast gesagt, Schwedenhöhe wäre eine reiche und schöne Gemeinde gewesen ... Das hier sieht mir eher wie eine Arbeitervorstadt aus, wie eine ganz arme!«

Er hatte wahrscheinlich recht. Vaters Kampf gegen den Alkohol hatte sich in ärmlichen Hütten abgespielt und nicht in Palästen. Und Großvater wird gewußt haben, warum er im Verein mit der Frau Sanitätsrat Dietz eine Armenfürsorge organisierte.

»Diese Straße sind wir am Blutsonntag entlanggegangen«, fing Beate wieder an. »In der anderen Richtung natürlich, dem Schwedenberg zu, vom Pfarrhaus bis zu Blums Laden. Das ist ein ganzes Stück. Viele Leute standen vor den Häusern. Manche kannten wir. Frauen, die früher freundlich zu uns gewesen waren und Birnen geholt hatten. Sie drohten uns mit den Fäusten und waren ganz wild.«

»Warum denn wild?«

»Mensch Florian, du warst doch damals auch kein Säugling mehr! 1939 im September, als der Krieg anfing...«

»Vierzehn Jahre war ich! Und natürlich weiß ich, was damals los war. Ab heute früh um fünf Uhr wird zurückgeschossen...«

»Ja, und dann marschierten die deutschen Truppen in Polen ein. Kannst du dir nicht vorstellen, daß die Polen da wild waren und daß sie ihre Wut an uns ausließen?«

»Es ist zumindest verständlich«, bemerkte der tolerante Manfred.

»Sehr verständlich, besonders, wenn man die Sache von Heilbronn aus betrachtet. Wir Deutschen in Polen saßen in der Falle und mußten versuchen, den deutschen Einmarsch zu überleben.«

»Hör doch auf!« schimpfte Beate. »Das ist vorbei, ein für allemal! Hier, das Haus! Weißt du noch. Da waren wir oft drin.«

Ja, ich wußte es noch, bei Frau Lewandowsky, der hübschen blonden Polin. Sie war Schneiderin und nähte uns unsere Zwillingskleider, und sie bekam zur gleichen Zeit wie unsere Mutter ein Baby, eine süße kleine Marja.

»Die beiden Kinderwagen standen immer nebeneinander in unserem Garten...«

»Aber in der letzten Zeit kam sie natürlich nicht mehr...«

»Nein, das hätte sie nicht gewagt, aber sie mochte uns, vor allem Mutter.«

»Sie stand vor der Tür und weinte, als wir vorbeigingen. Mutter ging zu ihr und fragte, ob wir in ihr Haus dürften. Sie streichelte Christoph über den Kopf, dann sagte sie ›Tak!‹ – ›Tak‹ heißt ›ja‹ – und machte die Tür vor uns auf.«

»Das finde ich beachtlich!« lobte Manfred. »In dieser Situation...«

»Aber die anderen Frauen schlugen die Tür wieder zu. Da gingen wir weiter...«

»Jetzt hör doch endlich auf!« zischte Beate.

»Du hast angefangen! Du hast ihnen das Haus von Lewandowskys gezeigt!«

Wir musterten uns zornig und fuhren dann auf unsere Männer los: »Kommt schon, was steht ihr hier rum!«

Sie ließen es sich gefallen und schwiegen freundlich still. Wir gingen weiter. Ich warf noch einen Blick zurück und dachte, wie seltsam das doch war. Fünf Jahre hatten wir nach diesem Erlebnis noch in Bromberg verbracht. Ich war täglich an Lewandowskys Haus vorbeigegangen und hatte nie mehr einen Blick darauf geworfen. Heute, nach fünfunddreißig Jahren, sah ich es zum ersten Mal wieder richtig an, sah auch die Frau Lewandowsky vor mir mit ihren blonden Locken und der kleinen Marja auf dem Arm. Beate drehte sich um.

»Sie ist tot. Else hat erzählt, daß sie 1945 über den Wollmarkt gelaufen ist, geradewegs vor einen russischen Panzer...«

»Nun kommt schon!« Manfred und Florian drängten voran. »Ihr wolltet uns doch Kirche und Pfarrhaus zeigen.«

»Da wird's wohl nicht mehr viel zum Zeigen geben!«

Harry hatte berichtet, und andere Bromberger auch, daß die Trümmer abgetragen und ein Park auf dem Kirchengelände angelegt worden sei. Ich wußte also, daß wir nichts Bekanntes sehen würden, aber daß der Ort so ganz und gar verändert war, so als hätte es Kirche und Pfarrhaus nie gegeben, darauf war ich nicht vorbereitet gewesen. Wir standen vor einem Park mit verkümmerten Bäumen und vergilbtem Gras...

Wie hatte Vater um seine Trümmer gekämpft! Sie sollten abgetragen werden, und zwar »bis unter Erdgleiche«. Immer wieder war von dieser »Erdgleiche« die Rede gewesen. Beim Mittagessen, zum Beispiel, wenn Vater nur ein paar Bissen aß, den Kopf hängen ließ und grübelte, weil wieder ein Brief von der Kreisleitung gekommen war.

»Bis unter Erdgleiche!« knurrte er dann und fuhr mit gehobener Predigtstimme fort: »Ich lasse es nicht zu! Wenn wir schon nicht aufbauen dürfen, dann müssen wir wenigstens die Trümmer retten! Wenn erst die Trümmer verschwunden sind, dann wird es hier nie wieder eine Kirche geben!«

Im Frühjahr 1940 fing dieser Trümmerkampf an. Während der Winterzeit hatten die Ruinen wohlverborgen unter dem Schnee gelegen. Als er schmolz, traten sie unfreundlich nackt und schwarz zutage. Der Kreisleiter erschien, umringt von trutzig dreinschauenden Gesellen. Er sprach der Pfarrfrau sein Wohlwollen aus und Großdeutschlands Dank für alle Opfer, die sie gebracht, und für die sechs Kinder, die sie geboren. Wir standen um die Eltern herum, lächelten verschämt

Die Trümmer von Pfarrhaus und Kirche (abgebrannt am 4. 9. 1939)

und waren stolz, so geehrt zu werden. Dann schritten die Herrschaften zur Besichtigung der Trümmer. Da war dann die Rede von unschönen Ruinen, von gefährlich lockeren Steinen und von der Erdgleiche.

»Machen Sie sich an die Arbeit!« sprach der Kreisleiter, »Sie und Ihre Gemeinde! Tragen Sie's ab!« Dann riß er den Arm hoch, dröhnte mit all seinen Leuten: »Heitler!« und marschierte davon.

Die Gemeinde machte sich an die Arbeit, Pfarrer und Kirchengemeinderäte gingen mit gutem Beispiel voran. Männlein und Weiblein aus der Gemeinde folgten, und vor allem wir Kinder waren mit Eifer bei der Sache. Wir schleppten »die gefährlich lockeren« Steine aus den Trümmern, klopften sie säuberlich ab und bauten mit ihnen ein Mäuerchen um die Kirche herum. So konnten diese Steine keinen Menschen mehr gefährden und schlummerten sicher dem Aufbau entgegen. Man arbeitete in schöner Ruhe und Gründlichkeit, stimmte bisweilen ein Liedchen an und ließ sich gerne bei der Arbeit sehen. Aber so bedächtig man auch zu Werke ging, schließlich war getan, was getan werden konnte. Die »gefährlich lockeren« Steine lagen säuberlich im Mäuerchen vereint, der ausgebrannte Kirchenraum war leergeräumt, die geborstenen Altarplatten übereinandergeschichtet zu einem neuen Altar. Die heruntergefallene große Glocke, die »Domina«, wurde zum Einschmelzen abgeholt. Vater und die Gemeinde weinten ihr hinterher, aber mit Maßen, denn da gab es ja noch die kleine Betglocke. Sie lag geborgen in einer Mulde zu Füßen des Turmes, versteckt unter Sand und Efeuranken. Auch die Natur hatte kräftig mitgeholfen, gefährlich Lockeres zu befestigen und Unschönes zu verdecken. Über die Trümmer des Pfarrhauses rankte wilder Wein, Heckenrosen blühten in den Fensterhöhlen, und jedermann blieb stehen, fand den Anblick schön und das ganze einem Dornröschenschloß ähnlich. Vom Kirchturm herunter winkte ein Birkenbaum, und um die Kirche herum wuchsen die Sträucher dichter und dichter, so daß von dem Mäuerchen bald nichts mehr zu sehen war.

Mutter schrieb an ihre Freundin Linde:

Bromberg, im August 1942
Liebste Linde!
... Wir lernen die Trümmer lieben, als das was uns gehört. Die Kinder spielen darauf, und unsere kleine Gitti liegt auf dem Rasen vor dem Dornröschenschloß. Man kann wohl sagen, sie wird unter Trümmern groß ...

Die erste »Trümmerschlacht« war erfolgreich geschlagen. Aber es folgten noch viele. Den Höhepunkt dieses verbissenen Kampfes bildete zweifellos Mutters Besuch in der Reichskanzlei.

Die Kreisleitung nämlich, unbefriedigt über den schleppenden Fortgang der Dinge, wollte die Sache nun selber in die Hand nehmen und stellte ein Kommando Arbeitsdienstleute in Aussicht. Daraufhin rangen die Kirchengemeinderäte die Hände und fanden, daß man die Heimsuchung nun in christlicher Geduld hinnehmen müsse. Aber Vater wollte sich nicht fügen, und auch Mutter hatte mit der christlichen Demut wenig im Sinn. Sie war eine streitbare Frau, und sie besaß Waffen genug und wußte sie anzuwenden. Da waren ihr lieblich badischer Akzent, ihr Heldenmut in schwerer Zeit, Charme und Witz und sechs Kinder. Nichts konnte schiefgehen! Also fuhr sie, beladen mit fast all ihren Waffen und einem Bittgesuch der Gemeinde, nach Berlin. Wir brachten sie zum Bahnhof, und als wir an den Ruinen vorbeigingen, warf ich einen zornigen Blick zu ihnen hinüber und dachte, daß sie mir gestohlen bleiben könnten und gerne unter Erdgleiche, wenn nur Mutter gesund zurückkehren würde. Tante Thea hatte die Bombenangriffe auf Berlin geschildert. *Es ist das reine Wunder, daß ich noch lebe!* hatte sie geschrieben, und nun wollte Mutter bei ihr übernachten! Dumme Trümmer, dachte ich in meines Herzens Sinn. Die Eltern sollten sich lieber um mich kümmern als um die alten Steine!

Mutter aber war guten Mutes. Im Koffer lag ihre Geheimwaffe, das schillernde lila Kleid. Mit diesem und einem Lächeln konnte sie alle Männer betören, nur nicht die Frommen der Gemeinde, aber mit solchen war in der Reichskanzlei wohl nicht zu rechnen. Was hatte sie sich vorgestellt? Was hatten wir erwartet? Daß sie des »Führers« Herz rühren könne in ihrem lila Kleid? Daß er ihr die Trümmer schenken würde, ja vielleicht noch ein Arbeitskommando für den Aufbau dazu? Vermutlich hatten wir tatsächlich mit solchen Wundern gerechnet. Wir kannten Mutter und trauten ihr Großes zu, auch beteten wir in dieser Zeit besonders dringlich und häufig. Aber sie kam und kam nicht wieder, ließ auch sonst nichts von sich hören, so daß wir ganz zermürbt waren vor Angst und Sorgen. Als sie endlich vom Bahnhof aus telefonierte, fiel uns allen ein Zentnerstein vom Herzen.

Sie aber trug schwer an ihrem Köfferchen mit der lila Geheimwaffe. Nichts hatte sie erreicht! Gar nichts! Zwei Tage lang hatte sie in einem Vorzimmer gewartet, hatte schließlich einem Menschen dort ihre Trümmergeschichte erzählt und das Bittgesuch übergeben. Er hatte freundlich gelächelt und gesagt: »Das machen wir schon, Gnädigste! Das geht in Ordnung!«

Aber sie hatte kein gutes Gefühl dabei gehabt, und Tante Thea sei mit den Nerven so unten, daß es ein Graus sei und wir sie unbedingt für ein paar Wochen zu uns nehmen müßten. Dann brach sie in Tränen aus.

»Gott sei Lob und Dank, du bist wieder da!« Vater legte die Arme um sie und wollte sie gar nicht mehr loslassen. »Ich hatte solche Angst um dich! Nun haben wir getan, was wir konnten. Nun müssen wir es Gott überlassen.«

Das Arbeitskommando rückte nicht an. Nicht in den nächsten Wochen, nicht in den nächsten Jahren, überhaupt nicht.
Deutschland fiel in Trümmer, wer kümmerte sich da schon um unsere alten Ruinen.

Wir schlenderten durch den kümmerlichen Park und suchten nach Spuren. Aber die Trümmer von Kirche und Pfarrhaus lagen so tief »unter Erdgleiche«, Rasenflächen und Sträucher waren so verwirrend anders aufgeteilt als in unseren Gärten, daß wir nicht mehr rekonstruieren konnten, wo etwa die Kirche und wo das Pfarrhaus gestanden hatte. Keine Spur gab's vom grünschwarzen Gemeindeklo, keine von Kieswegen, Zäunen und Birnbäumen. Beate entdeckte den dicken rissigen Stamm, schief gewachsen, am Sterben. Die Äste hingen herunter wie früher, aber sie bildeten keine grüne Höhle mehr, dünn und krank, glichen sie eher einem Schleier. Rote Raupen ließen sich auch nicht blicken. Trotzdem gab es keinen Zweifel. Das war die Weide! Unsere Trauerweide! Nun hatten wir etwas, an das wir uns lehnen, von dem aus wir aufbauen konnten. Wenn also die Weide hier stand, dann mußten Haus und Hauseingang dort gewesen sein. Wenn das Haus dort gestanden hatte, dann ging es da hinüber zum Kirchgarten und zur Kirche. Wir liefen herum und zeigten unseren Männern, wo was gestanden hatte, und sie gaben sich Mühe, es wichtig zu finden.

Wie groß aber war unsere Freude, als wir Großvaters Gemeindehaus entdeckten! Es stand auf einem asphaltierten Platz und sah aus wie früher. Hier in diesem Gemeindehaus waren Beate und ich konfirmiert worden, hier wurden der jährliche Bazar abgehalten, die Gemeindefeste gefeiert. Hier hatten wir den letzten Gottesdienst vor der Flucht erlebt und ›Jesu geh voran...‹ gesungen. Oben in der kleinen Wohnung hatte Herr Jakob, unser Kirchendiener, gewohnt. Nachdem er verschwunden war, zog Frau Mangel ein und Fifi, ihr kleiner bissiger Spitz. Manfred hob mich hoch, damit ich durch das Fenster sehen konnte. Unser Gemeindehaus war zur Turnhalle geworden. Ich sah Barren und Böcke, Leitern an den Wänden und Matten auf dem Boden.

»Leute, wir sollten umkehren!« mahnte Florian. »Es wird dunkel, und ich hab' ehrlich gesagt Hunger!«

Er steuerte auf die Straße hinter dem Gemeindehaus zu, aber Beate und ich schreckten zurück.

»Nein, Florian, nicht da entlang. Hier stand früher ein Tor, das immer verschlossen war. Wir haben unsere Köpfe durch die Eisenstangen gesteckt, aber die Straße haben wir nie benützt. Laß uns den alten Weg zurückgehen, über die Leszczinskiego!«

Bei der Trauerweide blieben wir stehen und schauten dorthin, wo vermutlich einmal der Hauseingang gewesen war.

»Weißt du noch, Pickdewick, wie er sich auf der Treppe umgedreht hat?«

Ja, ich wußte es noch und würde es nie vergessen. Er hatte den Lutherrock an. (Die offizielle Amtstracht, für Pfarrer, die verhaftet werden, extra vom Konsistorium vorgeschrieben.) Er hatte sich umgedreht und uns zugenickt, und dann war er zwischen den Soldaten zur Gartentür gegangen.

»Aber er kam ja wieder!« sagte Manfred.

»Ja, nach sechzehn Tagen, und er hatte die Ruhr. Sein Lutherrock schlotterte um ihn herum.«

»Wann wurde er interniert?«

»Am Freitagabend.«

»Und was habt ihr gemacht, als er fort war?«

»Wir haben Angst gehabt und gebetet. Bei Haussuchungen zogen wir alle hinter Mutter und den Soldaten her.«

»Nach was haben sie denn gesucht?«

»Nach Funkgeräten. In der Spielkammer fanden sie Michaels Lichtbilderapparat und eine

Glühbirne mit Kabel. Das genügte ihnen. Es war der Beweis für Sabotage...«

»Und dann?«

»Dann wurden wir für vogelfrei erklärt. Ich hab' das damals nicht verstanden. Ich dachte, es wäre etwas Gutes. Frei wie ein Vogel, das ist doch schön...«

»Du warst eben noch klein!« fuhr mir Beate in die Rede. »Es war so, am Sonntagmorgen brachen sie in der Glasveranda ein. Kurz darauf kam Herr Jakob durch die Hintertür zu uns in den Keller. Er sagte, wir müßten ganz schnell fort. Da gingen wir...«

»Wohin?«

»Mutter wollte in die Kirche. Aber Herr Jakob sagte, das wäre ganz und gar unmöglich, da würden wir ihnen direkt in die Hände laufen. Er hätte schon übers Gemeindeklo klettern müssen, um zu uns zu kommen.«

»Was wolltet ihr denn in der Kirche, um alles in der Welt?«

»Unter der Sakristei gab es eine Geheimkammer. Die Eltern hatten Decken und Essen dahin gebracht. Wir wollten uns da verstecken, wenn es nötig sein sollte. Aber nun war der Weg zu diesem Unterschlupf versperrt.«

»Na, Gott sei Dank!« rief Florian. »Ihr wärt ja bei lebendigem Leibe verbrannt!«

»Mutter war ganz verzweifelt, weil alles schiefging, was sie vorher geplant hatten.«

»Laß mich auch mal zu Wort kommen, Pickdewick!« sagte Beate. Es verdroß mich sehr, denn sie sprach ja schon die ganze Zeit.

»Wir gingen also durch den Vordereingang hinaus. Mutter voran, den kleinen Christoph auf dem Arm. Fränzchen klammerte sich an ihren Rock. Dann kam Pickdewick und hielt wie immer Brüderchen an der Hand, und den Schluß machten Else und Michael und ich. An der Gartenpforte rissen sie Herrn Jakob von uns weg. Wir sahen ihn nie wieder.«

»Und was war mit euch?«

»Uns hat niemand aufgehalten. Wir gingen durch die Leszczinskiego dem Schwedenberg zu. Aber das haben wir ja vorhin schon erzählt. Riecht ihr eigentlich nichts? Hm, wie das duftet!«

Beate hob schnuppernd die Nase. Es duftete nach Heckenrosen, nach Mutters Dornröschenhecke, nach Zuhause.

Es war nun richtig dunkel geworden. Beate und ich liefen die Straße entlang, vorbei am Haus von Lewandowskys, an Blums Laden, den Schwedenberg hinunter. Manfred und Florian schnauften hinterher.

Nach einer unruhigen Nacht schlenderten wir an der Brahe entlang und sahen, daß einer der alten Speicher als Museum eingerichtet war. In dieses Museum wollten wir gehen, überall hin, an jeden

Ort, bloß nicht mehr auf den Schwedenberg. Eine junge, freundliche Dame saß an der Tür. Sie sprach deutsch und erbot sich, uns herumzuführen. Sie erzählte aus Brombergs Vergangenheit, und wenn auch manches anders klang, als ich es im Gedächtnis hatte, so war es doch interessant zu hören und berührte mich nicht sonderlich. Bis wir an ein großes Foto kamen. Es hing an der Wand und zeigte unsere heißumkämpften Trümmer.

»Eine Kirche auf dem Schwedenberg!« erklärte die Dame mit rollenden Rs. »In Brand gesteckt von deutschem Militär und das Pfarrhaus daneben auch. Sie haben gehaust wie die Vandalen...«

Sie sah uns vorwurfsvoll an, so als wollte sie sagen: Da schaut her, so schlecht haben sich eure Landsleute benommen! Aber schon lächelte sie wieder, versöhnlich und unbefangen. Sie schien zu glauben, was sie sagte. Das war doch die Höhe! Ich bekam keine Luft mehr vor Entrüstung. Auch Beate atmete schwer. Solch eine Frechheit! Unerhört, so zu lügen!

Wir saßen draußen auf einem Blumenkasten in der Sonne und rangen nach Worten, unsere Entrüstung auszudrücken. Wie war es damals gewesen?

Am Montag, den 4. September hatten Kirche und Pfarrhaus gebrannt. Am Dienstag nachmittag erst marschierten die deutschen Soldaten ein. Zusammen mit ihnen gingen wir die Leszczinskiego entlang bis zu den rauchenden Trümmern. Ein

Soldat trug den kleinen Christoph auf dem Arm und ein anderer Fränzchen. Ich weinte meinen Puppen nach und Brüderchen seinem Kanarienvogel. Barry lag mit verbrannten Pfoten im Gebüsch und mußte erschossen werden. So war das gewesen! Und daß uns die polnischen Soldaten in Blums Hinterhof nicht erschossen hatten, das war ein Wunder, unbegreiflich, auch heute noch! Wir mußten uns aufstellen. Die Soldaten knackten mit den Gewehren. Und dann fing Fränzchen an zu singen. Drei Jahre war sie damals alt. Sie sang immer, wenn's ihr nicht so recht geheuer war, wenn sie in den Keller ging oder etwas Verbotenes tat. Sie sang ihr Lieblingslied aus dem Kindergottesdienst, mit dem sie uns schon seit Wochen die Ohren zermarterte. Sie sang:

»Weil ich Jesu Schäflein bin
Freu' ich mich nur immerhin
Über meinen guten Hirten,
Der mich wohl weiß zu bewirten...«

Ihre Stimme wurde immer zittriger und leiser: »Der mich lieb hat...« sang sie noch, und dann erstarb ihr Stimmchen. Ein Soldat ließ sein Gewehr sinken und sagte etwas auf polnisch. Es soll geheißen haben: Ich schieße nicht auf Kinder. Else hat es uns nachher übersetzt. Dann gingen sie aus dem Hof, einfach so. Wir standen noch ein Weilchen an der Mauer, bis Mutter uns rief. Hinter ihr her stiegen wir wieder die Treppe hinauf in das Kämmerchen. Dort blieben wir, bis am nächsten Tag Frau Blum über den Hof gelaufen kam und schrie: »Sie sind da!«

So hatten wir es erlebt, und so erzählten wir es unseren Männern auf dem Blumenkasten vor dem Museum.

Wir erzählten auch vom Marsch nach Lowitsch, und daß Vater ihn niemals überlebt hätte, wenn nicht Harry neben ihm gegangen wäre und ihn immer wieder vorwärts geschleppt hätte und getragen, als er krank wurde...

»Wir glauben es ja!« sagte schließlich Florian. »Wirklich, ihr braucht euch nicht aufzuregen!«

Wir saßen schweigend in der Sonne. Ich dachte, daß es noch viel zu sagen gäbe, aber daß es niemand hören wollte.

»Zehn Polen für einen Deutschen«, so hieß es später, als nach den Soldaten die Parteileute das Regiment übernahmen. Und der Mann, der oben in dem Haus am Schwedenberg gehangen hatte, war das nicht der polnische Fleischer Sawatzky gewesen? Und was war mit Lewandowskys in der deutschen Zeit? Vater hatte zwar dafür gesorgt, daß sie eingedeutscht wurden und mehr Lebensmittelkarten bekamen. Aber hatte Frau Lewandowsky nicht immer geweint, wenn sie bei uns war, und geschluchzt: »Jeder zeigt mit dem Finger auf uns!« Und dann war sie unter den russischen Panzer gelaufen, nur so, aus Versehen, und war doch so flink und geschickt... Und der Lärm nachts auf der Leszczinskiego, die jetzt Frankenstraße hieß, wenn sie Razzia machten und Vater immer nach draußen wollte, eingreifen, irgend etwas tun, und Mutter ihn nicht ließ.

»Es ist sinnlos... Du kannst nicht helfen... Wir brauchen dich... Du hast eine Familie...«

Wir gingen nicht mehr auf den Schwedenberg. Nachmittags sahen wir die frühere Dürerschule an, in die ich so ungern gegangen war, und das Dregersche Privatlyzeum. Durch die Flundergasse gingen wir auch, aber es war kein großes Erlebnis.

Am nächsten Tag fuhren wir nach Danzig, eine Stadt, in der wir früher nie gewesen waren und in der nicht hinter jeder Straßenecke Gespenster lauerten. Wir fanden den Marktplatz sehenswert und priesen uns glücklich, daß wir auf die Idee gekommen waren, diese schöne Stadt zu besichtigen. Wir fotografierten und kauften Bernsteinschmuck. Noch am selben Tag machten wir uns auf die Heimreise zurück in den Westen.

Badezimmer im Unverstand
und ein Loblied auf die polnische Küche

Nach dem Brand zogen wir hin und her, unten in der Stadt und oben auf dem Schwedenberg. Die Wohnungen waren zu klein für unsere große Familie, die Verhältnisse beschränkt. Aber gerade das war es, was wir Kinder im Augenblick brauchten! Eng beieinander wollten wir sein, jeden Augenblick sehen und spüren, daß die anderen noch vorhanden waren. Nachts, um Himmels willen, nicht allein in einem Zimmer schlafen müssen, sondern bei nächtlichem Aufwachen die anderen atmen hören, nach gräßlichen Träumen unter Mutters Decke kriechen können. Überall lauerte Gefahr, ob wirklich oder eingebildet, für uns war sie da. Steine und Balken fielen von der Kirche. Mutter schreibt an die Madre:

Oktober 1939
Meine liebste Madre!
... Zur Kirche dürfen wir noch nicht. Doch eines können wir sehen, hoch oben auf den Mauern des Turmes steht, noch heute sichtbar, ein Kreuz. Zwei Eisenstangen waren beim Herunterstürzen in den Trümmern steckengeblieben... Als einziges von Wert fanden wir unten im Hauskeller völlig un-

*versehrt und noch aufgeschlagen meine Bibel...
Und wunderbar war auch das andere: angesengt,
aber nicht verbrannt, stand im Keller die Kinder-
wiege, in der ich schon gelegen habe und Fritz und
all unsre Kinder. ... Paul-Gerhard geht es nicht
gut. Er hat die Schrecken des Marsches noch immer
nicht überwunden... Die Kinder sind verweht,
wachen nachts schreiend auf...*

In dieser unsicheren und bedrohlichen Zeit kamen die Eltern auf den trefflichen Einfall, etwas Gutes für Brüderchen und mich zu tun, weil wir besonders angeschlagen wirkten. Wir sollten fort dürfen, heim ins Reich, in die heile Welt zu Tante Renata und Onkel Hans-Peter. Der gute Onkel kam extra aus Hamburg angereist, um uns abzuholen.

»Kommt nur, ihr beiden! Bei uns habt ihr's schön! Da könnt ihr alles vergessen!«

Ja, wenn das nur möglich gewesen wäre! Alles zu vergessen! Wer garantierte uns denn dafür, daß hier nicht noch Schlimmeres passierte und daß wir dann alleine übrigbleiben würden? Nein, wir wollten nicht zu Tante und Onkel nach Hamburg! Wir wollten es nicht »schön« haben. Wir wollten bei der Familie bleiben, auch wenn die Wohnung noch so klein und häßlich war. Aber sie hörten nicht auf uns. Wir mußten fort, allein mit dem Onkel. In der Bahnhofshalle in Hamburg riß die

Schnur, die um den Pappkarton gebunden war, der unsere Habseligkeiten enthielt. Der ganze Inhalt prasselte auf den Boden und zwischen die Füße der anderen Leute. Der feine Onkel Hans-Peter schämte sich sehr und schwitzte vor lauter Peinlichkeit. Aber Brüderchen und ich fanden es komisch, lachten und konnten nicht aufhören und ließen den Onkel alles alleine einsammeln, so daß er den Eindruck gewann, und uns dies auch mitteilte, wir seien schlecht erzogene und unangenehme Kinder. Bei Tante Renata und Onkel Hans-Peter taten wir, was wir schon früher bei Tante Blaf getan hatten. Wir faßten uns an der Hand und wanderten ruhelos durch den Garten.

Als wir heimkamen, war der große Umzug bereits vorbei. Wir wohnten nun im Haus Frankenstraße 46. Der Garten dieses Hauses grenzte zur Rechten an den Kirchgartenzaun. Vater ließ eine Tür anbringen, und so standen uns drei Gärten zur Verfügung: Ganz rechts der Pfarrgarten mit Birnbäumen, Trauerweide, Heckenrosen und Ruine, dann in der Mitte der Kirchgarten mit weiten Rasenflächen, ausgebranntem Kirchenraum und unheimlichem Gemeindeklo, und schließlich links, durch die enge Pforte, der Garten hinter dem neuen Haus. In seiner Mitte befand sich ein Rosenbeet, an der Mauer eine weißgrüne Laube. Es war ein langweiliger Garten, ohne Busch und Baum und von den Küchenfenstern aus leicht zu überblicken. Brüderchen und ich durchwanderten auch diesen Garten und empfanden ihn als Enttäuschung. Wir konnten kein Radieschen, keine Mohrrübe unbemerkt aus dem Boden ziehen. Genia, unsere neue polnische Köchin, hatte Augen wie ein Luchs. Sie ertappte uns bei jeder diesbezüglichen Bemühung, riß das Küchenfenster auf und stieß eine solche Flut von Flüchen hervor, daß wir schon längst im Kirchgarten verschwunden waren, wenn sie Mund und Fenster schloß. Deshalb mochten wir diesen Garten auch nicht leiden und benutzten ihn nur als Zugang zu unseren Gärten. Selbst Mutter streikte, obwohl sie doch einen grünen Daumen hatte und jedes Stückchen Erde in ein Paradies verwandeln konnte.

»Dieser Garten hat keine Seele«, behauptete sie und wollte sich nicht an die Arbeit machen. Genia, knurrend und brummend, daß ihr das auch noch zugemutet würde, legte schließlich einen Nutzgarten an mit Kräutern, Kartoffeln und Gemüse. Das runde Rosenbeet wirkte darin so befremdlich wie Mutters »Badisches Zimmer« im polnischen Haus. Ja, es war ein polnisches Haus! Darum war ich früher, vor dem Brand, daran vorbeigelaufen und hatte es nie näher betrachtet. Nun lernte ich es kennen von innen und von außen, aber lieb gewann ich es nicht. Es war ein Kastenbau, rosa angemalt, dreistöckig, und für ein Pfarrhaus denkbar ungeeignet. Zwar bot es Raum genug für kinderreiche Pfarrfamilien, zehn Zimmer hatte es anzubieten, aber wie seltsam waren diese Zimmer angeordnet! Auf jedem Stock gab es zwei Wohnungen, jede mit einem großen und mit einem kleinen Zimmer, mit Küche, Bad und WC. In der obersten Etage rechts wohnte das polnische Ehepaar, dem das Haus gehört hatte. Die Mieter der anderen Wohnungen waren verschwunden, in großer Eile offenbar, denn sie hatten nichts oder nur wenig mitgenommen. Ihre Möbel standen noch in den Zimmern, ihre Wäsche lag noch in den Schränken. Fünf Jahre später ging es uns auch so. Wir flüchteten in großer Eile und ließen alles stehen und liegen für den nächsten...

Jetzt aber standen wir vor der befremdlichen Tatsache, daß wir fünf Wohnungen hatten, fünf Küchen, fünf Bäder und fünf WCs. Uns graute vor solchem Übermaß. Auch Tante Meta hatte keine Freude daran.

»Ach Kinder!« klagte sie. »Was zuviel ist, ist zuviel! Diese ewigen Entscheidungen vergällen mir den Spaß. Sitz' ich in der rechten Wanne, dann sehne ich mich nach der linken, bin ich oben, dann wäre ich lieber unten!«

Mutter weinte, als wir von Zimmer zu Zimmer zogen, von Wohnung zu Wohnung. Der eine liebt Schwarz, der andere Weiß und ein dritter geblümt. Einer mag es verschnörkelt und ein anderer streng. Die Geschmäcker sind verschieden und die Gerüche auch. Der Mensch im zweiten Stock links hatte offenbar einen Hund, nicht stubenrein und aufs Nagen versessen, der in der Wohnung darunter ein Aquarium mit lauter toten Fischen drin. Wir räumten um und schoben die Möbel hierhin und dorthin, um mit ihnen vertraut zu werden, aber das Haus widersetzte sich unseren Bemühungen und blieb fremd und kalt. Die badischen Tanten sahen es und Großmama auch. Eines Tages hielt ein Möbelwagen vor dem Haus, einer aus Heidelberg.

»Ja, wie hawe mers denn?« fragte der Packer in schönerem Badisch, als ich schreiben kann. Dann öffnete er die Wagentüren und brachte seine Schätze zum Vorschein. Eine Glasvitrine, einen graziösen Damenschreibtisch, Sofa und Sessel mit bunten Chintzbezügen, einen ovalen Tisch und Bilder in zierlichen Biedermeierrahmen. All dies und ein Teppich in zarten Pastelltönen landete in Mutters Zimmer. Wir nannten es von nun an das »Badische Zimmer« und liebten es sehr. Wer von uns Geburtstag feierte oder besonders lieb und lobenswert gewesen war, wen Schmerz plagte oder Traurigkeit, der durfte in dieses Zimmer treten, auf dem Sofa sitzen und es sich wohl sein lassen. Weil wir das »Badische Zimmer« hatten und uns dorthin zurückziehen konnten, wurde das Haus mit seiner Überfülle an Küchen, Bädern und Möbeln nach fünferlei Geschmack erträglich für uns.

Beate und ich bewohnten das große Zimmer im ersten Stock rechts. Wir nannten es »Jungfernheide« und hängten ein Schild vor die Tür, worauf ein Vers stand, von mir gedichtet und von Beate kunstvoll geschrieben und bemalt.

»Auf öder Heide kann man sehn
Zwei lieblich schöne Blumen stehn.
In diesem Zimmer blühen beid,
Sie sind des ganzen Pfarrhaus Freud!«

Michael, nachdem er den Vers gelesen hatte, verhöhnte uns.

»Ja, wo sind denn die lieblich schönen Blumen? Ich hab' sie noch nie gesehen. Ach so, ihr meint euch beide? Ich lach' mich tot. Pickdewick, dann hätt'st du aber dichten müssen: ›Sie sind des ganzen Pfarrhaus Leid‹! Das reimt sich besser auf »beid«, weißt du, und es entspricht auch eher der Wahrheit! Findest du nicht auch?«

Ich ärgerte mich nicht darüber, weil ich es schon gewohnt war, daß er mich und meine Dichtungen verspottete, aber als es dann zum Mittagessen Fischküchle gab aus diesen winzigen, durchsichtigen Stinten*, da ergriff ich die Gelegenheit und klärte ihn auf.

---

* Stinte sind kleine Fische, die in Kriegszeiten, durchgedreht wie beschrieben, als Nahrungsmittel dienten.

»Na, Michael«, sagte ich, als er gerade ein halbes Fischküchle in den Mund stopfte, »schmeckt's dir?«

Er nickte und mampfte weiter.

»Ja, ich find' auch, daß sie gut schmecken. Wenn man bedenkt, wie winzig die Fischle sind, bloß so fünf Zentimeter, und wie Genia sie alle in den Fleischwolf wirft und durchdreht...«

»Was?« schrie Michael. »Aber vorher nimmt sie sie doch aus und tut die Köpfe weg?«

»Nein, wie denn, bei so winzigen Fischen, da bleibt ja gar nichts übrig. Ich hab' heut zugeguckt, wie sie das macht. Es ist richtig interessant. Sie kommen in den Fleischwolf, so wie sie sind!«

»Pickdewick, jetzt reicht's!« Mutter warf mir einen scharfen Blick zu, worauf ich die Sache gleich abschwächte:

»Dann weicht sie noch altes Brot ein und tut Schnittlauch und Petersilie rein und mantscht das alles zusammen mit den Händen, ob sie sauber waren, weiß ich nicht, aber...«

»Schluß jetzt!« Vater sah mich noch schärfer an als Mutter vorher.

Ich wollte auch gar nicht weitersprechen, denn Michael war schon ganz bleich geworden und würgte an seinem Fischküchlein. Der Appetit war ihm vergangen, denn er ekelte sich leicht. Aber seinen Teller mußte er trotzdem leer essen, denn das war bei uns Sitte.

»Manche Leute können die Wahrheit nicht ertragen«, sagte ich zu Beate.

Sie antwortete: »Ja, leider. Man sieht's!«

An Genia erinnere ich mich mit Grausen. Sie kam zu uns, nachdem Else ihren Adolf geheiratet hatte und wir in das seltsame Kastenhaus Frankenstraße 46 eingezogen waren. Vorher hatte sie in einem berühmten Bromberger Restaurant »die feine Küche« erlernt.

Ich weiß noch, wie Mutter am Frühstückstisch strahlte. So vergnügt war sie schon lange nicht mehr gewesen.

»Oh, haben wir gestern gut gegessen!«

»Ja, es war nicht schlecht!« bestätigte Vater. »Im Germania ißt man immer gut.«

»Bis jetzt hat man gut gegessen, bis jetzt, Paul-Gerhard!« Mutter lachte und rieb sich die Hände.

»Warum nur bis jetzt, Mutterle?« fragte Beate.

»Weil sie ihnen die Köchin abgeworben hat«, sagte der Vater mit einem liebevollen Blick auf seine Frau. »Ich hätte es nicht für möglich gehalten, aber sie hat's geschafft! Manchmal ist sie eine richtige Zauberin, eine leibhaftige Hexe!«

»Nein, Mutterle ist keine Hexe! Das darfst du nicht sagen!« rief ich und dachte an die Bilder in meinem Märchenbuch und an die Flundergasse.

»Es gibt auch erfreuliche Hexen, Pickdewick«, erklärte Vater. »Und eine solche ist deine Mutter. Kurz und gut, es kommt wieder eine Köchin ins

Haus, Gloria Viktoria, und dann wird es uns noch besser schmecken als bisher! Wenn das überhaupt möglich ist.«

Er lächelte Mutter zu. Ach, wie ich das genoß, wenn die Eltern so vergnügt miteinander sprachen.

Mutter hob ihren Finger.

»Am Montag rückt sie an. Ich bitte euch, seid freundlich zu ihr! Sie heißt Genia, und wir brauchen sie!«

»Wie recht du hast!« bestätigte Vater und würgte an seinem klumpenreichen und von Mutter gekochten Haferbrei.

Sie kam, einen Pappkoffer in der einen Hand, einen Satz hölzerner Kochlöffel in der anderen. Auf dem Kopf trug sie einen Kochtopfdeckel. So jedenfalls sah ihr Hut aus. Er war mit einem Gummiband unter dem Kinn befestigt.

Mutter führte sie in ihr Wirkungsfeld, die untere Küche neben dem Eßzimmer. Sie stieß einen Grunzton aus, eher erschreckt als erfreut, und warf ihre Kochlöffel auf den Tisch. Damit hatte sie diese Küche zu ihrem Reich erklärt. Wohnen sollte sie in der obersten »Küche«. Die hatte Mutter liebevoll als Mädchenzimmer eingerichtet mit blauen Vorhängen um Herd und Spülstein. Genia warf einen kurzen Blick in die Runde, angelte eine weiße Schürze aus dem Koffer und begab sich wieder nach unten. Uns Kinder trieb sie mit einem wilden »Psch!« vor sich her. Von da an lebte sie unten in der Küche und kam nur zu kurzem Schlaf in die oberen Gefilde. Wir brauchten lange, bis wir uns einigermaßen an sie gewöhnt hatten. Else war gewiß nicht von der sanften Art gewesen, aber sie hatte uns doch hie und da merken lassen, daß sie uns mochte. Diese Genia dagegen entpuppte sich als der reinste Teufel. Ihre Kochlöffel benützte sie nur dazu, uns aus der Küche zu jagen oder um sie nach uns zu werfen. Wir alle – auch Vater – fürchteten sie sehr. Nur Mutter konnte sie um den Finger wickeln.

Sie schreibt nach der Geburt unserer Jüngsten:

Bromberg, im August 42
Liebste Linde!
... Aber nun muß ich Dir noch von unserer rauhbauzigen Genia erzählen. Sie ist Polin, spricht Polnisch mit deutschen Brocken und macht es uns schwer, sie zu lieben. Aber Linde, sie kocht einfach himmlisch! Sie macht mit Hilfe von, sagen wir mal, fünf Gramm Fleisch, die beste Bratensoße. Es gibt einfach keine Klumpen in ihrem Pudding, und wenn Du ihren Mohnstollen probieren dürftest, dann würdest Du Dir noch lange hinterher den Mund lecken. Also kochen kann sie gut, aber sonst... na, decken wir den Mantel der christlichen Nächstenliebe darüber! Sie war gar nicht

dafür, daß noch ein Kind ins Haus kommt. Unsere sechs sind ihr schon viel zu viel, und sie verfolgt sie mit Kochlöffeln und polnischen Flüchen. Aber jetzt hör Dir das nur an, Linde! Vor einigen Tagen komme ich in Gittis Zimmer. Da steht Genia an der Wiege, schaut ganz verklärt hinein, beugt sich hinunter und gibt der Lütten* einen Kuß. Und ich, die ich ja so was gar nicht leiden kann, ich geh' leise wieder raus, damit sie mich nicht merkt. Gestern sagt sie in ihrem komischen gebrochenen Deutsch: »Meine Herze ganz warm, bei Gitti sehn!« Und dann stößt sie gleich hinterher einen polnischen Fluch aus, wohl um sich gegen das unbekannte weiche Gefühl zu wehren. Ich hab' ihr so oft gesagt, sie soll das Fluchen lassen, aber in dem Augenblick war ich ganz gerührt. Ich sehe sie jetzt mit anderen Augen an...

Willst Du noch etwas von mir hören? Vielleicht, was Paul-Gerhard heute morgen zu mir gesagt hat? »D<small>U WIRST JEDEN</small> T<small>AG JÜNGER UND SCHÖNER</small>!« Ja, das hat er gesagt! Und ich mußte es Dir gleich erzählen, auch wenn es mir bißle schenierlich ist bei sieben Kindern und überhaupt...

In Beates und meinem Zimmer, »der Jungfernheide«, standen zwei großmächtige Sekretäre, beide mit Geheimschubladen versehen. Ich versteckte

---

* Lütte: Plattdeutsch: Die Kleine.

Mutter mit Christoph im »Badischen Zimmer«

meine Tagebücher und Gedichte darin. Beate, die bereits Liebesbriefe erhielt mit tausend Küssen und Rosenblättern, legte diese in ihre Geheimschublade aber erst, nachdem sie die rosafarbenen Papiere viele Male gelesen und an ihr Herz gedrückt hatte. Ich war nicht interessiert an ihren Briefen und sie nicht an meinen Gedichten. Trotzdem machten wir es uns zur selbstverständlichen Pflicht, das Zimmer zu verlassen, wenn die andere an ihr Geheimfach wollte.

Jeder durfte seine Zimmerhälfte so einrichten, wie er wollte. Ich schob und zerrte an meinem Sekretär, bis er endlich schräg vor einer Ecke stand. Mit eingezogenem Bauch kam ich gerade noch dahinter. So hatte ich ein kleines Stückchen Raum, in das ich mich zurückziehen konnte auch ohne Puppen, einen sicheren Platz zum Lesen und Träumen. Man ließ mich da hinten in Frieden, solange ich ein Buch in Händen hielt oder sonst etwas Nützliches tat. Nachdem ich aber dumm genug gewesen war, auf die Frage: »Was machst du denn da hinten?« zu antworten: »Träumen!«, war es aus mit der Ruhe. Ich wurde zu allerlei Arbeiten herangezogen oder mit einem Buch ins Wohnzimmer abkommandiert. Träumen mit offenen Augen und am hellichten Tag gehörte sich einfach nicht, war Zeitverschwendung und dem HERRN nicht wohlgefällig. So lernte ich notgedrungen die Kunst, zwischen anderen zu sitzen und trotzdem in meinem eigenen Reich zu leben. Auch in Schule oder Kirche kam mir diese Fähigkeit zustatten. Anfangs konnte es noch geschehen, daß bei besonders schönen Traumstellen ein verklärtes Lächeln auf meine Lippen trat. Aber mit der Zeit lernte ich es, mein Gesicht in ernsthaft-würdige Falten zu legen, so daß man mich nicht mehr beim Träumen erwischen konnte, es sei denn, man erwartete eine Antwort oder sonstige Meinungsäußerung von mir. Dann war es nicht einfach, schnell genug aus dem Traumreich zurückzukehren und auch noch das Richtige zu sagen. Darum zog ich beim Träumen die Einsamkeit vor. Gärten und Ruinen boten genug Möglichkeiten, solange es warm draußen war. Im Winter wären harte Zeiten für mich angebrochen, hätte es nicht die Weihnachtsvorbereitungen gegeben und Bräuche, die wir von klein auf übten.

Christkindlesanklopfen und »Weihnachtsäfflein«

Die Weihnachtszeit begann am ersten Advent mit dem Christkindlesanklopfen. Ob dieser Brauch aus dem Osten oder Westen stammt, aus Polen oder Baden oder allein aus Mutters Phantasie, ich weiß es nicht, aber er gehört zu den liebsten Erinnerungen aus meiner Kindheit. Wenn es am ersten Advent dunkelte, saß die Familie um den runden Wohnzimmertisch versammelt, sang Adventslieder und schaute in die erste Kerze, die auf dem Adventskranz brannte.

»Stellt euch vor«, berichtete Fränzchen viele Jahre später, »unsere Freunde, die Schoberts im Haus gegenüber, ihr kennt sie doch...«

Ja, wir kannten sie. Fränzchen hatte uns schon oft von ihnen erzählt. Also, was war mit denen? Was sollten wir uns vorstellen?

Fränzchen holte tief Luft, um ihrer Entrüstung Ausdruck zu verleihen, dann brach es aus ihr heraus: »Die zünden schon am ersten Advent alle vier Kerzen an! Denkt euch, alle auf einmal! Ist das nicht furchtbar?«

»Ja, furchtbar! Warum tun sie's denn, Fränzchen?«

»Weil sie meinen, es hätte etwas mit Sparsamkeit zu tun, wenn sie bloß eine Kerze anzünden. Sie sagen, wir können uns schon am ersten Advent vier Kerzen leisten! Es ist nicht wie bei armen Leuten!«

»Nein so was!« riefen wir. »Fränzchen, du mußt sie aufklären. Sie nehmen sich ja die ganze Vorfreude. Wie wollen sie Christkindlesanklopfen machen mit vier Kerzen?«

Bei uns brannte nur eine Kerze am ersten Advent. Wir saßen um den runden Tisch herum und sangen ›Macht hoch die Tür‹.

Als wir fünf Strophen gesungen hatten, klopfte es an die Tür. »Herein!« riefen wir im Chor.

Die Tür öffnete sich einen winzigen Spalt, Licht fiel ins Zimmer, und ein Glöckchen läutete. Wir saßen erstarrt und mucksmäuschenstill.

»Das Christkind möchte wissen, ob Vater lieb war«, so fragte Mutters Stimme aus dem verheißungsvollen Licht vor der Tür. Natürlich war Vater lieb! Wer wollte daran zweifeln? Also antworteten wir mit einem festen und überzeugten »Ja!« Wir schrien nicht, wie hätte das in einem so feierlichen Augenblick auch möglich sein sollen? Wir sahen zu Vater hinüber, wie sich die Kerze in seinen Brillengläsern spiegelte, und sagten »Ja!« Das Glöckchen läutete, die Tür öffnete sich, und herein schwebte ein Teller, von Mutter getragen. In der Mitte des Tellers strahlte ein Licht. Es steckte auf einem Apfel, und um den Apfel herum lag all das wunderbare Gebäck, das Else oder Martha oder Genia in der Woche vorher gebacken hatte. Zu unserem Kummer war es gleich nach dem Bakken in Büchsen verschwunden und dann in der Speisekammer verstaut worden. Vor dieser Speisekammer lauerte wie ein Cherub mit geschwungenem Kochlöffel die jeweilige Köchin. Alle hatten sie die gleiche unangenehme Eigenschaft, nämlich in der Küche herumzusitzen, auch wenn die Arbeit schon lange getan war. An ihnen vorbeizuhuschen und unbeschadet in die Speisekammer zu gelangen war ein Ding der Unmöglichkeit. Vor dem Christkindlesanklopfen wären wir nie auf so frevelhafte Gedanken gekommen, aber nach dem heiligen Augenblick, wenn man die Butter-S, die Ausstecherle, die Zimtsterne und Lebkuchen gekostet hatte, dann mochte es wohl passieren, daß einer von uns den Versuch wagte. Vor allem Michael tat sich darin hervor und probierte es immer wieder. Einmal, noch zu Kuschliner Zeiten, tat er es auf besonders verdammenswerte Weise. Er kam in die Küche. Else saß am Tisch und las die Zeitschrift ›Frauenkleidung und Frauenkultur‹. Nach des Tages Mühe und Arbeit war ihr das wohl zu gönnen. Sie hob den Kopf.

»Was willste?«

»Ich will gar nichts, aber der Adolf will dich sprechen!«

»Der Adolf?« Else ließ die Zeitschrift sinken. »Was will denn der Adolf?«

»Weiß ich doch nicht!« Michael hob gelangweilt die Schultern.

»Wo isser?«

»Vor Bressels Laden.«

In kluger Voraussicht hatte Michael ein Stück Weg für Else eingeplant, um so in Ruhe die böse Tat zu begehen.

»Vor Bressels Laden? Das is ja janz neu!«

Sie erhob sich ächzend und zornmütig wie immer, warf ihr Tuch um die Schultern und verschwand aus der Küche. Aber schon an der Haustür kam ihr die Sache seltsam vor. Sie kannte ihren Adolf. Er war ein Gewohnheitsmensch. Vor Bressels Laden hatte er noch nie auf sie gewartet, und niemals hätte er den Michael als Boten geschickt. Bei diesem Gedanken angelangt, machte sie kehrt. So wurde Michael in flagranti ertappt, ein Butter-S im Mund und zwei Zimtsterne in jeder Hosentasche. Als es ihm endlich gelang, aus der Küche zu fliehen, leuchtete sein Gesicht in sattem Rot, denn Elses Kopfnüsse waren von der harten Art. Sein Haar stand zu Berge, und seine Hosentaschen waren lotterleer.

Beim Christkindlesanklopfen stellte Mutter den Teller mit Licht und süßen Köstlichkeiten vor Vater nieder und verschwand. Wir sangen ›Wie soll ich dich empfangen...‹ Diesmal klopfte es schon nach der vierten Strophe, obwohl das Lied zehn hatte. Wir riefen: »Herein!« Das Glöckchen schellte, und Mutters Stimme fragte: »War Michael lieb?«

»Nein!« wäre die richtige Antwort gewesen, denn kurz vorher hatte er uns noch um den Tisch gejagt. Er hatte Brüderchen einen Gummipfropfen auf den Hintern geschossen. Brüderchen hätte noch lange gezetert, wenn wir ihn nicht alle zusammen getröstet und gehätschelt und ihm Bonbons in den Mund gestopft hätten, damit er das Christkindlesanklopfen nicht störe. Die Antwort hätte also »nein« heißen müssen, das war uns allen klar. Aber niemand von uns wäre auf die Idee gekommen, so etwas zu sagen. Das Christkindlesanklopfen war nicht der Platz, Böses mit Bösem zu vergelten. Wir sprachen: »Ja!«, und am lautesten tönte der Sünder selbst und schien es auch noch zu glauben. Der Teller schwebte herein mit Apfel, Licht und guten Sachen, und sogar dieses hartgesottenen Bruders Gesicht verklärte sich im Kerzenschimmer. Immer mehr Lichter leuchteten auf dem Tisch, immer mehr »liebe« Menschen saßen daran. Die armen Kleinen mußten lange warten, denn so wollte es der Brauch beim Christkindlesanklopfen, sie kamen zum Schluß. Sie zappelten und stöhnten vor Aufregung.

Als Christoph endlich an der Reihe war und das

Christkind noch gar nicht geläutet hatte und gefragt, ob er lieb sei, da sprang er schon auf, da schrie er schon los: »Ja, er ist lieb! Er ist lieb!« Und milde lächelten die anderen dazu.

Wenn nun das Christkindle bei allen angeklopft hatte und wenn wir uns durch die Adventslieder des Gesangbuches hindurchgesungen hatten, dann setzte sich Mutter ans untere Tischende zu den Kleinen, und Vater ging hinaus. Er klopfte an, läutete und fragte mit süßer Stimme, ob denn auch Mutterle lieb sei. Oh, wie gerne und wie laut wir »Ja« riefen. Dann bekam sie auch einen Teller mit all dem Guten und noch einen Kuß von Vater dazu. Mit dieser Handlung ging der feierliche und aufregende Teil des Christkindlesanklopfens zu Ende. Nun erst durfte man anfangen zu knabbern und zu essen, soviel man nur mochte. Dabei zeigte sich die Verschiedenheit der Temperamente. Die drei Kleinen, Fränzchen, Christoph und Gitti, fraßen ihren Teller in kürzester Zeit leer. Sie stopften, sie mampften, selbst vor dem Apfel machten sie nicht halt. Hinterher heulten sie dreistimmig und hatten »Bäuchlesweh« und mußten gestreichelt und ins Bett gebracht werden. Aber das gehörte mit zu den aufregenden Erlebnissen rund um das Christkindlesanklopfen und auch, daß Vater Weihnachtsgeschichten vorlas von Peter Roseggers ›Waldbauernbub‹ bis zu den ›Christuslegenden‹ der Selma Lagerlöf. Er las, bis die letzte Kerze heruntergebrannt war.

Brüderchen, gewitzt durch schmerzliche Erfahrung, biß von jedem seiner Lebkuchen, Butter-S und was es sonst noch an Gutem gab, ein Stückchen ab, leckte wohl auch kurz darüber und tat dies so auffällig wie möglich, Michael sollte es sehen und sich schütteln, denn Abgelecktes und Angeknabbertes war ihm ein Greuel. Auch wenn er bereits alles aufgegessen hatte und mit Luchsaugen um sich blickte, an Brüderchens Gebäck würde er sich nicht vergreifen. Beate war von uns allen die sparsamste, und sie hätte noch lange von ihren Vorräten leben können, wenn ich ihr nicht kräftig beim Verzehr geholfen hätte.

Später wollte ich das Christkindlesanklopfen auch bei meiner kleinen Familie einführen und mühte mich sehr, die Sache würdig und feierlich zu gestalten. Aber es sollte mir nicht gelingen, Mann und Söhne in ähnlicher Weise zu faszinieren, wie es meine Mutter getan hatte. Sie hatte alle Klippen, wie Peinlichkeit und Langeweile, souverän umschifft. Ich dagegen genierte mich vor Manfred, besonders, nachdem ich bemerken mußte, daß er diesen lieben Brauch als Jux betrachtete.

An einem traurigen ersten Advent entschloß ich mich, das Christkindle nicht mehr anklopfen zu lassen. Das war, als Andreas zehn Jahre alt war und Mathias acht. Anfangs schien noch alles gutzugehen und in die alten Formen zu passen. Es dunkelte. Die erste Kerze am Adventskranz brannte, und die drei »Männer« saßen auf dem Sofa und sangen. Ich klopfte, schwang meine Glocke und fragte: »Ist der Vati lieb?«

Die beiden Knaben antworteten: »Na ja... Es geht!«

Da wurde ich schon stutzig und erschrak. Auf die Frage: »Ist der Andreas lieb?« antwortete Mathias laut und deutlich: »Noi!«

Andreas sprang auf.

»Der isch au net lieb!« schrie er. »Der isch g'mein! Der hat mi g'ärgert!«

Ungeachtet des feierlichen Augenblicks stürzten sie aufeinander los und balgten sich am Boden. Ich stand da mit meiner Christkindlesglocke und dem Teller und dem Licht auf dem Apfel und beschloß, das Christkindlesanklopfen für immer zu lassen.

»Nimm dir's nicht zu Herzen, Ameile!« tröstete Manfred und legte den Arm um meine Schulter. »Es ist ja wirklich ein schöner Brauch, aber mir scheint, wir haben nicht die richtige Einstellung dazu. Versteh mich recht, ich will beileibe nicht behaupten, daß er blöd ist, aber irgendwie geht's halt doch in diese Richtung...«

Ich fragte bei meinen Schwestern an: »Macht ihr eigentlich noch Christkindlesanklopfen?«

Fränzchen hob abwehrend beide Hände.

»Einmal!« rief sie mit der ihr eigenen Theatralik. »Einmal und nicht wieder! Sie lachen einen ja aus, du kommst dir richtig blöd vor!«

Beate hatte ähnliches erlebt.

»Man muß sich damit abfinden«, meinte sie. »Wir schaffen es nun einmal nicht so wie Mutterle!«

Der liebe alte Brauch war mit den Eltern ins Grab gesunken.

In dem Bromberger Teil meiner Kindheit war auch der zweite Advent von einem Brauch überschattet. Keiner, auf den man sich hätte freuen können! Nein, eher eine harte Pflichtübung für Pfarrerskinder. Zu unserer Gemeinde gehörte das Altersheim, welches von Großvater gebaut und eingerichtet worden war. Geleitet wurde es von Tante Auguste und dem Fräulein Erna. Tante Auguste war Diakonisse und meine Patentante und eine entschiedene Gegnerin der Flundergasse. Ich mied ihre Nähe, denn sobald sie meiner habhaft wurde, drückte sie mir einen Kuß ins Gesicht. Zwar roch sie angenehm nach Pfefferminz, und ich mochte sie gern, aber sie hatte einen Bart über der Oberlippe, härter als das, was ich von Vater gewohnt war.

Mutter und Vater machten oft Besuche im Altersheim, und weil die alten Leute so einsam waren und nichts Schönes mehr hatten, bescherten wir, die Pfarrfamilie, ihnen am zweiten Advent eine Weihnachtsfeier. Das hatte einmal angefangen und war dann zur ungeliebten Gewohnheit geworden.

Wir kamen herein, sauber frisiert und im Festtagskleid, alle sechs Kinder, wie die Orgelpfeifen. Die Kleinen, von Brüderchen an abwärts, strahlten, weil ihnen die Sache Freude bereitete. Wir drei Großen versuchten ebenfalls ein holdseliges Lächeln aufzusetzen, aber es fiel uns schwer. Im großen Wohnzimmer saßen die alten Leute an der Wand entlang, im schwarzen Sonntagsstaat, die Hände im Schoß gefaltet. Sie freuten sich und lachten aus meist zahnlosen Mündern. Mutter und Vater voran, gingen wir an ihnen vorbei, gaben die Hand, knicksten und dienerten. Dann spielte Mutter auf einem keuchenden Harmonium Lieder aus dem ›Quempas‹. ›Kommet ihr Hirten...‹ und ›Was soll das bedeuten...‹ Die Kleinen sangen, Beate und ich flöteten die Oberstimme. Brüderchen vor allem sang mit Inbrunst und schöner Stimme. Die Damen und Herren sahen ganz verzückt zu ihm hinüber und flüsterten sich zu: »Wie ein Engel!« oder: »Der reinste Engel Jottes!«

Wir Geschwister wußten wohl, daß er alles andere war als der reinste Engel, aber da stand er mit gefalteten Händen und sang so inniglich, daß er sogar unsere Herzen rührte und wir voll Stolz zu ihm hinüberblickten. Fränzchen neben ihm, nahm es mit dem Gesang nicht so genau. Sie pflegte zu singen, wenn sie Angst hatte, und das war im Augenblick nicht der Fall, also drehte sie sich zierlich im Kreise, schnitt Grimassen und verdrehte die Augen, bis die alten Leute nicht anders konnten und lachten.

Dafür riß der kleine Christoph den Mund um so weiter auf und sang aus voller Brust nicht schön, aber laut, wie er denn alles, was er tat, mit Ernsthaftigkeit betrieb. Er kannte keine Scheu und falsche Scham. Wenn es ihm langweilig wurde, dann tat er das kund, und wenn er sonst ein Bedürfnis fühlte, auch. So trompetete er dann laut und deutlich in ›Kommet ihr Hirten‹ hinein: »Piffpoff will naus!«

Wir sangen und flöteten lauter und hofften, er würde sich bescheiden. Aber nein! Wenn Christoph etwas wollte, dann gab es nichts. Dann konnte ihn Brüderchen noch so ärgerlich anschauen und »pst« machen. Christoph wollte raus, er hatte es klar und deutlich kundgetan, und da niemand reagierte, marschierte er allein der Türe zu. Das resolute Fränzchen lief hinterher, packte seine Hand, und so verschwanden die beiden. Wir atmeten auf, sangen und flöteten weiter. Aber die beiden kamen und kamen nicht wieder. Mutter wurde ganz zappelig und griff kräftig in die falschen Tasten.

»Ich guck mal nach!« Beate verschwand mit ihrer Flöte.

Solospielen war mir seit jeher verhaßt. Ich bekam Herzklopfen und nicht genug Luft für die Flöte. Nur Brüderchen sang noch mit Andacht, alle anderen schauten zur Tür. Es war, als verschlucke das Haus jeden, der dieses Zimmer verließ. Schließlich verschwand auch Michael. Da erhob sich Vater, lächelte verkrampft und sagte: »Mir scheint, wir müssen erst einmal sehen, wo unsere Kinder stecken.« Mit langen Schritten stürmte er davon, Mutter und ich schlossen uns an, Tante Auguste und Fräulein Erna folgten, und auch die alten Leute wollten sehen, was da passiert war. Nur Brüderchen stand verdutzt und verärgert und wußte nicht recht, ob er weinen sollte oder mitgehen. Er entschied sich für beides und zog heulend hinterher. Wir stießen auf Michael und Beate. Nein, sie hatten das ganze Haus durchsucht und niemanden gefunden. Fränzchen und Christoph waren verschwunden. Uns packte Verzweiflung. Doch bevor sie vollends über uns zusammenschlagen konnte, kamen die beiden frohgemut zur Haustür herein. Fränzchen hielt ›Fang den Hut‹ unter dem Arm und Christoph ›Mensch ärgere dich nicht‹. Ich stürzte mich auf sie.

»Wo steckt ihr denn? Wir suchen und suchen!«

»Ja, ist es denn schon aus?« fragte Fränzchen und machte ihr unschuldigstes Gesicht.

»Da oben liegt 'ne Frau im Bett, und niemand spielt mit ihr!« Christophs Stimme klang vorwurfsvoll. »Deshalb sind wir heimgegangen und haben Spiele geholt!«

»Das wird man wohl noch dürfen!« fuhr Fränzchen dazwischen. »Ihr habt ja gesungen wie verrückt!«

Mutter hockte sich zu ihnen auf den Boden, herzte und küßte sie. Vater räusperte sich ärgerlich oder gerührt, genau konnte man das nie bei ihm wissen, und die Alten standen herum und waren froh, daß alles gutgegangen war. Dann riß sich Christoph aus den Umschlingungen und stapfte die Treppe hinauf. Fränzchen lief hinterher, steckte ihren Kopf noch durchs Geländer und rief: »Wir könn' nich mehr singen! Wir müssen spielen!«

Was sich zugetragen hatte, ist schnell erzählt. Sie hatten sich ein bißchen die Füße vertreten wollen und waren durch das Haus gelaufen. Eine Tür stand auf, nur einen Spalt, aber doch genug, um hineinschauen zu können, und da lag die kranke Frau und sah traurig aus. Sie traten ans Bett.

»Spielt keiner mit dir?«

Die kranke Frau schüttelte den Kopf. Schrecklich! Fürchterlich! Christoph und Fränzchen zerschmolzen vor Mitleid. Sie kannten es nicht anders, als daß man bei Krankheiten verwöhnt wurde, daß immer jemand am Bett saß, tröstete oder

Geschichten erzählte oder mit einem spielte. Diese arme Frau lag ganz allein im Bett, und unten sangen sie Weihnachtslieder.

»Wo sind deine Spiele?« fragte Christoph.

Die Frau flüsterte etwas, das man nicht verstehen konnte, und machte ein Gesicht, als ob sie keine Ahnung hätte, wo sie ihre Spiele aufbewahrte. Die beiden Kleinen überlegten, was zu tun sei. Dann entschlossen sie sich für das Nächstliegende.

»Wir gehn heim und holen was!« entschied das resolute Fränzchen.

Christoph strich über die dürre Hand, die auf der Decke lag.

»Brauchst keine Angst haben, wir sind gleich wieder da!«

So trabten sie zehn Minuten hin und zehn Minuten her und mußten sich zu Hause noch mit Genia herumschlagen, die Böses ahnte und ihnen die Spiele nicht geben wollte. Aber schließlich hatten sie alle Schwierigkeiten überwunden, und hier waren sie nun und wollten mit der Frau spielen. Versprochen ist versprochen! Sie gingen also nach oben und wir zurück ins festliche Wohnzimmer. Fräulein Erna brummte zwar, es wäre völlig sinnlos, diese Frau hätte in ihrem ganzen Leben noch nicht ›Fang den Hut‹ gespielt und überhaupt täte sie nichts mehr mitkriegen ...

Aber Tante Auguste sagte: »Laß sie man, Fräulein Erna! Die Kinder wer'n das schon machen!«

Seit der Zeit gingen Fränzchen und Christoph immer, wenn es ihnen einfiel, ins Altersheim zum Spielen.

»Ja, wie klappt's denn so?« fragte ich, als sie wieder einmal loszogen.

»Gut!« sprach Fränzchen. »Ich führ' ihr die eine Hand und Christoph die andre!«

»Ja!« bestätigte Christoph, »und gestern hat sie gelacht!«

Ich sah ihnen nach, wie sie davongingen, klein, aber vom Scheitel bis zur Sohle erfüllt von Eifer und Sendungsbewußtsein.

Auch ich hatte meine Erfahrungen mit dem Altersheim gemacht, positive und negative. Die Flöterei war mir verhaßt, aber ich durfte auch Gedichte aufsagen, und das tat ich gern. Das Publikum im Altersheim war so dankbar wie kein anderes. Die Leute saßen still verklärt, sie legten sogar die Hände als Schalltrichter hinter die Ohren, um besser hören zu können. Solche Aufmerksamkeit wurde mir bei den Geschwistern nie zuteil.

Mit zehn Jahren etwa begann ich selber Gedichte zu schreiben, tief empfundene Balladen mit zahlreichen Strophen. Ich hätte sie gerne vor einem interessierten Publikum zum besten gegeben, aber die Geschwister flohen, sobald ich mit einem neuen Werk um die Ecke bog. An Vater traute ich mich nicht heran, er hatte genug Ärger mit der leidigen Trümmergeschichte. Aber ich erwischte Mutter in einer stillen Stunde. Sie saß am Nähtisch und stopfte.

»Soll ich dir ein Gedicht vorlesen, Mutterle?«

»Ja gerne! Von wem ist es denn, Kind?«

Nun wollte ich ihre Meinung unbeeinflußt hören und sagte deshalb, es stamme von einem gewissen Herrn Goethe. Das Gedicht hieß ›Die Ballade vom Wassermann‹ und hatte vierundzwanzig Strophen. Ich las es mit Gefühl. Sie ließ die Hände in den Schoß sinken und hörte zu. Schon nach der fünften Strophe heulte Brüderchen herein und wollte sich über Michael beklagen. Nach der siebten mußte Fränzchens Finger verbunden werden, obwohl er nicht blutete, und so ging es weiter, immer wollte jemand etwas. Es fiel mir schwer, ruhig zu bleiben und weiterzulesen.

»Das ist ein schönes Gedicht!« meinte Mutter, als ich es schließlich zu Ende gebracht hatte. »Wenn es nur etwas kürzer wäre! Dieser gewisse Herr Goethe läßt sich viel Zeit. Findest du nicht auch?«

Ich stürmte davon und beschloß, keinen Menschen mehr mit meinen Gedichten zu beglücken, und wenn er auf den Knien vor mir herumrutschen würde. Als aber die Zeit verging und der zweite Advent nahte, beschloß ich der Menschheit noch eine Chance zu geben, eine letzte, und zwar bei der Weihnachtsfeier im Altersheim. Ich schrieb dazu ein Gedicht, so tragisch und zu Herzen gehend, daß mir beim Dichten die Tränen in die Augen traten, was nicht oft der Fall war. Wie würden sie erst im Altersheim schluchzen, und Michael, Beate und die Geschwister alle würden sich schämen und sprechen: »Ach bitte, lies uns doch wieder ein Gedicht vor! Aber keines von anderen Dichtern! Nur deine wollen wir hören!«

Das Gedicht hieß ›Die Ballade vom Weihnachtselflein‹.

Nach einem Flötensolo von Beate ließ ich es einfließen und legte mein ganzes Gemüt in den Vortrag. Mutter und Vater lauschten, ohne das Gesicht zu verziehen. Die Geschwister standen hinter mir, so daß ich nicht sehen konnte, wie beeindruckt sie waren. Aber die alten Leute, wie sie da so an der Wand entlang saßen, kniffen die Augen zusammen und öffneten die Münder. Es rührt sie, dachte ich voll Erschütterung, gleich werden sie weinen. Aber sie weinten mitnichten! Sie kicherten, sie quietschten, sie gurgelten! Sie taten, als hörten sie den besten Witz des Jahrhunderts. Als ich mit letzter Kraft an die Schlußstrophe gekommen war, klatschten sie wie besessen und waren so vergnügt und aufgekratzt, wie ich sie noch nie erlebt hatte. Ich schlich zurück auf meinen Platz, zerknickt, zerschlagen.

»Kind!« sagte Mutter auf dem Heimweg und hängte sich bei mir ein. »Die ganze Sache beruht auf einem Mißverständnis, glaub es mir! Du hast den Titel nicht deutlich genug ausgesprochen. Sie haben verstanden ›Vom Weihnachtsäfflein‹, und da dachten sie, es wäre ein lustiges Gedicht. Gönn ihnen doch die Freude! Sie haben nicht viel zu lachen.«

In der Nacht betete ich darum, erlöst zu werden von dieser Welt. Als ich am Morgen immer noch lebte, beschloß ich, keine Gedichte mehr zu schreiben, wenigstens keine ernsten.

Auch zu dieser Geschichte gibt es einen Brief aus der lila Schachtel.

Bromberg, am Montag nach dem 2. Advent
Liebste Linde!
... Weißt Du, was unsere Pickdewick heute gemacht hat? Wirklich, es tut mir in der Seele weh! Sie hat all ihre Gedichte verbrannt, eine ganze Schublade voll! Ich kam dazu, wie sie vor dem Wohnzimmerofen kniete und ein Blatt nach dem anderen ins Feuer warf. Die Tränen liefen ihr dabei übers Gesicht. Christoph und Fränzchen hockten neben ihr. »Musch nit weinen!« sagte Christoph immer wieder, und als das nichts half, lief er weg und holte ihr einen Apfel aus der Speisekammer. Das darf sich sonst niemand erlauben, aber bei ihm drückt Genia manchmal ein Auge zu. Warum sie ihre Gedichte verbrannte? Ach, das ist eine ganz dumme Geschichte. Gestern waren wir

wieder im Altersheim und haben mit den Leutchen Weihnachten gefeiert. Dabei hat sie Gedichte vorgetragen. Sie macht das immer sehr schön und mit Gefühl. Ganz zum Schluß hat sie ein eigenes Gedicht untergeschmuggelt, ein ernstes, versteht sich, und ausgerechnet über dieses haben sie gelacht. Beileibe nicht aus Bosheit. Wo denkst Du hin! Sie verstanden es nicht richtig und dachten, es wäre ein lustiges Gedicht. Das arme Kind war ganz gebrochen. Nun hat sie ihre Gedichte verbrannt und will nie wieder dichten. So ist sie halt! Entweder alles oder nichts ...

Habe ich damals tatsächlich meine Gedichte verbrannt? Doch ja, ich erinnere mich. Der Auftritt war gut inszeniert und von tragischer Größe. Übrigens warf ich natürlich nicht alle Gedichte ins Feuer, aber doch einen großen Teil.

Der gespendete Schwan
und die Buttercreme-Taube

In der Adventszeit lernte ich auch den Bazar kennen und fürchten. Wie ein verderbenbringender Vulkan stand er vor der Pfarrhaustür, kokelte das ganze Jahr unheilschwanger vor sich hin, um schließlich in der Woche vor dem dritten Advent auszubrechen und das Pfarrhaus mit Spendenmassen und Arbeitsanfall zuzudecken.

Der Bazar, für Unwissende sei es gesagt, hat mit dem morgenländischen Basar nicht das geringste zu tun. Er wird, im Gegensatz zu diesem, auf der ersten Silbe betont und verkündet durch ein zakkig-scharfes »z« mit kurzem »a« dahinter, daß es sich hier nicht um vergnügliches Herumschlendern und Feilschen handelt, sondern um das ernsthafte Bemühen der Gemeinde, aufeinander zuzugehen, miteinander ins Gespräch zu kommen und viel Geld zusammenzuraffen für die Innere und Äußere Mission, für Glocken oder Orgelpfeifen und, in unserem speziellen Fall, für den Wiederaufbau der Kirche.

Kuchen, Kartoffelsalat und Sachspenden wurden erbeten, Ämter verteilt und wichtige Gemeindeglieder dabei vergessen. Danksworte wurden gesprochen oder versäumt, zu sprechen, und so bewegte der Bazar, auch wenn er bereits überstanden war, noch lange die Gemüter. Mutter und Vater waren pausenlos unterwegs, um verwundete Seelen wieder aufzurichten und miteinander Zerstrittene zu versöhnen.

Kurz bevor der Bazar losbrach, war Mutter am Rande ihrer Kraft angelangt. Sie schluchzte und spürte ihre Galle.

»Dieser Bazar bringt mich noch unter die Erde!« rief sie beim Mittagessen. Else oder später Genia, die Stützen unseres Hauswesens, beide leidenschaftlich von Geblüt und Mutter treu ergeben, schlugen die Töpfe auf den Herd, daß es nur so krachte, schimpften auf deutsch und fluchten auf polnisch, denn sie haßten es, wenn ihre Pastorka über Gebühr beansprucht wurde.

Tante Friedel rückte an mit liebem Lächeln, weißer Schürze und der Versicherung, daß sie uns in der schweren Zeit beistehen wolle. Mutter nahm es hin mit leisem Seufzen, war doch der Bazar, auch ohne Tante Friedel, aufregend genug.

Sie erleichtert ihr Herz in einem Brief an Freundin Linde.

Liebe Linde!
Ob Friedel bei Dir war? Sie ist der schwierigste Mensch, den ich kenne. Da ist solch eine dicke Schicht Pharisäertum um sie herum, da kommst Du nicht durch. Ich glaube, Friedel müßte erst ein-

mal restlos an sich selbst scheitern, dann könnte etwas Schönes aus ihr werden. Dann würde auch ihr Christentum weniger aufdringlich und für andere Menschen verletzend sein. Schlimm ist, daß sie zu jedem Bazar kommt und die feste Überzeugung hat, sie wäre meine größte Hilfe und ohne sie ginge es nicht. Einen Menschen verärgert sie immer! Ach, was sag ich: einen! Viele kränkt sie, und sie merkt es nicht einmal. Das finde ich am schlimmsten ...

Sie hält sich für die Frömmste, die Klügste, die Beste. Das mag ja beglückend für sie selber sein. Für uns drumherum ist es einfach scheußlich. Die Kinder machen schon einen großen Bogen um sie. Und erst Paul-Gerhard!

Wir hatten im Speicher eine Kiste stehen, in die das ganze Jahr hindurch unsere Spenden für den Bazar flossen. Es waren Geschenke, die wir bereits doppelt besaßen, oder solche, die, wenn auch wertvoll und originell, so doch dem eigenen Geschmack nicht entsprechend, in einer Ecke des Hauses dahinwelkten und niemandem Freude bereiteten.

»Steck's in die Kiste!«, so hieß es dann, und kein Mensch dachte etwas Böses dabei, denn die Geschmäcker sind nun einmal verschieden, und: »Was dem einen sin Uhl, ist dem andern sin Nachtigall!« zitierte Vater.

Es ist nun leider so und mag zum Nachdenken anregen, daß gerade beim Bazar, dem Lieblingsfest der Gemeinde, der Teufel in jede Richtung Fußangeln auslegt und die arglosen Frommen zu Fall bringt.

Tante Friedel wußte ein Liedlein davon zu singen.

Sie stand am Vorabend des Bazars im Gemeindesaal und klebte Preisschilder auf die Spenden. Da rückten Mutter und ich mit unserer Bazarkiste an.

»So, Friedel!« sagte Mutter. »Hier gibt's noch was extra Schönes! Es hat sich allerhand zusammengeläppert in dem einen Jahr.«

»Der letzte Kitsch!« rief ich. »Wirklich, da haut's dich um, Tante Friedel!«

Tante Friedel griff in die Kiste hinein, stieß einen schrillen Schrei aus und rollte die Augen gen Himmel.

»Der Schwan!« kreischte sie. »Mein Schwan! Ich hab' ihn euch zu Ostern geschenkt! Oh, wieviel Zeit hab' ich an ihn gewendet! Hab' ihn selber geknetet, gebrannt und angemalt! Huh!«

»Aber Friedel!« Mutter rang die Hände. »Friedel, beruhige dich doch! Ich glaube nicht, daß dies dein Schwan ist! In deinem waren doch Erde und Kresse und kleine Ostereier. Wir fanden es so entzückend.«

»Ja!« zeterte Tante Friedel. »Da hast du wahrlich recht! Es war auch entzückend! Die Ostereier habt ihr aufgegessen und die Kresse auch, und jetzt, jetzt ist er reif für den Bazar! Mein schöner Schwan! Wie könnt ihr mir das antun?!«

Mutter lehnte mit geschlossenen Augen am Tisch.

»Meine Galle«, stöhnte sie. »Ich stehe am Rande einer Kolik!«

Leider befanden wir uns nicht allein im Gemeindesaal, o nein, da waren noch andere fleißige Helfer am Werk. Sie hoben ihre Köpfe, spähten zu uns herüber, witterten Sensation und traten näher. Tante Friedel, dankbar um jedes Publikum, erhob ihre klagende Stimme aufs neue.

»Da!« rief sie und hielt den gräßlichen Schwan in die Höhe. »Schauen Sie ihn an!«

»Ja, wirklich«, bestätigte Frau Winter, die Leiterin des Nähkreises, »man sollte so etwas nicht für den Bazar nehmen! Ich finde ...«

»Sehen Sie!« jaulte die Tante. »Das ist es, was ich meine und was mir so bitter weh tut. Ein solches Stück in der Bazarkiste!« Die Zuschauer nickten.

»Scheußlich!« murmelten sie. »Wirklich, so etwas dürfte man nicht verkaufen!«

»Das ist es ja, was ich meine!« Tante Friedel steigerte sich in einen hohlen Heulton hinein. »Ich habe ihn selber geformt und gebrannt und ...«

Die Frauen klappten den Mund zu. Mutter stand sichtbar am Rande einer Kolik, und eine Kolik am Bazar, das wäre so ziemlich das Schlimmste gewesen, was uns hätte passieren können. Also beschloß ich, mich zu opfern.

»Du wirst es nicht glauben, Tante Friedel«, sprach ich, »aber das ist nicht dein Schwan, das ist meiner. Ich hab' ihn dir nachgemacht.«

Tante Friedel warf ein ungnädiges Auge auf mich.

»Das kann ich in der Tat nicht glauben!« knirschte sie. »Du, mit deinen ungeschickten Fingern! Nie würdest du ein solches Kunstwerk zustande bringen! Nie!«

Jetzt öffnete Mutter die Augen und legte tröstend den Arm um meine Schultern.

»Friedel«, sagte sie. »Ich verstehe ja deinen Unmut, aber du kannst das Kind doch nicht so verletzen. Wir wissen alle, daß sie nicht sehr geschickt ist, aber...«

Frau Winter fiel ihr ins Wort.

»Nein, Frau Pfarrer, das dürfen Sie nicht sagen! Es scheint vielleicht so, als ob sie etwas ungeschickt wäre, aber dieser Schwan ist doch recht hübsch geworden. Das kann man ruhig aussprechen. Er ist ihr gelungen!«

»Mir ist er gelungen!« kreischte Tante Friedel. »Mir! Ich habe ihn mit eigenen Händen geformt und gebrannt...«

»Mit deinen Händen kannst du ihn nicht gebrannt haben, Tante Friedel!« vermeldete ich.

Das Publikum kicherte. Aber Tante Friedel war nicht gewillt, ihre große Stunde ungenützt verstreichen zu lassen. Sie bedachte mich mit einem zornigen Blick.

»Wenn du diesen Schwan gemacht hast, was ich sehr bezweifle, wo ist dann meiner?«

So geht es mit den Lügen. Spricht man eine aus, dann zieht sie einen Schwanz weiterer hinter sich her. Da darf man dann nicht zimperlich sein. Ich zergrübelte meinen Kopf. Ja, wo könnte er denn bloß sein, dieser Sch...schwan?

»Er ist mir runtergefallen«, murmelte ich schließlich. Eine bessere Lüge fiel mir nicht ein. Aber sie war nicht so schlecht, wie ich zuerst gedacht hatte. Tante Friedel hakte sich bei dem »Runtergefallen« fest.

»Was?« schrie sie. »Runtergefallen? Daß ich nicht lache! Solch ein Tier fällt doch nicht von alleine runter. Du hast es absichtlich runtergeschmissen, du böses Mädchen!«

»Aber Friedel!« mahnte Mutter. »So etwas passiert schon mal. Wir sollten barmherzig sein!«

Tante Friedel knirschte mit den Zähnen. Mutter und ich senkten die Köpfe und schämten uns. Frau Winter, beherzt und von schnellem Verstand, rettete die Situation.

»Oh, Fräulein Friedel!« rief sie und verdrehte

die Augen. »Wie schön muß erst *Ihr* Schwan gewesen sein, wenn schon der Amei ihrer so hübsch geworden ist. Ich nehme ihn hier gleich auf der Stelle. Er darf auf keinen Fall in den Verkauf. Bekomme ich ihn, Amei?«

»Ja«, flüsterte ich.

»Und wieviel kostet er?«

Jetzt endlich hatte sich Mutter soweit vom Rande der Gallenkolik erholt, daß sie wieder mitspielen konnte. Sie ergriff den Schwan.

»Nehmen Sie ihn umsonst, liebe Frau Winter«, sagte sie und fügte schnell hinzu: »Er ist unbezahlbar. Und nun, Friedel, müssen wir uns wohl wieder an die Arbeit machen, sonst schaffen wir es nicht.«

»Der kommt aufs Klavier!« sprach die gute Frau Winter und drückte den Schwan an ihr Herz.

Ich verschwand eilig. Tante Friedel fühlte sich als Heldin des Tages, warum, weiß ich auch nicht, und Mutter sagte beim Gutenachtkuß zu mir: »Kind, wir wollen es in aller Stille vor Gott bringen!«

Ich nickte und wußte schon, was sie meinte.

Am nächsten Tag, das war immer der Sonnabend vor dem dritten Advent, fand der Bazar statt. Tante Friedel hatte einiges zu leiden und zu schlucken, denn ich stand neben ihr am Tisch und bemerkte mit Genugtuung, daß auch ihr eine Lüge über die Lippen floß.

Die Schlacht war bereits in vollem Gange. Gemeindeglieder gingen aufeinander zu und aufeinander los, beäugten, befühlten und kauften.

»Fräulein Friedel?« fragte Frau Emma Räsig, nachdem sie lange auf dem Tisch herumgewühlt hatte. »Fräulein Friedel, wo ist mein Pokal?«

»Welcher Pokal, Frau Räsig? Welchen meinen Sie?«

»Der, den ich gestiftet habe, natürlich! Der aus Kristall und mit *Gesangverein Concordia* drauf!«

»Ja, wo kann denn der sein?« flötete Tante Friedel und suchte heuchlerisch auf dem Tisch herum, obwohl sie genau wußte, wo der Pokal war. In einem Karton nämlich, unter dem Tisch, wo sie ihn höchstpersönlich hingestellt hatte, weil er, vom Zahn der Zeit angenagt, keine Zierde ihres Tisches gebildet hätte.

»Sollte er etwa schon verkauft sein?« fragte Frau Räsig hoffnungsfroh.

Tante Friedel schluckte. Wie leicht hätte sie jetzt die Situation retten können, aber da stand ich, lächelte holdselig zu ihr hinüber und folgte dem Gespräch mit Interesse.

»Nein, das glaube ich nicht!« sprach sie deshalb nach kurzem Zögern. »Das hätte ich doch bemerken müssen bei dem schönen Pokal. Aber vielleicht hat ihn eine andere ...«

Ich kroch unter den Tisch, packte den Pokal und hielt ihn in die Höhe.

»Ach, da ist er ja!« rief Tante Friedel und tat, als hätte ihr nichts Besseres passieren können. Frau Emma Räsig griff sich ans Herz und starrte auf das Preisetikett am Pokalrand.

»Zwei Mark!« keuchte sie. »Mich trifft der Schlag! Für zwei Mark wollen Sie meinen Pokal verschachern? So ein wertvolles Stück! Seit dreißig Jahren steht er im Vertiko! Seit der Karl ihn gewonnen hat, beim Preissingen damals! Wenn der das hätt' erleben müssen...« Sie führte ein Taschentuch an die Augen. »Das brächt' ihn vollends ins Grab! Ich nehm' ihn wieder mit!«

»O Himmel!« rief Tante Friedel und hielt den Pokal vor ihre Brillengläser. »Ja, ist es denn die Möglichkeit? Jetzt hab' ich doch tatsächlich die Null vergessen! Zwanzig Mark soll er natürlich kosten, keine zwei! Was denken Sie denn, Frau Räsig! So ein wertvolles Stück. Entschuldigen Sie nur!«

Frau Räsig kramte ihr Portemonnaie aus der Tasche.

»Hier sind die zwanzig Mark!« knurrte sie. »Ich kaufe ihn wieder zurück.«

Ja, zu solchen Taten sind Gemeindemitglieder fähig! Aber nur beim Bazar.

Auch die beiden Fräulein Krams erschienen zu dem hohen Fest. Stolz fuhren sie mit der Droschke vor, und Nowak, der Kutscher, trug die duftenden Butterkuchen und Mohnstollen in das Gemeindehaus.

Mutter erwähnt die beiden Fräulein Krams in einem Brief an Freundin Linde. Die Briefe an Maria in Duisburg werden immer spärlicher und hören 1942 auf...

Bromberg, am 12. 12. 43
Meine liebe Linde!
Das Weihnachtsfest ist wieder einmal nahe. Dieses Jahr ist's anders als sonst. Wir haben wirklich kaum etwas für unsere Lieben. Ja, wir haben noch nicht ein einziges Stückchen Gebäck gebacken, weil wir einfach nichts zum Backen haben. Aber ich weiß, daß unsere guten Engel in Schellen, die beiden Fräulein Krams, schon für uns gebacken haben. Ich bin so dankbar um diese beiden alten Damen, die so sehr scheu und ehrpusselig sind und mit denen man sich kaum unterhalten kann, weil sie einfach still lächelnd dasitzen und kein Wort reden. Bei ihnen gilt wirklich: »Laßt Taten sprechen!« Und die Taten sehen wir dann, wenn sie ihre Körbe und Krüge und Schachteln auspacken. Diese beiden alten Damen haben sich vorgenommen, unsere Familie durch den Krieg zu bringen. Immer wieder kommt das eine oder das andere Fräulein Krams im schönen Wagen vorgefahren und packt aus. So werden sie uns auch über Weihnachten helfen, und das ist mir ein großer Trost...

Zum Bazar brachten sie also Butterkuchen und Mohnstollen mit. Die Buttercremetorte war dem Pfingstmontag vorbehalten.

Denke ich an Pfingsten und die Ausgießung des Heiligen Geistes, dann läuft mir noch heute das Wasser im Munde zusammen. Ich spüre Buttercreme auf der Zunge und Schlagsahne und all die guten fettigen Sachen, die so sanft hinuntergleiten und so schwer verdaulich sind.

Ich kannte den Heiligen Geist von meiner Bilderbibel her. Er schwebte als weiße Taube über den Jüngern, die mit verzückten Augen zu ihm aufschauten. Während des Pfingstgottesdienstes hielt ich fleißig Ausschau und verdrehte die Augen zur Kirchendecke. Aber der Heilige Geist wollte nicht erscheinen, wenn wir auch noch so inbrünstig sangen: »Komm, o komm, du Geist des Lebens...«

Erst am Pfingstmontag ließ er sich blicken, und zwar auf der Buttercremetorte der beiden Fräulein Krams.

Er saß in der Mitte dieser Torte auf einem roten See aus Johannisbeergelee, hatte die fettigen Schwingen weit ausgebreitet und hielt eine Vergißmeinnichtblüte im Schnabel. Das hätte er nicht zu tun brauchen, denn wir vergaßen ihn ohnedies nicht. Er lag uns im Magen wie ein Wackerstein.

Am Pfingstmontag um zwei Uhr nachmittags stand die Kutsche der beiden Fräulein Krams vor der Haustür. Die Pferde tänzelten, der Kutscher Nowak knallte mit der Peitsche. Erst stiegen die Eltern ein, dann wir Kinder im weißblauen Matrosenlook. Die beiden Ältesten durften neben Nowak auf dem Kutschbock Platz nehmen. Ich saß wohlgeborgen zwischen Brüderchen und Fränzchen auf der Rückbank den Eltern gegenüber. Mutter hielt immer ein Baby im Arm, erst Fränzchen, dann Christoph und schließlich Gitti. Manchmal sangen wir, und manchmal zitierte Vater Verse aus ›Reineke Fuchs‹:

»Pfingsten, das liebliche Fest war gekommen, es grünten und blühten
Feld und Wald; auf Hügeln und Höhn, in Büschen und Hecken
übten ein fröhliches Lied die neuermunterten Vögel...«

»Ich bitte euch, schlingt nicht so!« mahnte Mutter. »Haltet euch zurück. Denkt an voriges Jahr.«

Ja, voriges Jahr war uns schlecht geworden, allen, sogar den Eltern. Aber das sollte uns nicht wieder passieren! Diesmal würden wir uns bescheiden, nur *ein* Stück Torte und ein ganz kleines Löffelchen vom Heiligen Geist!

Nach einer Stunde etwa fuhren wir durch das Tor in den Kramsschen Hof hinein. Das Bauernhaus lag verlassen in der Sonne. Vor der Eingangstür ließen zwei Birken ihre Blätter hängen. Nichts rührte sich. Die Katze auf der Küchentreppe lag wie tot. Es gehörte zu den Gepflogenheiten der beiden Fräulein Krams, daß sie uns nicht entgegentraten. Sie standen fix und fertig am Fenster und warteten. Sobald die Kutsche in der Hofeinfahrt erschien, stoben sie davon, die eine in den Speicher, die andere in den Keller.

Wir Kinder kletterten von den Sitzen und scharten uns um die Eltern. Der Kutscher Nowak knallte noch einmal mit der Peitsche und lenkte die Kutsche in die Remise.

Das Haus äugte aus niedrigen Fenstern zu uns herüber. Wir näherten uns zögernd. Vater ging voran.

»Wenn sie das nur einmal lassen würden«, seufzte Mutter. »Warum machen sie es immer so? Können sie ihrem Besuch nicht entgegentreten wie jeder andere Mensch auch?«

»Sie brauchen Zeit«, sagte Vater. »Wart nur, sie werden sich schon berappeln*!«

Er öffnete die Eingangstür. Wir drängten hinter ihm in den Hausflur. Grabeskälte wehte uns entgegen.

»Hallo, ist hier jemand?«, so rief Vater wie jedes Jahr, und wie jedes Jahr antwortete Totenstille.

---

* berappeln: Umgangssprache, etwa mit »aufraffen« zu übersetzen.

»Fräulein Emilie! Fräulein Olga!«

Ein Wispern oben, ein Rascheln unten. Dann kamen sie, beide im schwarzen Taftkleid, ein Spitzentuch über den Schultern.

»Ja wie! Ja was!« Sie klatschten in die Hände vor freudigem Erstaunen. »Die Frau Pastor und der Herr Pastor! Und all die lieben Kinderchen!«

Sie taten, als ob sie völlig ahnungslos gewesen wären, als ob wir sie unversehens überfallen hätten. Dabei hatten sie doch den Nowak mit der Kutsche weggeschickt, uns zu holen. Hatten die ganze vergangene Woche Vorbereitungen getroffen. Im Keller, heimlich, still und leise, die pfingstliche Buttercremetorte gebacken, die Creme für den Heiligen Geist in eine Form gegossen und die Schlagsahne geschlagen. Kein Mensch sollte es sehen, besonders keiner von der Partei, daß sie Butter gespart hatten und süße Sahne, um damit den Pastor zu erfreuen und seine hungrige Familie.

Nun also kamen sie unter vielen Knicksen und Bekundigungen ihrer Überraschung die Treppe herunter oder herauf, husteten und schneuzten sich, und war die schwierige Aufwärmphase überwunden, dann fragten sie, ob wir nicht ein »Momangchen« hineinkommen wollten. Ja, natürlich wollten wir das, und nicht bloß ein »Momangchen«, aber das sagten wir nicht, sondern wir spielten mit. Mutter lächelte und tat sehr verlegen.

»Ja, wenn Sie ein bißchen Zeit für uns hätten!«

Und Vater: »Wir wollten wieder einmal bei Ihnen hereinschauen. Aber machen Sie sich nur keine Umstände!«

Dann lachten sie beide ganz verschmitzt, und das eine Fräulein Krams riß die Tür zur guten Stube auf, und das andere Fräulein Krams fragte: »No, was sagense jetzt?«

Wir klatschten in die Hände und jubelten: »Ach, ist das schön! So eine Überraschung! Herrlich! Wunderbar! Wer hätte das gedacht?«

Die Kaffeetafel war festlich gedeckt und mit Asparagus und Vergißmeinnicht liebevoll geschmückt. In der Ecke auf einem Hocker stand der Weihnachtsbaum, schon etwas trocken zwar, aber immer noch schön, mit bunten Kugeln behängt, mit Wattebäuschchen betupft, die Kerzen halb heruntergebrannt. Hier in der kalten guten Stube hatten sie ihn sorgsam gehegt, damit er noch an Pfingsten unsere Herzen erfreue.

»No, nemse doch Platz!«, so riefen sie, und als wir alle saßen, da trugen sie ihre Herrlichkeiten herein: die Buttercremetorte mit dem Heiligen Geist, die Schüssel mit Schlagsahne, Platten voll Mohnstrudel und Streuselkuchen. Uns gingen die Augen über. Wir aßen, angefeuert von kleinen Zwischenrufen: »Nun nemse doch noch ein Stükkel Kuchen, Herr Pastor! – Ein bißel Schlagsahne jefällig, Frau Pastor?«

An dieser Tafel saßen wir den ganzen Nachmittag, aßen und sangen, denn Singen mochten die beiden Fräulein Krams gern und stimmten kräftig mit ein. Wir sangen Weihnachtslieder, auch hin und wieder eines von Pfingsten, aber die Weihnachtslieder klangen schöner.

Das Signal zur Heimfahrt hieß: »Meine Galle!« und wurde von Mutter gegeben. Die Kutsche stand schon im Hof bereit. Wir dankten und wankten zum Haus hinaus, drückten uns in die Kutsche und stöhnten. Der Nowak knallte mit der Peitsche. Die beiden Fräulein Krams standen vor der Haustür und winkten. Auf der Heimfahrt sangen wir nicht mehr. Vater zitierte auch keine Verse aus ›Reineke Fuchs‹. Ab und zu rief er: »Nowak!« Dann machte der: »Brrr!« Die Kutsche stand, und ein Familienmitglied rannte in den Wald.

»Der Heilige Geist schmeckte am besten«, sagte Brüderchen. Michael kletterte gerade wieder auf den Kutschbock.

»Ja, aber nur runterzus!« stöhnte er und war so bleich, daß sein Gesicht wie ein Mond über dem Kutschbock schaukelte.

Das hohe Lied der Liebe
oder: Konfirmation mit Karlchen

Wir waren drei Konfirmanden, Grete, Karl und ich. Grete hatte blonde Zöpfe, ich braune, und was Karlchens Haare anbetraf, so waren sie eine Zumutung. Weißblond und borstig sträubten sie sich nach allen Seiten. Mochten Grete und ich auch noch so oft rufen: »Wie siehst du denn aus? Karlchen, kämm dich mal!« Es war nicht viel auszurichten. Zwar hielt er willig das Haupt unter den Wasserhahn und klebte das tropfnasse Haar an den Kopf, aber im Laufe der Konfirmandenstunde trocknete es und erhob sich wieder.

Vater sah hoch, erblickte den strubbeligen Kopf und sagte zerstreut: »Karlchen, kämm dich mal!« Dann vergaß er es wieder.

Wir gingen zwei Jahre lang zum Unterricht. Ein Jahr als Katechumenen und ein weiteres als Konfirmanden. Von der Gemeinde wurden wir in dieser Zeit hochgeehrt. Wir durften beim Sonntagsgottesdienst in der ersten Reihe sitzen, damit jeder sehen konnte, ob wir vollzählig erschienen waren. Auch bei Passionsandachten und Bibelstunden war unsere Gegenwart erwünscht, und jeden Dienstag- und Freitagnachmittag hatten wir Unterricht, oben im kleinen Saal des Gemeindehauses. Wir lasen in der Bibel, lernten Luthers kleinen Katechismus und sagten Gesangbuchverse auf. Von 536 Liedern lernten wir 200 auswendig.

»Lernt, Kinder, lernt!« mahnte Vater. »Stopft in euren Kopf hinein, soviel nur möglich ist. Lieder und Psalmen sind Kraftnahrung, von der ihr in Notzeiten leben könnt!«

Leider erwies es sich, daß Karlchen stinkfaul war und nicht darauf bedacht, Kraftnahrung in seinen struppigen Schädel zu stopfen. Grete dagegen konnte es an Bibelkenntnis mit jedem Theologiestudenten aufnehmen. Sie rasselte die Bücher des Alten und Neuen Testamentes herunter, daß es nur so eine Freude war. Auch die Liedverse und Psalmen versuchte sie so schnell wie möglich hinter sich zu bringen. Vater hielt sich die Ohren zu.

»Halt!« rief er. »Nicht so schnell! Man versteht ja kein Wort! Grete, du mußt etwas dabei denken!«

Dann gab sie sich Mühe und fing langsam an, aber schon nach einer halben Strophe befand sie sich wieder auf dem alten Gleis und brauste dahin wie ein D-Zug. Vater schüttelte den Kopf und sah traurig aus. Es zerriß mir das Herz. So lernte ich alles, was er uns aufgegeben hatte und noch viel mehr. Wenn nun Karlchen zu Ende gestottert hatte, Grete ihres Weges gesaust war und Vater ganz gebrochen über dem Tisch hing, kam meine große Stunde. Ich sprach langsam und mit Bedacht einen

Liedvers um den anderen, und während ich das tat, richtete Vater sich auf, und seine Züge erhellten sich.

»Das hast du schön gesagt, Pickdewick!«

Ich nahm es hin, daß er mich Pickdewick nannte, obwohl ich erst gestern der Familie mitgeteilt hatte, daß ich mir diesen Namen ein für allemal verbitte.

»Ich bin kein Kind mehr!«, so hatte ich gesprochen. »Ich bin Konfirmandin und sogar größer als Mutterle.«

»Länger, Pickdewick«, verbesserte Vater, »nur länger, nicht größer.«

»Gut, dann eben länger. Aber den Namen Pickdewick will ich nicht mehr hören. Ich heiße Amei!«

»Ich will auch nicht mehr Brüderchen heißen!« schimpfte Brüderchen, und Franziska wollte nicht mehr Fränzchen heißen und die kleine Gitti nicht Gitti, aber ich war die erste gewesen, die es ausgesprochen hatte. Einen Tag lang gaben sie sich Mühe, dann fing der alte Ärger wieder an, und nun hatte Vater sogar im Konfirmandenunterricht »Pickdewick« zu mir gesagt! Er hatte es aus Freundlichkeit getan, trotzdem war es mir schmerzlich, besonders wegen Karlchen. Er wenigstens sollte bemerken, daß ich den Kinderschuhen entwachsen war. Karlchen aber blätterte in seinem Gesangbuch und tat, als hätte er nichts gehört. Er verhielt sich passiv, wie immer im Unterricht. Seine Talente traten nach der Konfirmandenstunde zutage. Wenn Vater bereits auf dem Rückweg war und an der verbrannten Kirche vorbeischritt, entfaltete sich Karlchen in seiner ganzen Persönlichkeit. Er sprang auf das schmale Geländer und lief auf ihm entlang vom oberen Saal bis hinunter auf den Kiesweg.

Unten auf dem Rasen stellte er sich auf den Kopf und wackelte mit den Beinen oder schlug Rad wie ein Pfau und kletterte auf die höchsten Bäume. Grete und ich, beide nicht sonderlich sportlich, aber doch sehr interessiert, schauten ihm zu. So konnte es denn geschehen, daß wir unser Herz an ihn verloren. Nicht, daß wir etwas dergleichen gesagt oder gezeigt hätten! Im Gegenteil! Wir riefen voller Abscheu: »He, Karlchen, kämm dich mal! Wie siehst du denn wieder aus!« Oder wir schlenderten Arm in Arm die Treppe hinunter, versunken in ernsthafte Gespräche, und taten, als ob wir nicht bemerkten, wie halsbrecherisch er auf dem Geländer tanzte. Und wenn er auf den Händen lief und Rad schlug, dann hakten wir uns unter und schauten zum Himmel empor.

»Schau nur, die rosa Wölkchen! Ist es nicht eine Pracht?«

So verbargen wir unser Geheimnis vor ihm und der Welt, aber was uns selber anbetraf, so wußten wir Bescheid und trugen schwer an unserer gemeinsamen Liebeslast. Auch Karlchen litt unter den verzwickten Umständen. Warf er einen freundlichen Blick auf mich, dann schürzte Grete verächtlich die Lippen. »Pah, wie du wieder aussiehst, Karlchen!«

Und zog er Grete an den Zöpfen, dann ließ ich meine Zöpfe fliegen, daß sie ihm um den struppigen Kopf zischten, und spritzte das Giftigste hervor, was mir einfiel: »Lern lieber was! Du kannst ja nicht mal das erste Gebot!«

Grete und ich brauchten nach solchen Ereignissen eine Zeit der Ruhe und Besinnung, bis wir wieder zueinanderfanden. Wir wandelten, jede für sich allein, über die Wege im Kirchgarten und trafen schließlich auf dem roten Moosteppich im Kirchengemäuer wieder zusammen. Dort, vor dem geborstenen Altar, schworen wir, daß Karlchen nicht zwischen uns treten solle und daß wir uns ewig treu bleiben wollten. Wir beschlossen auch, daß eine von uns auswandern müsse.

»Ich kann zu Tante Tildchen nach Heidelberg fahren«, sagte ich, und Grete wollte nach Schneidemühl zu ihrem Onkel Robert. Aber erst nach der Konfirmation. Bis dahin müßten wir es eben durchstehen.

»Wie geht's denn so im Konfirmandenunterricht?« fragte Mutter beim Abendessen. »Machen sie dir Freude, Paul-Gerhard?«

»Doch, schon«, meinte Vater und streute sich

Schnittlauch aufs Brot. »Nur mit Karlchen ist es ein rechter Jammer. Der Bursche will einfach nicht lernen!«

Ich mischte mich ein.

»Vielleicht will er und hat bloß keine Zeit. Vielleicht muß er auf dem Hof helfen, wo doch sein Vater eingezogen ist...«

»Da kannst du recht haben, Kind«, sagte Vater. »Ich habe es nicht bedacht. Er ist ein lieber Kerl, du kannst ruhig etwas freundlicher zu ihm sein!«

Da fuhr ich hoch wie eine Schlange.

»Warum soll ich freundlich sein? Blöder Bursche! Angeber!«

»Es ist schon recht, Kind!« Vater legte seine Hand besänftigend auf meine, aber ich stürzte weg vom Tisch, hinauf auf mein Zimmer, wo ich mich hinter dem Sekretär in der Ecke verkroch und heiße Tränen weinte.

So trieb mich die Zeit durch wechselnde Gefühle der Konfirmation entgegen. Ein Kleid wurde genäht, und zwar von Frau Mangel, die oben in der kleinen Wohnung über dem Gemeindehaus wohnte. Sie war Kirchendienerin und sie konnte schneidern. Leider hatte sie auch einen Spitz, der Fifi hieß, ein böses und heimtückisches Tier. Er ängstigte mich bei jeder Anprobe, knurrte und kratzte und zwickte mich in die Beine.

»Könnten Sie ihn nicht ins andre Zimmer sperren, Frau Mangel. Es ist nur, weil er immer an dem neuen Kleid hochspringt...«

»Ach, das macht dem Kleid nichts!« tröstete sie. »Er ist so gern dabei, der kleine Schlingel!«

Sie drohte dem Tier mit neckisch erhobenem Zeigefinger und zwinkerte ihm zu und machte ihn noch viel übermütiger.

Ich fürchtete mich vor jeder Anprobe und konnte die Schönheit des heranreifenden Kleides nicht genießen.

Eines Tages, als ich nach einem solchen Besuch bei Fifi und seinem Frauchen heimwärts wankte, stand Mutter im Kirchgarten und schnitt Forsythien. Sie drückte mir die blühenden Zweige in den Arm.

»Sind sie nicht herrlich, Kind? Ist es nicht eine Freude, wie alles blüht? An deiner Konfirmation können wir im Garten Kaffee trinken...« Sie schaute mir ins Gesicht und klappte die Rebschere zu. »Was ist passiert, Pickdewick?«

Ich warf mich mitsamt den Forsythien in ihre Arme und schluchzte heraus, was mich drückte, daß ich kein neues Kleid haben wolle und daß ich es nicht mehr aushalten könne mit diesem Fifi.

Sie ließ mich ein Weilchen schluchzen, dann gab sie mir ihr Taschentuch und sagte: »Nächstes Mal gehe ich mit! Da wollen wir die beiden schon Mores lehren!«

So ging ich denn unter ihrem starken Schutz zur nächsten Anprobe. Ich freute mich sogar darauf und hoffte, daß der Spitz ganz besonders unausstehlich sein möge. Aber den Gefallen tat er mir nicht. Er setzte sich zu Mutters Füßen nieder und blinzelte scheinheilig zu ihr empor. Ich stand in der Mitte des Zimmers, den Tränen nahe und voller Groll über den Lauf der Dinge und über die Heimtücke dieses Geschöpfes. Was würde Mutter jetzt von mir denken? Sie hat wieder einmal geträumt, würde sie denken, oder schlimmer noch: Sie hat mich angelogen. Die erste Träne kam ins Rollen, die zweite, die dritte... Mutter erhob sich und strich ihr Kleid glatt.

»Mir wäre es lieb, Frau Mangel, wenn die letzten Anproben bei uns stattfänden, aber ohne Fifi, wenn ich bitten darf! Wir trinken dann hinterher noch ein Täßchen Kaffee.« Frau Mangel war es zufrieden. Das Täßchen Kaffee lockte, mochte der kleine Schlingel auch noch so traurige Augen machen. Nun endlich konnte ich in aller Ruhe mein neues Kleid und mich im Spiegel betrachten. »Was wird Karlchen sagen?« dachte ich.

Am Sonntag vor der Konfirmation fand die Prüfung statt, ohne Zettel zum Vorlesen und ohne vorherige Absprache. Das Grausen hätte einen packen können, wenn da nicht Vater gewesen wäre. Auf unsere schüchterne Frage, was wir denn alles wissen müßten, antwortete er: »Alles, Kinder, alles!«

Karlchen seufzte, und Vater fuhr fort: »Wenn ihr etwas wißt und sagen wollt, dann meldet euch. Wenn ihr etwas nicht wißt, dann schließt die Augen vor eurer Dummheit, und ich weiß Bescheid. Habt ihr das begriffen?«

Ja, wir hatten begriffen und wußten, daß er uns nicht blamieren würde. Trotzdem schlief ich in der Nacht vor der Prüfung schlecht. Beim Frühstück herrschte Grabesstimmung. Die sonst so ruppigen Geschwister zeigten sich von ihrer besseren Seite und schoben mir allerlei Leckerbissen herüber. Mutter lächelte mir zu.

»Du darfst ruhig schon aufstehen, Ameile. Vielleicht willst du noch durch den Kirchgarten gehen.«

So ging ich denn in die verbrannte Kirche. Dort am geborstenen Altar stand schon Grete. Wir blieben zusammen, bis Vater zu uns trat.

»Kommt, Kinder, es wird Zeit. Wir wollen es in Gottes Namen wagen.«

Wir saßen im Angesicht der Gemeinde vor dem Altar. Grete und ich rechts, Karlchen mutterseelenallein links. Unsere Familien hatten sich in die ersten drei Reihen gezwängt, verströmten Zuversicht und klapperten doch vor Aufregung mit den Zähnen. Das Gemeindehaus war besetzt bis auf den letzten Platz.

»Man will ja schließlich wissen, an was man glaubt!« hatte Frau Mangel bei der letzten Anprobe zu Mutter gesagt. »Die Gebote und so, das ist doch wichtig!«

Ich drückte Gretes kalte Hand. Ach, für uns beide brauchten wir keine Sorge zu haben, aber Karlchen! Armes Karlchen! Noch klebte sein Haar naß und ordentlich am Kopf, aber wie würde er nach der Prüfung aussehen ... Was nützten ihm jetzt all seine Kunststücke? Hier war niemand darauf erpicht, ihn radschlagen zu sehen. Lernen hätte er sollen, lernen!

So dachte ich und sah mit Erstaunen, daß er sich schon bei der ersten Frage meldete. Er sprach die zehn Gebote mit solchem Nachdruck, daß sich in der Gemeinde ein beifälliges Murmeln erhob. Grete und ich plagten uns mit den schwierigen Luthererklärungen, und kein Mensch fand es großartig, sondern nur zu lang. Karlchen hatte tatsächlich gelernt. Zwar längst nicht alles, aber doch genug, um den Eindruck zu erwecken, er sei rundum beschlagen und kenne sich aus in seinem Glauben. Sobald Vater seine erhobene Hand sah, strahlte er und rief ihn auf. Solchen Eifer war er bei Karlchen nicht gewohnt. Wir auch nicht. Als er sogar einen Gesangbuchvers ohne Stocken und mit Betonung hinter sich gebracht hatte, wurde uns schwindlig. Wir schlossen die Augen. Auch Karlchen schloß die seinen, hochbefriedigt und mit dem Gefühl, nun sei der Augenblick für eine Ruhepause gekommen. So konnte es geschehen, daß Vater bei der nächsten Frage drei geschlossene Augenpaare vor sich sah. Er stutzte, wartete und wandte sich mit freundlichem Lächeln an die Gemeinde.

»Wir wollen nun ›Das hohe Lied der Liebe‹ hören!« sprach er. »Kennt es jemand? Wenigstens den ersten Vers?«

Aber ja kannte es jemand! Frau Mangel nämlich! Sie mit ihrem giftigen Fifi! Sie sprang auf und haspelte ›Das hohe Lied der Liebe‹ herunter: »*Wenn ich mit Menschen- und mit Engelszungen redete und hätte der Liebe nicht, so wäre ich ein tönend Erz oder eine klingende Schelle*... 1. Korinther 13« wußte sie auch noch. Es war zum Weinen!

Grete und ich hatten längst wieder die Augen aufgerissen, ungläubig und entsetzt. Ach, wir kannten ›Das hohe Lied der Liebe‹! Nicht nur die erste Strophe, nein, alle dreizehn! Erprobt in zwei bittersüßen Jahren! Nun saßen wir da wie die Ölgötzen, starrten auf das jetzt wieder struppige Karlchen und duckten uns unter Frau Mangels Triumph. Vater gab uns zwar jede Chance, die Scharte auszuwetzen und unsere gebeugten Gemüter wieder aufzurichten. Grete durfte die Propheten herunterrasseln, ich dreizehn Verse von ›Befiehl du deine Wege‹ aufsagen, aber der Stachel blieb. ›Das hohe Lied der Liebe‹ war uns entrissen worden! Und wer war schuld daran? Karlchen! Grete und ich verschwanden gleich nach dem letzten Amen und gingen durch den Kirchgarten zum verbrannten Pfarrhaus hinüber. Dort setzten wir uns auf die Eßzimmermauer und schwiegen. Karlchen erschien.

»Hier seid ihr also. Ich hab' euch überall gesucht.«

Er setzte sich auf die gegenüberliegende Mauer.

»Willst du nicht auf den Händen laufen?« fragte Grete. »Oder auf die Tanne klettern?«

»Nicht im Sonntagsanzug!« antwortete er.

»Dann sag doch die Gebote auf!« zischte ich. »Das lief doch vorhin ganz ordentlich, sogar im Sonntagsanzug!«

»Da habt ihr gestaunt, was? Mann, hab' ich gelernt!«

»Ja, wenn deine Leute zuhören, dann lernst du!« schrie ich zornig. »Aber für meinen Vater und uns keinen Fatz! Zwei Jahre lang kein Gebot und gar nichts!«

»Es hat ja noch gereicht!« Jetzt grinste er sogar.

»Uns reicht's auch!« Grete sprang auf. »Komm, Amei!« Sie zog mich hoch, und wir stelzten mit hocherhobenen Köpfen an ihm vorbei, die Treppe hinunter. Als ich im Kirchgarten einen Blick zurückwarf, saß er immer noch auf der Mauer.

Es folgte eine Woche hektischer Betriebsamkeit. Mutters badische Verwandtschaft rückte an. Die Tanten Meta und Tildchen ertrugen eine Bombennacht in Berlin bei der ständig jammernden Tante Thea und stiegen heiter und nach Kölnisch Wasser duftend aus dem Zug.

»Nein, diese Thea!« rief Tante Meta. »Sie hat ja lauter geheult als die Sirenen! In welchem Bad ist das Wasser für mich eingelaufen?«

Tante Luischen kam aus Königsberg und Onkel Justus aus Vandsburg. Tante Friedel schwebte herzu, schloß mich in die Arme und flüsterte: »Wir wollen uns immer liebhaben, Ameikind!«

Ich sagte, ja, das wollten wir, aber ich mochte sie trotzdem nicht leiden.

Die Kutsche der beiden Fräulein Krams fuhr vor und brachte einen Kasten mit, worin sich der Heilige Geist auf der Torte befand. Wortlos und lächelnd füllten sie die Küche mit Köstlichkeiten. Das Haus aber füllte sich mit lärmenden vergnügten Leuten. Zwar bot das Kriegsjahr 1944 keinen Grund zum Fröhlichsein, aber draußen schien die Sonne, es grünte und blühte, und Pickdewick hatte Konfirmation. All die Tanten und Onkels waren eisern gewillt, ihr ein schönes Fest zu bereiten und selber glücklich zu sein.

In meinem Zimmer hing das Konfirmationskleid, schwarz und unberührt. Nichts von Fifis Gift war daran zurückgeblieben und nichts von dem Angstschweiß, den ich darin vergossen hatte.

Überall saßen Leute, schwatzten und waren glücklich und merkten gar nicht, wie es in meinem Inneren aussah. Schwarz sah es aus, rabenschwarz. Grete kam, auch sie in trostloser Verfassung mit verheulten Augen.

»Bei uns geht's zu!« klagte sie. »Wirklich, es ist nicht zu beschreiben. Ich glaub', ich werd' krank!«

Ich glaubte auch, krank zu werden, und wenn Grete kein ruhiges Plätzchen zu Hause hatte, ich konnte ihr keines bieten. Durchs Haus lärmten die Gäste, im Kirchgarten lärmten die Kleinen.

»Gehn wir spazieren«, hauchte Grete. »Die frische Luft wird uns guttun.«

Es war ein lauer Frühlingstag. Wir schlenderten an den letzten Häusern von Schwedenhöhe vorbei, dem Wald zu. Auf den Wiesen blühten Schlüsselblumen und Anemonen. Wir pflückten und achteten nicht auf den Weg. Als wir aufschauten, standen wir plötzlich vor Karlchens Hofeinfahrt. Es war die reinste Hexerei.

»Na so was!« rief ich. »Jetzt sind wir bei Groschens Hof gelandet! Hättst du das gedacht, Grete?«

»Nein, nie! Ich hab' gedacht, wir sind auf dem Weg nach Schellen.«

»Das kommt vom Blumenpflücken. Da läuft man kreuz und quer und verliert die Richtung...«

»Ich hab' das früher schon mal erlebt. Da sind wir in eine Gegend gekommen, wo wir gar nicht hinwollten.«

In solche Gespräche versunken, traten wir in den Hof.

»Was meinst du, solln wir mal schnell bei Frau Grosch reinschauen?«

»Wenigstens guten Tag müssen wir sagen, das gehört sich so!«

Frau Grosch kam aus der Küche. Sie hatte eine blaue Kleiderschürze an und trug einen Eimer. Als sie uns sah, stellte sie ihn hin.

»Na so was! Pastors Amei und die Grete!«

»Wir kamen grad hier vorbei...«

»Und da dachten wir, wir schauen kurz rein.«

»Das freut mich«, sagte Karlchens Mutter. »Wollt ihr ein Glas Milch?«

Nun ja, ein Glas Milch wollten wir schon. Wir setzten uns auf die Bank vor der Küche und banden unsere beiden Sträuße zu einem zusammen. Karlchens Mutter brachte Milch und für jeden ein Butterbrot.

»Karlchen ist im Stall«, sagte sie. »Aber er wird sicher gleich kommen.«

Da kam er schon, die Haare verstrubbelt, Gummistiefel an den Beinen, direkt aus dem Stall. Man roch es. Er setzte sich auf die Treppe neben uns.

»Wir wollten deiner Mutter ein paar Schlüsselblumen bringen.«

»Nett von euch.«

»Man kann damit den Tisch schmücken.«

»Ja, ich weiß.«

»Kommt dein Vater zur Konfirmation?«

»Vielleicht. Nichts Genaues weiß man nicht.«

Das Gespräch stockte. Aber geredet mußte werden, besonders über die Angelegenheit, die uns bedrückte. Grete räusperte sich und fing an: »Was wir da gesagt haben nach der Prüfung, das haben wir nicht so gemeint.«

»Ich weiß.«

»Es war halt komisch für uns, daß du auf einmal was gelernt hast.«

»Ja, für mich war's auch komisch. Aber als ich mal angefangen hatte, da hat's mir richtig Spaß gemacht.«

»Schade, daß du's nicht schon früher gemerkt hast!« Das konnte ich mir doch nicht verkneifen.

Er lachte. Wir auch. Grete warf ihm das Sträußchen zu.

»Für deine Mutter. Und Karlchen, kämm dich mal!«

Den Heimweg legten Grete und ich schweigend zurück. Erst auf der Frankenstraße blieb Grete sinnend stehen.

»Da gibt es so viele Menschen auf der Welt, denen man begegnen könnte ... Und wer läuft uns in den Weg?«

»Karlchen!« rief ich. »Wirklich, es ist wunderbar!«

Am Abend vor der Konfirmation gingen Mutter und ich durch den Garten und pflückten Buchsbaumzweige und Blüten vom Mandelbaum. Mutter flocht zwei Kränze daraus, einen für Grete und einen für mich, und für Karlchen einen Strauß an den Jackenaufschlag. Tante Friedel saß am Klavier und spielte Choräle. Tante Meta sang dazu.

Ich hörte sie singen und spielen, als ich schon lange im Bett lag und an den großen Tag dachte, der mir bevorstand. Vollgültiges Glied der Gemeinde sollte ich werden und zum ersten Mal zum Abendmahl gehen.

»Ihr dürft dabei keine unwürdigen Gedanken haben!« hatte Vater gesagt und uns ernst angeblickt. Ich kniff die Augen zu und versuchte meine Gedanken auf Würdiges zu richten. An den Herrn Jesus wollte ich denken, und an wen dachte ich? An Karlchen! Ich kroch unter die Decke und weinte über die Schlechtigkeit der menschlichen Seele. Einzig der Gedanke an das neue Kleid und an die Seidenstrümpfe hielt mich aufrecht. So schlief ich schließlich getröstet ein.

Morgens weckte mich ihr Gesang.

»Lobet den Herren, den mächtigen König der Ehren...« Dies sang man bei uns vor der Tür des Geburtstagskindes, seit ich denken kann. Freilich war der Chor nicht immer so gut bestückt. Diesmal schwebte Tante Metas engelhafter Sopran über dem Krähen der Kleinen, über Vaters Tenor und Tante Tildchens befehlsgewohnter Stimme. Nach drei Strophen strömten sie ins Zimmer. Während die Tanten mich küßten und liebe Worte zu mir sprachen, spähte ich scharf nach den Kleinen aus, die sich gerade in die Ecke hinter meinen Sekretär drückten, in meine Geheimkammer, in die sonst niemand hineindurfte. Heute aber meinten sie offenbar, ich würde es nicht bemerken vor lauter Geküßtwerden und Heiligsein. Aber da hatten sie sich verrechnet. Ich riß mich aus Tante Friedels Armen, sprang aus dem Bett und verscheuchte die Missetäter. Sie heulten laut und gekränkt, denn es war ihnen nicht gelungen, etwas Gutes zu ergattern.

»Aber Kind!« Mutter machte ihr betrübtes Gesicht. »Heute ist doch deine Konfirmation. Da wollen wir ganz lieb miteinander sein!«

»Huh!« heulten die Kleinen. »Das ham wir auch dacht!«

Ich schlich zurück ins Bett. Ach, wie schwer war es, heilig zu sein. Welche Verpflichtungen bürdete dieser Tag auf meine Schultern? Der

Jubelchor verließ das Zimmer. Beate zog mir die Decke weg.

»Wenn ich dir helfen soll, dann mußt du jetzt schnellstens aufstehen! Gleich gibt es Frühstück!«

Ich brauchte ihre Hilfe für zwei Kleidungsstücke, die mir neu und fremd waren: BH und Strumpfhalter. Schwester Beate trug derartiges schon seit ihrer Konfirmation vor zwei Jahren, und sie tat es mit lässiger Eleganz. Nun also zeigte sie mir, wie man Strümpfe an Strapse hängt, ohne daß die Nähte verrutschen, wo man Haken einhakt und Bänder bindet. Als der BH angelegt war, sprach sie nach kurzer Musterung: »Ich an deiner Stelle tät was reinstopfen, damit es auch nach was aussieht. Taschentücher und so...«

»Nein!« rief ich. »Nicht an der Konfirmation!«

Sie lachte und ging ins Badezimmer.

Ich dachte an Karlchen und war nun doch schwach genug, nach Taschentüchern zu greifen. Sie machten sich den ganzen Tag über ärgerlich bemerkbar, bildeten Hügel oder Löcher an falschen Stellen, rutschten hierhin und dorthin und brachten nicht den erhofften Effekt.

Dann kam Mutter, um letzte Hand an mich zu legen. Sie flocht schwarze Seidenbänder in meine Zöpfe, half mir in das neue Kleid und setzte zum Schluß den Mandelblütenkranz auf meinen Kopf. Er war noch naß von dem Wasser, in dem er gelegen hatte. Die Tropfen rannen mir über Gesicht und Ohren. Mutter holte ihr duftendes Taschentüchlein aus der Schürzentasche und wischte mich trocken. Sie lachte, küßte mich auf die Nasenspitze und sagte: »Schön siehst du aus, Pickdewick!«

Das Frühstück fand im Wohnzimmer statt, denn im Eßzimmer war schon die große Mittagstafel gedeckt. Der schönste Platz stand für mich bereit, nämlich der Lehnstuhl vor Mutterles Nähtisch. Dort saß ich wie eine Königin und hielt hof.

Vater kam herein, küßte mich auf die Stirn und legte ein Gesangbuch in meine Hand. Eines für die Unierte Evangelische Kirche in Polen, mit einer Widmung von Vater geschrieben, in Sütterlin.

Es ist ein kleines Gesangbuch, acht auf zwölf Zentimeter, mit winziger Schrift auf dünnen, knisternden Seiten. Als wir fliehen mußten, steckte ich es in die Manteltasche, und so ist es bis heute in meinem Besitz.

Vater stand noch ein bißchen bei uns im schwarzen Lutherrock mit dem hohen Kragen und den weißen, gestärkten Ecken. Wie stolz ich auf ihn war! Falls es mir je beim Abendmahl nicht gelingen sollte, an den Herrn Jesus zu denken, dann wollte ich wenigstens alle Gedanken auf meinen Vater richten, der ja mit ihm aufs innigste verbunden war.

Wir verließen den Kreis der Gäste und gingen

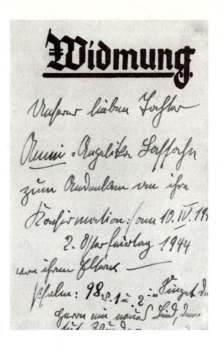

durch den Kirchgarten zum Gemeindehaus hinüber. Grete kam uns entgegen, schwarze Seidenstrümpfe an den Beinen, schwarze Bänder in den Zöpfen. Mutter setzte ihr das Mandelblütenkränzchen ins Haar. Dann sahen wir Karlchen. Er schritt auf blitzenden neuen Schuhen daher. Er trug lange schwarze Hosen und ein Jackett. Mutter steckte ihm das Sträußchen an den Aufschlag. Sein widerborstiges Haar war mit Pomade an den

Kopf geklebt. So hatten wir ihn noch nie gesehen, so erwachsen. Er war ein ganz neuer Mensch geworden.

»Wie ist es, ihr drei?« fragte Vater. »Habt ihr euch schon überlegt, wie ihr gehen wollt?«

»Ja!« sprach Karlchen mit überraschender Entschlossenheit. »Ich zwischendrin!«

»Zwischendrin« war nicht üblich. Bei den Konfirmationen herrschte noch strenge Geschlechtertrennung. Karlchen hätte alleine vorangehen müssen oder alleine hinterher. Allein zur Rechten des Altars sitzen oder allein zur Linken, aber Vater nickte.

Die Orgel brauste, die Gemeinde erhob sich. Wir schritten durch den Mittelgang. Vater voran, wir drei hinterher, Karlchen in der Mitte. Zu dritt saßen wir vor dem Altar und wurden zu dritt eingesegnet. Die Gemeinde sang: ›Tut mir auf die schöne Pforte...‹

Am nächsten Morgen war ich krank vor Traurigkeit, daß nun alles vorbei sein sollte. Die Gäste reisten ab. Grete fing eine Schneiderlehre an, Karlchen verschwand aus meinem Leben. Die Konfirmandenstunden waren vorbei. Auf was sollte ich mich nun freuen?

Es lohnte nicht zu leben. Ich drehte mich der Wand zu und beschloß wieder einmal zu sterben, bis ich hörte, wie die Kleinen ins Zimmer schlichen. Sie hatten wie immer Lust auf etwas Süßes, und sie hofften zu Recht, daß sie auf meinem Gabentisch etwas finden würden. Vor dem Bett blieben sie stehen.

»Sie schläft!« flüsterte Christoph, und Gitti nach längerer Pause: »Ich glaub', sie ist tot!«

Da fuhr ich aber hoch und war so lebendig wie noch nie. Sie erschraken fürchterlich und schrien so laut, daß es mir leid tat und ich »nehmt euch nur was« sagte.

Da stopften sie sich Münder und Schürzentaschen voll und versahen mich mit dankbar klebrigen Küssen.

Wenigstens zwei Menschen auf dieser Welt, die mich lieben, dachte ich, weinte vor Mitleid mit mir selbst und war am nächsten Tag wieder gesund.

Mutter aber schrieb an ihre Freundin Linde:

Bromberg, den 15. 4. 44
Liebste Linde!
... Es war ein wunderschöner Tag! Ich wollte, Du wärest dabei gewesen! Meta und Tildchen hätten Dich auf der Reise gerne unter ihre Fittiche genommen. Aber ich weiß, Du reist nicht gern, besonders nicht in diesen Zeitläuften. Ameile war eine würdige Konfirmandin! Ja, Du hast richtig gelesen: Ameile! Wir nennen sie nun nicht mehr Pickdewick, wie in alten Zeiten. Sie hat es sich verbeten, weil sie nun konfirmiert ist und kein Kind mehr...

Willst Du etwas über das Fest hören? Reden wurden natürlich gehalten und Gedichte vorgelesen, lustige und ernste. Vor allem aber wurde Musik gemacht! Meta hat gesungen, und Michael, Dein Patensohn, hat Geige gespielt. Zur rechten Vollkommenheit hat er's noch nicht gebracht, aber ist nicht auch der gute Wille zu loben?!

Paul-Gerhard hat übrigens eine ausgezeichnete Predigt gehalten, und unsere drei Konfirmanden waren sehr ernsthaft bei der Sache.

Aber nicht nur für Geist und Seele war gesorgt. O nein, es gab auch ein vorzügliches Festmahl. Unsere beiden Fräulein Krams haben uns wieder mit kulinarischen Köstlichkeiten verwöhnt. Justus schleppte aus seinen Beständen die letzten Flaschen Wein an. Jedenfalls sagte er, daß es die letzten wären, aber ich glaub' ihm nicht ganz.

Ja denk Dir, es gab sogar echten Bohnenkaffee!! Und woher kamen die Böhnchen? Aus Heidelberg kamen sie, von einer gewissen Linde! Kennst Du die etwa? Dann sag ihr meinen Dank! Und zu all dem Guten schenkte uns der Himmel das herrlichste Osterwetter. Sogar mein Paul-Gerhard war vergnügt. Du weißt, was mir das bedeutet.

Am Tag nach der Konfirmation lag unser Ameile krank im Bett. Sie hat sich überfreut...

Ein Glücksfall, Schauermärchen
und Flucht aus der Kindheit

Bei einer Fahnenweihe passierte es zum ersten Mal. Ich wurde bleich und sank in Ohnmacht. Zwar war ich gleich wieder wach und schämte mich furchtbar, aber mein guter Ruf als sportlich-standhaftes deutsches Mädchen war ruiniert. Fortan brauchte ich bei Aufmärschen nicht zu erscheinen. Von meiner Befähigung als Führerin sprach kein Mensch mehr und von einer sportlichen Weiterbildung auch nicht.

»Du kannst doch so gut Märchen erzählen«, sagte die Gruppenführerin und lachte, als ob Märchen etwas besonders Lustiges wären, »dann darfst du das auch bei uns tun.«

Bald darauf wurde ich dazu verpflichtet, den Eingedeutschten Märchen zu erzählen. Das war keine große Ehre für mich, denn mit den Eingedeutschten mochte sonst niemand etwas zu tun haben. Am Anfang saß noch eine von den Führerinnen dabei, dann ließ man mich unbeaufsichtigt. Also erzählte ich zweimal in der Woche Märchen, solche von den Brüdern Grimm und solche von mir. Ich erzählte ihnen auch die Bücher, die ich gerade im Privatgebrauch verschlang. ›Quo vadis‹ und ›Ben Hur‹ und ›Die Feuerzangenbowle‹.

Sie waren allesamt viel älter als ich, saßen eingezwängt in engen Schulbänken, lachten nicht, weinten nicht und sprachen kein Wort. Erst nach der Märchenstunde, wenn sie unten über den Hof nach Hause gingen, konnten sie wieder sprechen. Deutsch und Polnisch.

Bei der Hitlerjugend hatte ich also auf klägliche Weise versagt. Als sich der gleiche Schwächeanfall in der Kirche wiederholte und kurz darauf in der Schule, wurde unser Hausarzt herbeigerufen.

»Mädchen!« rief er. »Bist du groß geworden. Du wächst uns ja über den Kopf!«

Dann zog er mir das Augenlid herunter, schaute genau hin, machte »ttt«, behorchte meine Brust und verschrieb ein Eisenpräparat gegen die Blutarmut und Ruhe für das Herz.

»Wenn du so schnell wächst, Mädchen, dann kommt das Herz nicht hinterher. Du brauchst Ruhe! Keine Aufregung, keine Schule, dafür Schlaf und frische Luft. Mach dir ein schönes Leben! Und ihr«, er wandte sich an die Eltern, »ihr müßt sie ein bißchen aufpäppeln.«

So lautete sein Urteilsspruch. Ich nahm ihn mit traurigem Gesicht entgegen, blieb auch für kurze Zeit in der Rolle der großen Dulderin, aber schließlich konnte ich mir nichts mehr vormachen. Dieses zu kleine Herz war ein Glücksfall für mich. Keine Schule mehr! Kein morgendlicher Eilmarsch hinter Beate und Michael her, den Schwedenberg hinunter, kein Drängen und Schubsen in der Elektrischen, kein strenger Blick der Frau Henne, unserer Mathematiklehrerin: »Nimm dir ein Beispiel an deiner Schwester!« Keine Eingedeutschten. Ich war aus dem Verkehr gezogen, lag im Liegestuhl unter der großen Tanne, las und träumte und schaute in den Himmel, und das alles erlaubterweise! Was für ein Glück!

Mutter schreibt an Tante Linde:

Bromberg, den 23. Dezember 44
... Ameile wird unheimlich groß und steht immerzu im Kampf mit ihren Locken, die ihr ständig ins Gesicht hängen. Ihr schnelles Wachsen hat uns schon viel Sorge gemacht, weil ihr Herz nicht mit will und sie sehr oft elend ist und in Ohnmacht fällt ...

Ich las alles, was ich nur finden konnte. Besonders interessiert war ich an den Büchern im zweiten Glied aus Vaters Bücherschrank. Da standen die Romane, gefundenes Fressen für mein liebeshungriges Herz. Ich angelte sie heimlich von hinten hervor und band sie in Schutzumschläge aus der vorderen Reihe. So las ich zum Erstaunen der Familie manch theologisches Werk mit Tränen in den Augen und leisem Schluchzen. Dieser kluge Schachzug verhalf mir zu ungestörtem Lesevergnügen und zu bewundernden Blicken.

»Laßt sie lesen!« So hieß es, wenn Besuch kam. »Es ist nicht zu glauben, für was sich das Mädchen schon interessiert. Was liest du gerade, Ameile? Komm, sag's dem Onkel Wilhelm!«

Ich hielt das Buch in die Höhe, damit er es selber sehen könne. Adolf Schlatter: ›Gottes Gerechtigkeit – Ein Kommentar zum Römerbrief‹.

»Laß dich nicht stören, Kind! Lies ruhig weiter! Den Tisch wird Beate decken, denk' ich.«

Das ging so lange gut, bis Vater einmal früher als erwartet von Schellen heimkehrte. Plötzlich stand er hinter mir, als ich gerade dabei war, ›Das Geheimnis der alten Mamsell‹ mit Schlatter zu verhüllen.

»Das ist eine hübsche Idee«, sagte er. »Zu was doch Schlatter alles gut ist.«

Ich ärgerte mich, daß er mir auf die Schliche gekommen war, nahm statt der Marlitt einen Schlatterkommentar und versuchte, mich hindurchzuwühlen, als Strafe sozusagen. Aber ich trug keinen inneren Gewinn davon, stellte Schlatter mitsamt seinem Schutzumschlag in den Schrank zurück und bekannte mich zu meiner Lektüre.

Hatte ich genug gelesen, dann träumte ich von Karlchen und wie ich mit ihm spazierengehen würde bei Mondenschein. Dabei hatte ich ihn seit der Konfirmation nur noch einmal in der Kirche gesehen, und da war er mir so fremd, als ob ich ihn nie gekannt hätte. Ich träumte auch von Moritz

Jakobowitz, der mir das Radfahren beigebracht hatte und der auf einmal verschwunden war wie sein Vater auch. Erika, ein Mädchen aus der Gemeinde, älter als ich und sehr erfahren, hatte mir erzählt, daß der Moritz mit seinem Vater abgeholt worden sei.

»Wohin denn abgeholt?«

»Ins Konzentrationslager.« Mehr wußte sie auch nicht.

Dafür wußte sie, was Eltern nachts miteinander machen.

»Meine nicht!« rief ich schaudernd und rannte davon.

Diese beiden geheimnisvoll schrecklichen Andeutungen bewegten mich sehr. Ich sah Mutter an, wie sie am Nähtisch saß und stopfte oder mit den Kleinen lachte, und Vater, der seine Schultern immer tiefer hängen ließ, und ich konnte es nicht glauben, daß sie so etwas miteinander treiben sollten, aber fragen konnte ich auch nicht, weder nach dem einen noch nach dem anderen. Ich machte um Erika einen großen Bogen und eine Zeitlang auch um die Eltern.

Von Frau Mangel hörte ich, daß ein schrecklicher Waggon durch den Bahnhof gefahren sei, mit ganz verhungerten Menschen darin, die ihre Hände durch die Luken gesteckt hätten. Das alles und noch mehr erzählte sie Mutter. Ich lag nebenan auf dem Sofa und hörte zu.

»Auf dem Weg ins Konzentrationslager...«, flüsterte sie.

Ihre Stimme wurde so leise, daß ich nichts mehr verstehen konnte, aber Mutter sah hinterher ganz verweint aus, und als sie die kleine Gitti stillen wollte, da ging es nicht, weil sie keine Milch mehr hatte. Eine unheimlich schwarze Bedrückung war über uns gefallen.

Ich träumte die Sache wieder in Ordnung. Träumte, daß ich nachts mit einem Sack voll Lebensmitteln auf den Bahnhof schleichen und ihnen zu essen geben würde, daß ich sie alle im Wald in einer Höhle versteckte oder bei uns, unten im verbrannten Haus. So träumte ich, und es war eine große Erleichterung für mich. Auf die geliebten Eltern warf ich angstvoll kritische Blicke und suchte nach Indizien für nächtliche Ausschweifungen, aber ich bemerkte nichts dergleichen. Schließlich verdrängte ich die leidige Angelegenheit und las ›Die Familie Pfäffling‹ und alle Ganghofer-Romane, die ich erwischen konnte. Nachdem ich soviel Braves und Sauberes genossen hatte, ging es mir wieder besser.

Mutter schrieb in dieser Zeit an ihre Freundin Linde:

... Wir sehnen uns so nach einer Stelle in Eurer Nähe, etwas bei Karlsruhe, etwas bei Heidelberg, halt etwas im lieben Badnerländle! Paul-Gerhard

ist so abgeschafft durch all die vielen Vertretungen und die Schwierigkeiten in unseren eigenen Gemeinden. Neulich ist er völlig zusammengeklappt... Und ich? Ach Linde, ich bezwinge den Schwedenberg nur noch mit Mühe. Mir bricht der Schweiß aus, wenn ich ihn vor mir liegen sehe. Das sage ich aber niemandem, nur Dir, und Du wirst es nicht verraten. Nun war ich neunzehn Jahre in Paul-Gerhards Heimat, meinst Du nicht, daß es langsam Zeit würde, daß er meine Heimat kennenlernt? Mir scheint, er ist gar nicht abgeneigt. Wir müssen halt warten und alles in Seine Hände legen...

Michael kam als Offiziersanwärter nach Züllichau. Vater wurde als Volkssturmmann eingezogen, mußte Gräben auswerfen und Wälle bauen. Wir besuchten ihn, stolperten durch den Sand und sahen voller Entsetzen, wie schrecklich er sich verändert hatte. Sein Hemd war schmutzig, sein Gesicht schwarz vor Stoppeln. Nach zwei Wochen kam er wieder zu uns. Als er frischgebadet an seinem Schreibtisch saß, war für mich die Welt wieder in Ordnung. Erikas Schauergeschichten lagen wohlverwahrt unter zwei Pfäfflings- und fünf Ganghoferbänden.

Mutter schreibt am 6. 1. 1945:

Ach Linde!
... Nun sind die Feiertage vorüber, und das neue Jahr hat angefangen. Wenn man nicht wüßte, daß man es nicht allein zu durchgehen hat, dann würde man es nicht ertragen. Ich weiß nicht, wie es bei Euch war. Hier bei uns wurde Silvester so wild gefeiert wie noch nie, mit Tanz, Trinken und langem Abendkleid. Man wollte vergessen. Als ob das Schwere, was bei uns passiert, vergessen werden dürfte! Gottlob war es hier auf dem Schwedenberg still. Aber mir ist, als könnte ich nie mehr lachen. Ach Linde, mir ist klar, daß Vater und Sohn von uns gehen werden. Darum nehme ich die Zeit mit ihnen noch dankbar hin. Ich glaube, unsere Jugend wird einen Weg geführt werden, auf den wir keinen Einfluß mehr haben. Wir können nur hoffen, daß unsere Großen schon genug Charakter zur Bewährung haben.
Wir alle grüßen Dich von Herzen.
Es umarmt Dich, Deine Ameile

Am 13. Januar 1945 fuhren die Eltern nach Züllichau, um zusammen mit Michael seinen achtzehnten Geburtstag zu feiern. Nach zwei Tagen, spät in der Nacht, kamen sie wieder. Wir saßen wie immer im Luftschutzkeller und waren ganz selig, als sie plötzlich vor uns standen.

»Wo wart ihr denn solange?«

»In Kuschlin! Wir haben es einfach noch einmal sehen wollen!«

»Warum habt ihr es denn noch einmal sehen wollen?«

»Ach, nur so...« Sie wußten es nicht. Dann packten sie die köstlichen Sachen aus, die sie mitgebracht hatten. Schinken und Eier von Fridericus Bach und frisches Landbrot von Justens.

»Fridericus sagt, wir brauchen uns keine Sorgen zu machen! Bis hierher kommen die Russen nicht. Die feindliche Offensive wird gestoppt, das ist mal klar! Ja, so hat er gesagt.

Dann sind wir noch zu Tante Blaf gefahren. Die ist allerdings anderer Meinung. Auf Blawno wird gepackt, ganz im geheimen. Ihr wißt ja, daß Tante Blaf sich vorsehen muß. Aber die Schlitten stehen bereit. Die Koffer und Körbe sind gepackt... Es ist mir wie ein Stein auf die Brust gefallen!« sagte Mutter.

Ich sah das Brot und die Eier und den Schinken. Etwas fehlte. »Wart ihr auch bei Frau Bressel? Hat sie euch Mohrenküsse mitgegeben?«

Vater setzte sich auf den Hocker neben dem Ofen.

»Frau Bressel kann dir keine Mohrenküsse mehr geben.«

»Warum denn nicht?«

»Weil sie tot ist, Pickdewick.«

»Tot, Frau Bressel? Schon lange?«

Sie nickten. »Warum habt ihr mir nichts davon gesagt?«

»Wegen deinem Herzen ... Und weil du nicht nach ihr gefragt hast, Pickdewick.«

»Sagt nicht mehr Pickdewick zu mir! Bitte!«

Ich kroch in das graue Luftschutzbett, ganz hinten in der dunkelsten Ecke, zog mir die Decke über den Kopf und weinte.

Am Freitag, den 19. Januar steht in meinem Tagebuch:

Am Abend gingen wir zur Bibelstunde. Aber es war nur der alte Munz da. Wir sangen: ›Jesu geh voran ...‹

Am Samstagabend rief es von der Kreisleitung an: Die kinderreichen Familien würden zuerst evakuiert. In zwei Stunden fahre der Zug. Wir sollten uns beeilen.

»Macht euch fertig! Nehmt nur das Wichtigste mit. Jeder einen Rucksack... Und zieht euch warm an!«

Da standen wir nun und versuchten herauszufinden, was das Wichtigste war. Unter dem warmen Wintermantel verbarg ich mein geliebtes hellblaues Sommerkleid und den weißen flauschigen Morgenrock, den ich zur Konfirmation bekommen hatte, dazu die bestickte Schürze und die Schuhe mit den Keilabsätzen, in denen ich nicht laufen konnte. In den Rucksack kamen meine papierenen Schätze, die Tagebücher und alle Briefe, die ich bekommen hatte, vor allem aber meine übriggebliebenen Gedichte und Geschichten. Oben auf den Rucksack banden sie mir das Töpfchen von Gitti. Genia half uns beim Packen. Sie fluchte nicht, sie weinte.

Wir rannten den Schwedenberg hinunter. Die Stadt lag wie ausgestorben. Nur im Bahnhof herrschte wildes Gedränge. Der Zug fuhr ein und war schon voll. Die Türen wurden erst gar nicht aufgemacht. Vater fand ein offenes Fenster. Soldaten saßen im Abteil, Offiziere. Er warf und drückte uns nacheinander durch das Fenster in ihre Arme. Mutter war kaum drin, da ruckte der Zug schon an. Vater stand noch draußen.

»Vaterle!« schrien wir. »Vaterle!«

»Aber Kinder, wer wird denn so schreien!« sagte Mutter. »Er kann noch nicht weg. Er muß hierbleiben, bis das Altersheim evakuiert ist. Aber er kommt nach.«

Er kam. Als alle alten Leute warm eingepackt im Lastwagen saßen, Tante Auguste und Fräulein Erna in ihrer Mitte, schwang sich Vater auf sein Fahrrad und fuhr an liegengebliebenen Trecks vorbei bis nach Schneidemühl. Dort bekam er noch einen Zug in den Westen.

Als er einen Tag nach uns in Boxberg ankam,

war die Freude vollkommen. Da gab es nichts mehr, dem man hätte nachweinen müssen. Wir kamen aus Vaters Heimat in Mutters Heimat und wir waren zusammen.

Ich hörte auf zu wachsen. Mein Herz schlug so, wie es gut und richtig war, und umgefallen bin ich nie mehr, außer wenn ich auf glatten Straßen ins Rutschen kam.

Vor dem Schritt über die Grenze. Von links: Brüderchen, Mutter mit Gitti, Michael, Christoph, Beate, Vater, Fränzchen und ich

Epilog

In einem der letzten Briefe aus der lila Schachtel schreibt Mutter an ihre Freundin:

... Weißt Du, Linde, was ich geworden wäre, wenn ich keinen geliebten Pfarrherrn und keine sieben Kinder hätte und keine Pfarrfrau wäre? Ich hätte geschrieben, immer nur geschrieben. Ich wäre Bücherschreiberin geworden.
 Ja wirklich, Linde!

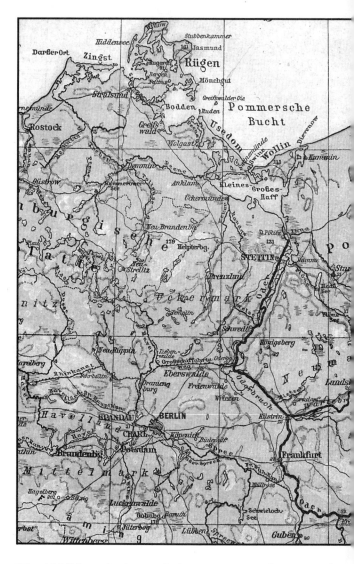

Die Abbildung basiert auf einer Karte aus dem ›Diercke Schulatlas für höhere Lehranstalten‹ von 1923

Neutomischel   Kuschlin

Weitere Bücher von Amei-Angelika Müller

Pfarrers Kinder, Müllers Vieh
Memoiren einer unvollkommenen Pfarrfrau
360 Seiten, gebunden
224.–231. Tsd. d. Gesamtauflage

Ich und du, Müllers Kuh
Die unvollkommene Pfarrfrau in der Stadt
384 Seiten, gebunden
51.–60. Tsd. d. Gesamtauflage

Sieben auf einen Streich
Eine Familiengeschichte
256 Seiten, gebunden

Ein Drache kommt selten allein
Eine Liebesgeschichte
312 Seiten, gebunden

Wilhelm Busch, das Fernsehen und ich
oder: Wie man „alles und doch Nichts" gewinnt
108 Seiten, Pappband
Salzers Kleine Reihe 234/235

Eugen Salzer-Verlag, 74020 Heilbronn